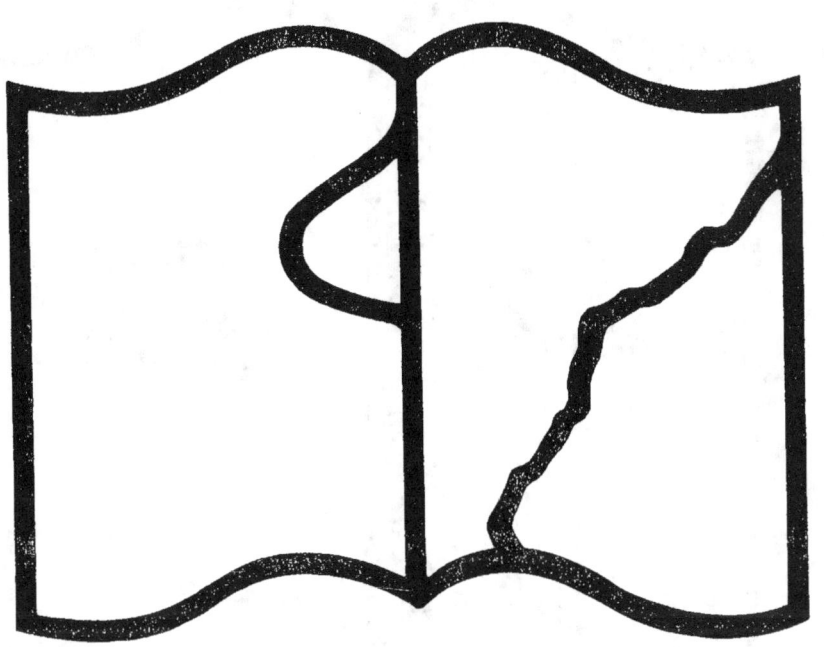

Texte détérioré — reliure défectueuse

NF Z 43-120-11

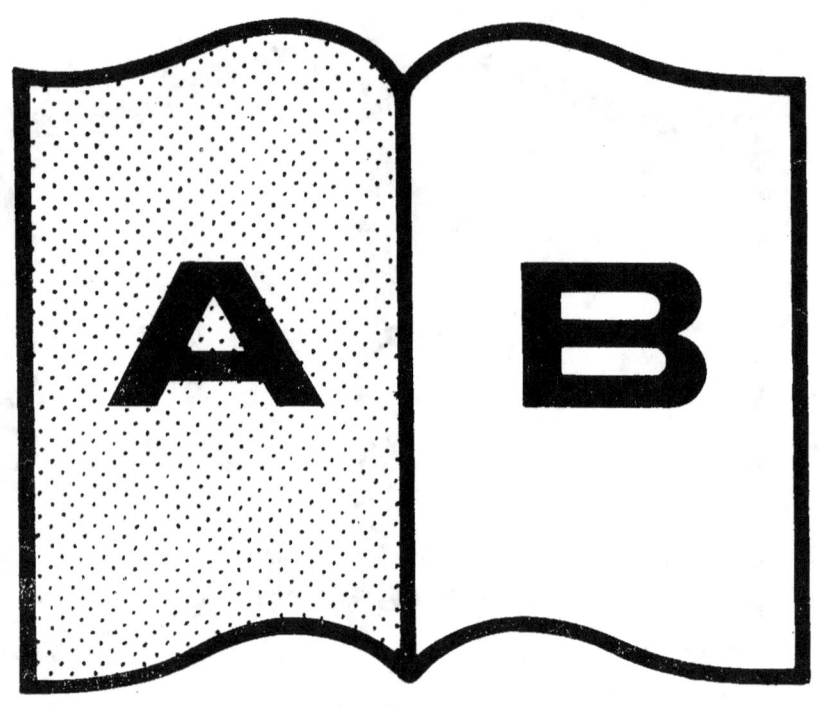

Contraste insuffisant

NF Z 43-120-14

ANDRÉ BEAUNIER

L'ART DE REGARDER

LES TABLEAUX

PARIS

LIBRAIRIE CENTRALE DES BEAUX-ARTS

ÉMILE LÉVY, ÉDITEUR

13, RUE LAFAYETTE, 13

1906

L'ART DE REGARDER

LES TABLEAUX

DU MÊME AUTEUR

MACON, PROTAT FRÈRES, IMPRIMEURS

ANDRÉ BEAUNIER

L'ART DE REGARDER

LES TABLEAUX

PARIS

LIBRAIRIE CENTRALE DES BEAUX-ARTS

ÉMILE LÉVY, ÉDITEUR

13, Rue Lafayette, 13

1906

MEMORIAE MATRIS

PUVIS DE CHAVANNES. — L'INNOCENCE.

Il est souvent question d'établir à la porte de nos musées nationaux un « droit d'entrée ». Cette mesure, assurément, aurait de réels avantages. Certains amis des beaux-arts s'en disent partisans : les ressources de nos musées augmentant, remarquent-ils, on pourrait enrichir les collections, joie de notre délicate curiosité!... Je pense que de bénins contribuables réfléchissent aussi que, grâce à de tels revenus, il deviendrait peut-être loisible de diminuer le budget des beaux-arts, perspective bien engageante !...

Mais, à ces arguments et à tous les autres de ce genre, il convient de répliquer que notre démocratie fait son devoir en mettant les trésors d'art qu'elle possède à la disposition de tous. Elle a confiance en l'efficacité de l'éducation du peuple par l'art. En outre, elle ne veut pas réserver à quelques-uns le plaisir esthétique... Ces idées généreuses ont jusqu'ici primé sur toutes considérations économiques et pratiques.

Cependant, il faut l'avouer, on est déçu quand on examine la foule qui quotidiennement défile devant les statues et les tableaux du Louvre. Il y a les touristes, soucieux d'avoir vu tout ce que le Baedeker signale, admire, marque d'une astérisque. Il y a les amoureux, qui ont choisi ce lieu de promenade parce qu'il est, en semaine, discret et silencieux. D'ailleurs, il se prépare même, dans le Salon Carré, de légitimes unions : que de distingués jeunes hommes y rencontrèrent, par le soin de familles bien avisées, les modestes jeunes filles qui devinrent leurs femmes!... Mais le plus grand nombre des visiteurs, privés de tels divertissements adventices, flânent avec ennui devant la Joconde, devant les Pèlerins d'Emmaüs, devant l'Érasme de Holbein, devant le Saint-Étienne de Carpaccio.

L'Art de regarder les tableaux. — BEAUNIER.   1

Quelques-uns se font un devoir d'émettre une opinion flatteuse, en présence de ces toiles célèbres. D'autres, plus francs, n'essayent pas de dissimuler l'ahurissement, la détresse morale mentale où le spectacle de tant de peinture les laisse. Et je ne parle pas des plaisantins qui, à propos de ces images d'une beauté divine, ne craignent pas de donner cours à leur humeur facétieuse.

Mais on rencontre aussi, au long de ces galeries admirables, dans la stupide foule, des visages étonnés et respectueux, qui regardent avec émoi l'œuvre de Léonard ou de Rembrandt, qui soupçonnent qu'il y a là de la beauté prodigieuse, qui la devinent et s'inquiètent de ne la point saisir certainement, qui voudraient communier d'une façon plus intime avec le secret de cet art, qui souffrent de constater que leur échappe l'âme de ces merveilles singulières. Adolescents tourmentés de l'idéal pressenti ou vieillards peut-être qui, dégagés du labeur pratique de l'existence, cherchent à purifier et ennoblir finalement leur esprit par de la pensée et du rêve, femmes et pauvres gens du monde, dont la touchante préoccupation de l'art est sur le point de se glacer en du snobisme, si l'on n'en réchauffe la sincérité, ouvriers, artisans soucieux d'orner d'un peu de ferveur désintéressée leurs dimanches, c'est pour eux qu'est écrit ce livre.

L'enseignement de nos écoles et de nos lycées, qui fait une place si grande à la littérature, néglige l'art. A peine le professeur d'histoire a-t-il énuméré quelques noms de sculpteurs et de peintres, quand il en fut, par exemple, au pontificat de Léon X; mais, narrateur surtout des guerres, analyste des traités de paix et du système administratif des royaumes, il ne lui restait guère de temps pour les futilités esthétiques. Il serait bon, pourtant, que l'on vînt à considérer comme l'un des résultats essentiels de l'enseignement public, la formation du goût; il faudrait qu'un chacun fût mis en mesure de regarder un tableau, d'y trouver un juste plaisir, de le comprendre.

C'est alors seulement que donnerait tous ses fruits la généreuse et la démocratique gratuité de nos musées nationaux, alors seulement qu'elle aurait sa raison d'être.

Le petit ouvrage que voici — et qui certes n'est pas une histoire de la peinture ni non plus un traité d'esthétique savante, — ne prétend point à autre chose qu'à faciliter l'intelligence de belles œuvres, qu'à aider les esprits curieux dans leurs aspirations vers l'art, qu'à leur offrir des possibilités nouvelles de pure et spirituelle émotion.

PRÉFACE

A ces personnes trop nombreuses qui négligent d'avoir, dans les musées, une bonne tenue, on voudrait dire : — Songez que l'art sanctifie ce lieu ; songez que vous êtes ici en présence de l'art!

Propos vains !

J'imagine que, de la frivole troupe, se détache un sceptique assez averti pour répliquer, narquois : « Qu'est-ce que l'art? » à la manière dédaigneuse qu'avait Pilate, comme l'Évangile le raconte, quand il grommelait : « Qu'est-ce que la vérité?... »

Que répondre?

Les philosophes, les logiciens et les esthéticiens ont multiplié là-dessus les formules occultes et contradictoires. Après les avoir consultés, on se désole de les voir si intrépides dans l'incertitude et dogmatiques si diversement.

Tolstoï, dans son *Qu'est-ce que l'Art?* a fait un assez piquant relevé des singulières définitions que l'on donne de l'art. Il ne lui est pas difficile de montrer que, depuis Baumgarten, qui « a fondé l'esthétique, en 1750 », jusqu'à nos jours, les plus savants et subtils penseurs, Spencer de l'autre côté de l'eau, Taine chez nous, en Allemagne Kant, Schiller, Fichte, Hegel, Schopenhauer, par exemple, ne paraissent pas plus d'accord entre eux sur l'essence de l'art que sur la philosophie première. Ils disent bien que l'objet de l'art est la beauté; mais, quand il s'agit de définir la beauté, ils ne s'entendent plus du tout.

Tolstoï conclut, avec cette terrible rigueur qui à la fois impose le respect et déconcerte, qu'il est vain de vouloir donner à l'art pour fondement la beauté. Qu'est-ce que la beauté? Il ne lui importe : il exclut de son esthétique la notion de beauté. C'est là

son idée originale, son paradoxe familier... Et il arrive à cette conception de l'art : « L'art est une forme de l'activité humaine
consistant, pour un homme, à transmettre ses sentiments, consciemment et volontairement, par le moyen de certains signes
extérieurs... » Tolstoï ajoute : « Il n'est pas une production d'objets
plaisants ; surtout, il n'est pas un plaisir : il est un moyen d'union
parmi les hommes, les rassemblant dans un même sentiment, et,
par là, indispensable pour la vie de l'humanité et pour son progrès
dans la voie du bonheur [1]... »

L'esthétique de Tolstoï n'est pas tout entière en ces quelques
lignes, mais le principe de son esthétique y apparaît clairement; et
l'on voit par où il se distingue des autres esthéticiens.

Ceux-ci, il les a déclarés si divers entre eux, qu'il renonçait à con-
cilier leurs théories nombreuses et hétérogènes. En réalité, ils
ont au moins ceci de commun que tous, ou presque tous, insistent
principalement sur le caractère *désintéressé* de l'art. Ils conçoivent
l'art comme un « jeu », suivant l'expression de Schiller. Ils veulent
que l'art n'ait point de destination pratique et c'est, en fin de
compte, dans l'*inutilité* que consiste, pour eux, l'essence de l'art.
Ou, du moins, l'inutilité est, à leurs yeux, un caractère si important de l'œuvre d'art, qu'ils sont bien près de le dire, en effet,
essentiel. Or, Tolstoï, au contraire, fait de l'art un *moyen* de com-
munication entre les hommes ; l'art, selon lui, sert d'abord à promulguer des sentiments, des vérités, des opinions ; l'art l'intérese
principalement par son emploi, par son utilité.

La doctrine de Tolstoï, quand elle fut connue en France par les
traductions de son livre, étonna et même déplut. Elle contrariait
les idées admises ; — et l'on déteste ces penseurs qui, par leurs nouveautés inquiétantes, viennent déranger le paisible petit système
d'idées et de façons de voir sur lequel on se reposait... L'art indépendant de la beauté !... On fut d'avis que le vieux philosophe d'Yasnaïa-
Poliana avait perdu la tête. On objecta que sa définition de l'art ne

---

1. *Qu'est-ce que l'Art?* Traduction de Téodor de Wyzewa, page 58.

s'appliquait pas à certains chefs-d'œuvre incontestables. Intrépide, lui, par avance, avait répondu : « Vous dites que ma théorie est fausse parce qu'elle condamne des œuvres qui vous plaisent; je dis que ces œuvres-là ne sont pas de l'art véritable parce qu'elles ne s'accordent point avec ma théorie. »

Car il est un théoricien confiant.

En réalité, l'esthétique de Tolstoï, pour être comprise et justement appréciée, a besoin du commentaire que l'art russe contemporain lui fournit. Elle s'oppose à ce que l'on a, chez nous, appelé « l'art pour l'art » ; et l'art qu'elle préconise est un art, en effet, d'action sociale. C'est que la Russie actuelle n'est pas prête au développement de « l'art pour l'art » : si l'on en veut la preuve, on la trouvera dans ce simple fait que les beaux livres et les beaux tableaux qu'elle produit ont de manifestes tendances sociales, tandis que ses essais de pure beauté ne sont que de vaines et médiocres imitations de l'occident. L'état social de la Russie actuelle exige que quiconque est en possession d'un talent, artistique ou littéraire, l'emploie à cette œuvre qui seule semble urgente : l'amélioration de cet état social. L'art russe d'aujourd'hui a des analogies avec notre littérature du XVIIIᵉ siècle qui, dans son ensemble, fut politique, philosophique, idéologique et prépara la révolution.

Voilà pourquoi l'auteur du *Qu'est-ce que l'Art?* se préoccupe avant tout de l'art comme d'un moyen de propagande pour les idées, et donne la « contagion artistique » comme le critérium de l'art véritable. Plutôt qu'à cette question générale : « Qu'est-ce que l'art? » son singulier livre répond à cette question plus précise : « Que doit être et qu'est l'art russe aujourd'hui? »

Mais ce n'est pas à dire que cette doctrine n'ait de valeur que locale. La critique que fait Tolstoï des esthéticiens de l'« inutilité » est, en plus d'un point, judicieuse. On ne voit pas que l'inutilité puisse être le caractère essentiel de l'œuvre d'art; on peut même considérer qu'elle n'en est pas un caractère indispensable. En second lieu, la critique que fait Tolstoï de la notion de beauté, telle qu'on la donne, vague et frivole, pour le but de l'art, mérite d'être examinée. Enfin, je crois qu'il a raison de réintégrer dans l'art la préoccupation des idées... Il proteste à bon droit contre une formule esthétique trop exclusivement futile, précieuse et en vertu de laquelle l'artiste ne ferait-il pas aussi bien de jouer au bilboquet ou de jongler avec des billes d'or prestement?...

Mais, Tolstoï a tort d'abuser de ces justes critiques ; et, dédaigneux de l'inutilité, d'imposer à l'œuvre d'art une destination pratique ; et, parce qu'on lui analyse mal la beauté, de ne la plus vouloir admettre ; et, par un noble amour des idées, de ne plus reconnaître d'art que social.

Une bonne définition de l'art ne doit omettre ni la beauté, ni les idées. J'accepterais volontiers la formule ancienne : « L'art est la réalisation de la beauté », si l'on avait pris soin d'abord de définir la beauté artistique : « L'expression parfaite d'une idée ».

Je prends ces trois mots dans leur sens le plus large et le plus familier. Mais, pour imprécise que semble cette définition, elle fournit cependant un critérium de l'art véritable et permet d'écarter les erreurs de quelques prétendus artistes. Oui, essentiellement, l'œuvre d'art est l'expression d'une idée. C'est ainsi qu'elle se distingue des spectacles naturels. Certes, ils peuvent nous enchanter, nous exalter, ils peuvent être beaux ; infiniment plus beaux que nulle œuvre d'art. Le caractère d'art leur manque : en effet, ils ne sont point disposés en vue d'une idée qu'ils exprimeraient. Sans doute, à les contempler, nous sommes émus de telle façon que des idées naissent de la ferveur de notre esprit ; et alors il nous arrive d'attribuer ces idées nôtres aux paysages qui en furent seulement l'occasion. Prêtant à la nature une pensée presque humaine, Amiel a dit : « Un paysage est un état de l'âme », comme si la tristesse ou la gaieté, la douceur attendrie ou la farouche âpreté résidaient au cœur même des sites... Quand le Psalmiste a dit : *Cœli enarrant gloriam Dei*, « les cieux racontent la gloire de Dieu », il a transmis à la voûte constellée le credo qui était, à lui, son credo. Cette sorte de dédoublement spirituel, qui nous permet d'introniser dans les choses une part de nous-mêmes et d'en demeurer cependant le spectateur émerveillé, est l'un des jeux les plus spontanés de nos âmes. Certaines doctrines philosophiques et certaines croyances religieuses le favorisent : ainsi le spiritualisme d'Amiel et celui du Psalmiste...

Mais enfin, la nature est ce qu'elle est. Féconde et luxuriante, elle multiplie et sans cesse renouvelle l'indéfinie production des apparences. C'est un tumulte merveilleux, un extraordinaire épanouissement dont l'origine nous échappe. L'esprit qui, en présence de ces phénomènes, — et non de leur totalité, qui dépasse les limites de notre compréhension, mais de quelques-uns seulement, — sent naître en lui, à leur propos, une *idée* et s'efforce de la réaliser en interprétant, par une image, ces phénomènes qu'il a choisis comme les plus significatifs, cet esprit-là fait œuvre d'artiste, quelle que soit, du reste, cette idée et de quelque nature que soit l'image à laquelle il s'applique, linéaire, verbale, colorée ou tout autre, pourvu qu'il ait l'intime souci de la perfection de son image.

Mais qu'est-ce que la perfection? Faut-il rigoureusement la définir ?... Il convient de s'y essayer, puisqu'on obtiendrait alors un principe en vertu duquel on prétendrait juger une œuvre d'art avec exactitude. Seulement, la perfection dont je parle ici ne doit pas être confondue avec ces « canons » de la beauté qui, aux époques appelées « classiques », deviennent les modèles qu'on imite, les poncifs auxquels on s'astreint : toute initiative individuelle, toute originalité spontanée et vive disparaissent alors, étouffées par ces préjugés lourds d'un idéal impérieux et mensonger. La perfection dont je parle, certes n'est pas celle-là ! Au lieu d'asservir, elle libère, et, au lieu d'être vague en même temps que tyrannique, elle est précise : je dis qu'une œuvre d'art est parfaite quand elle exprime pleinement son idée, pleinement c'est-à-dire sans pauvreté ni redondance; il n'y a en elle rien d'excessif ni non plus rien d'insuffisant. Cette notion du parfait est rigoureuse en ce sens. Mais elle est libérale en ne faisant dépendre l'artiste que de lui-même [1].

De tout ce qui précède, il résulte d'abord que l'une des erreurs

---

[1]. Cf. la théorie de la Perfection dans Leibnitz (Monadologie, § 41 et suiv.)

d'art les plus graves qu'on puisse commettre est le réalisme absolu, c'est-à-dire la copie de la réalité. L'artiste doit utiliser les éléments qu'il emprunte à la réalité, il doit les combiner de telle sorte qu'une idée y apparaisse. Il faut donc qu'il interprète la nature. S'il la copie seulement, s'il laisse les choses en l'état, son œuvre est nulle : nous ne pouvons que constater qu'il fut plus ou moins habile ; s'il fut habile, il le fut en pure perte. Et c'est ainsi que l'art se distingue de la photographie : je parle des photographies sincères, non de celles que l'on arrange et que l'on truque ; celles-ci, laissons-les de côté.

Le mot de réalisme a souvent été pris dans le sens de laideur ou de hardiesse. Ce n'est pas ce réalisme-là que je condamne. La laideur ne doit pas être exclue de l'art et la hardiesse est louable autant qu'est digne de mépris le timide asservissement aux poncifs. L'emploi de la laideur et les manifestations de la hardiesse ne sauraient être limités qu'en vertu de ce principe : l'artiste, n'ayant en vue que la parfaite expression de son idée, n'abusera pas des moyens qu'il a choisis pour l'exprimer, il ne les fera point servir à d'autres effets que la mise en valeur pure et simple de l'idée. Il faut donc regretter que des artistes, écrivains ou peintres, exagèrent la hideur ou la vilenie de ce qu'ils représentent, afin d'étonner le public, de réussir par le scandale, que sais-je ? afin peut-être de gagner plus d'argent... Ces considérations-là sont étrangères à l'art et avilissent une œuvre, même exécutée avec adresse. Les formes diverses de la pornographie sont à écarter.

Mais l'artiste aura légitimement recours à des images dépourvues de grâce et, par elles-mêmes, de beauté, s'il veut exprimer une opinion terrible et désespérée sur la vie. Le farouche pessimisme, qui est une source d'art admirable, exclut la fade gentillesse et la noblesse des bergeries et des odes triomphales. Il faut lui laisser la franchise d'un vocabulaire audacieux. Le pauvre Boileau déjà le disait, tant bien que mal :

Il n'est pas de serpent ni de monstre odieux
Qui, par l'art imité, ne puisse plaire aux yeux.

« Par l'art imité » n'est pas bien clair. Boileau, sans doute,
pensait à l'habile exécution. Mais il nous est loisible d'interpréter
cette formule selon les principes ci-dessus énoncés et de dire : — Il
n'est pas de laid spectacle qui, interprété parfaitement, en vue de
l'expression d'une idée, ne puisse plaire aux yeux.

* *
*

L'expression parfaite d'une idée ! c'est toujours là que nous
revenons. Et, si l'on objecte qu'alors l'œuvre d'art ne se distingue
pas de l'exposé scientifique ou philosophique, d'une démonstra-
tration technique, si l'on veut, acceptons cette objection, mais
limitons-en la portée. Certes, il y a « de l'art » dans la présentation stricte et rigoureuse d'un théorème et de ses corol-
laires bien ordonnés ; il y a « de l'art » dans un discours qui,
en de pressantes circonstances, ne cherche qu'à persuader une
foule décisive ; il y a « de l'art » dans l'Évangile, indifférent aux
vains artifices de la beauté. Et l'art qu'il y a là, conforme à la définition que nous avons donnée de l'art, n'est aucunement d'autre
nature que celui de tel peintre, sculpteur, poète ou musicien. Seu-
ment, cet art qu'il y a dans l'Évangile, dans un discours politique
ou dans une page d'algèbre s'y trouve mêlé à tant d'autres choses,
utilisé pour de si spéciaux et graves projets, que nous avons peine
à le dégager tout de suite, à l'isoler, à le considérer, lui seul, dans
le reste. Il n'est pas là, pourrait-on dire, à l'état pur ; mais il y est.
Attentif à la démonstration, le mathématicien songe surtout au fait
algébrique qui lui est présenté, de même que la foule est inquiète
du parti que l'orateur politique lui fera prendre, de même encore
que le fidèle, lisant l'Évangile, ne se préoccupe guère que d'y trouver l'enseignement du Maître.

Pareillement, on apprécierait la valeur d'art d'une locomotive, —
laquelle rend peut-être assez bien l'idée de la force allègre et
sûre, — si l'on n'était, avant tout, soucieux d'être conduit par elle,
dans le plus bref délai, où l'on va.

L'œuvre d'art proprement dite n'a pas de telles destinations
morales, démonstratives ou pratiques et l'art y est plus apparent.

Aussi disais-je que l' « inutilité » est l'un des caractères, et non indispensable sans doute, de l'œuvre d'art : elle n'en constitue pas l'essence. Employé à des fins particulières ou exempt de velléités actives, l'art est toujours l'art, plus ou moins clairement manifeste.

.
. .

« La réalisation de la beauté, c'est-à-dire l'expression parfaite des idées », — quelles idées?

Toutes les idées, n'importe lesquelles! Il n'y en a point que l'on doive proscrire, sauf celles qui, pornographiques ou techniques, dériveraient l'esprit du spectateur ou du lecteur vers des émotions ou des intérêts par trop étrangers à l'art. Mais, sauf cette restriction, oui, toutes les idées, les vraies et les fausses, — entre les unes et les autres, la distinction relève de la science, non de l'art, — les plus graves et les plus légères, les plus profondes et les plus superficielles, les plus claires et les plus troubles, les plus simples et les plus complexes ; celles que l'on appelle impressions et qui se donnent à peine pour des idées, tant elles sont fugitives, frêles et difficiles à formuler ; celles que l'on appelle sentiments et qui ne prétendent à nulle autre véracité que personnelle, intime ; celles, au contraire, qui revendiquent la rigueur des dogmes... Toutes les formes de la pensée, enfin.

Certaines, il est vrai, conviennent surtout à certains arts. Un artiste complet, qui aurait à sa disposition la pratique des arts divers, devrait, épris de quelque idée, choisir entre les différents modes d'expression, peinture, sculpture, musique, poésie, danse, roman, etc., celui qui la mettra le mieux en valeur. Le principe de la « séparation des genres », que l'on a souvent formulé d'une façon, certes, beaucoup trop impérieuse et farouche, n'a pas d'autre portée... En fait, spécialisés, les artistes se répartissent selon la technique qu'ils ont une fois adoptée : on est peintre, ou sculpteur, ou poète, etc. ; il est rare qu'on soit habile en deux sortes d'art, et tout au plus. Alors, il faut bien que l'artiste, au lieu de choisir

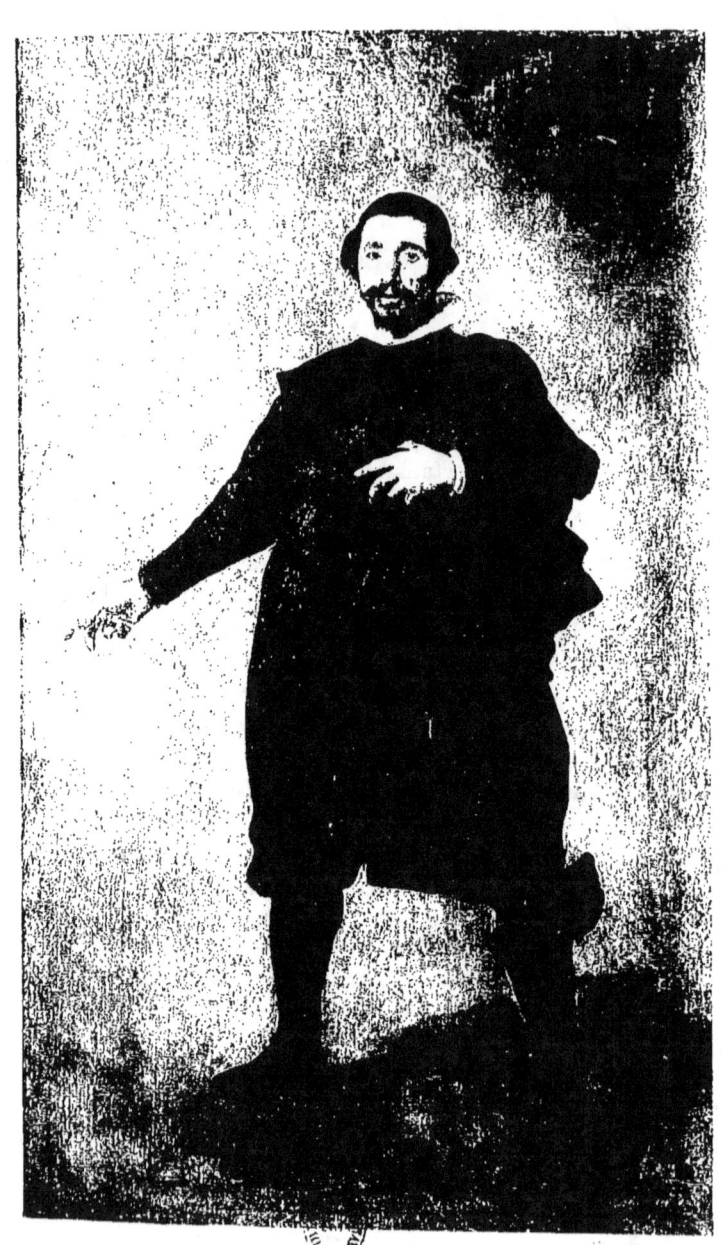

VELASQUEZ. — PABLILLOS DE VALLADOLID.

le mode d'expression qui convient à son idée, choisisse l'idée qui
convient au mode d'expression dont il dispose. Et choisir son idée
n'est pas toujours facile. De cet inconvénient inévitable, il résulte
d'abord ceci, qui est fâcheux : voilà donc l'idée soumise à l'expression, tandis que le contraire serait juste et logique.

Mais la séparation des genres n'est pas si absolue qu'il faille
s'affliger outre mesure de cet inconvénient-là. Les différents arts
sont beaucoup plus souples et diversement applicables qu'on ne l'a
dit et qu'on ne l'a cru. Certaines époques les ont spécifiés avec une
netteté singulière. Les Grecs, par exemple, de l'âge classique ne les
mêlent aucunement. L'esprit grec, si ordonné, l'exigeait ainsi. Mais
la pensée, ensuite, n'est pas demeurée en cet état de sereine et
calme certitude. Troublée, inquiète, elle a cessé de concevoir que
le fini seul (et le défini) est réel... Oui, les modes de la pensée,
disons-le, s'embrouillèrent; ou, si l'on veut, des relations nouvelles
furent aperçues entre les divers ordres de phénomènes. Renan,
dans la *Prière sur l'Acropole*, dit à Pallas Athênê : « Le monde
est plus grand que tu ne crois. Si tu avais vu les neiges du pôle et
les mystères du ciel austral, ton front, ô déesse toujours calme, ne
serait pas si serein ; ta tête, plus large, embrasserait divers genres
de beauté[1]. » Aujourd'hui, plus que jamais encore, les arts divers
tendent à se rapprocher, quelquefois à se synthétiser, souvent à se
confondre. L'esthétique wagnérienne ne cherche-t-elle pas à constituer le drame musical comme la somme de tous les arts? La
poésie moderne n'est-elle pas très analogue à la musique? Des
peintres n'ont-ils point tâché de rendre des idées que se réservaient
jadis les écrivains? Etc...

*
* *

Le domaine de la peinture est illimité. Il contient la nature
entière, dont l'inventaire est impossible, le monde inanimé, le
monde vivant et, entre la pierre inerte et l'homme qui s'agite, les

---

1. Renan, *Souvenirs d'enfance et de jeunesse*, p. 74.

intermédiaires innombrables et gradués de la végétation. Les combinaisons variées de ces divers objets renouvellent incessamment le spectacle dont elle s'inspire. L'éclairage, que les saisons et les heures apportent, le modifie. En outre, le spectacle change avec l'œil qui l'examine, avec l'âme qui en est émue : l'âme nuance le paysage à sa nuance.

Il est malaisé de dire pourquoi telles combinaisons de couleurs, plutôt que d'autres, nous ravissent ; il est malaisé de dire pourquoi la couleur, en général, nous enchante. Sans doute faut-il attribuer ce fait d'abord à la simple satisfaction de l'organe visuel, avide, comme tous nos organes, de fonctionner ; plus subtil que les autres, il a des exigences plus compliquées et raffinées : sa délicate physiologie expliquerait peut-être ses goûts si l'essence même du plaisir ne semblait devoir échapper à toute enquête.

Quoi qu'il en soit, la joie certaine et mystérieuse des couleurs est la première séduction de l'art pictural. Son attrait est voluptueux, et l'œil d'un bon peintre est sensuel. Il se divertit aux couleurs, il les aime, il s'enivre d'elles...

Une remarque cependant est nécessaire. Par réaction contre la peinture, un peu surannée chez nous, que l'on appelle « littéraire » et qui, en effet, n'est point assez de la peinture, on prend l'habitude par trop de ne vouloir admirer, dans un tableau, que la couleur, abstraction faite de l' « idée ». Entendons-nous : ceci ne vise point à prôner la « peinture littéraire ». Mais on dirait, aujourd'hui, à lire les critiques d'art, que l'expression des idées est le monopole exclusif de la littérature, et même uniquement de la prose, la poésie cherchant à s'écarter de sa sœur laborieuse et pédantesque ; et l'on dirait que la peinture ne consiste plus qu'en un jeu de couleurs qui valent pour elles-mêmes. Le danger d'une telle conception de la peinture, il n'est pas difficile de le formuler : c'est, comme disent les philosophes, prendre le moyen pour la fin, l'instrument pour le résultat, le métier pour l'œuvre. Les couleurs et les lignes, ainsi que les mots dans une page d'écrivain, servent, dans un tableau, à exprimer une idée. Il appartient à des techniciens compétents de décider si l'artiste a employé les procédés les meilleurs. Mais il faut envisager l'œuvre et non le métier, l'œuvre c'est-à-dire l'expression, la réalisation d'une idée.

Est-ce là considérer la peinture comme un art graphique et, pour mettre les choses au pis, la confondre avec un alphabet? Certes non, puisque — je l'indiquais — je ne réserve point aux seuls concepts de l'intelligence le mot d' « idée ». La joie, l'émotion des sens, la plus vague mélancolie ou l'enthousiasme le plus chaud sont des idées qu'une œuvre d'art exprimera. Elle les exprimera par des mots ou par des musiques ou par des couleurs, indifféremment, sans qu'il faille transcrire en mots les musiques ou les couleurs pour que ces idées soient intelligibles. Ainsi, le peintre et le musicien ne sont pas rangés sous la dépendance de la littérature. En d'autres termes, je ne prétends pas — combien j'aimerais mieux affirmer le contraire, tout crûment, s'il fallait choisir l'une de ces deux propositions extrêmes ! — qu'une œuvre d'art requière un « sujet », au sens où l'on prend « sujet », au sens où l'a pris Diderot, très souvent, dans ses Salons et d'une façon, d'ailleurs, moins illégitime qu'il ne semble, car la peinture qu'il avait sous les yeux, celle par exemple de Greuze, est « à sujet » et à sujet littéraire. Par « idée » je ne veux pas signifier « sujet »... Tel peintre d'aujourd'hui prodigue les couleurs les plus belles, les plus magnifiques, les illumine de clartés que l'on n'avait point encore vues ; sur la chair épanouie des femmes, il darde le soleil, ou les lueurs lunaires, ou les reflets des lampes électriques. Il n'y a dans la nature nulle couleur, nulle nuance des horizons, des fleurs, des ciels merveilleux, des eaux, du pelage ou du plumage des bêtes, de la limpidité des pierreries, nulle rencontre de couleurs ou de nuances qu'il ne soit jaloux de mettre en ses tableaux. Et ses tableaux concrétisent donc l'universelle beauté de la nature : n'est-ce pas son panthéisme joyeux, son naturalisme ardent qui est « l'idée » de son art? On dit : « Celui-là est un bon peintre. Il ne fait point de littérature, il ne tâche point d'exprimer des idées ; simplement, il peint... » Ce n'est pas lui faire beaucoup d'honneur. Il exprime une idée, — peut-être la plus grande et la plus large des idées, — naturaliste et panthéistique, qu'un écrivain rendrait avec des mots, un musicien avec des sons. Il la rend, lui, par les moyens spéciaux de son art. Il n'est pas un littérateur; mais ce n'est point assez dire : sa qualité de peintre n'est pas purement négative. Il est peintre; et il faut vanter l'habileté de son pinceau, il faut se délecter de son savoureux coloris; il faut surtout voir dans son œuvre la synthèse de la beauté de l'univers et de la joie qu'elle lui communique.

Tel autre, à ces magnifiques éclats de la lumière en fête, impétueuse, fantasque, irradiée, préfère les colorations mates et voilées qu'a la nature quand les nuages peu épais se tendent en écran sur le soleil pour amortir les rayons trop durs. L'artifice ingénieux de sa palette, il l'apprit de ces paysages qu'une lumière discrète éclaire doucement. Il aime les demi-teintes et les nuances fines. Il a des roses délicieux qui proviennent des bruyères drues sur les landes; à la fin de l'été, elles roussissent, et leurs tons carminés se mêlent de chaudes rouilles. Son vert est celui des oliviers ou des mousses. Ses violets, ses mauves bleutés ou assombris, il les a pris à l'écharpe de brume qui traîne, le soir, aux horizons... Eh! quoi, recherche-t-il seulement des effets nouveaux de coloris?... Son œuvre émeut par le recueillement et le silence. Elle est tout imprégnée de la tranquillité pensive de la nature. Elle enseigne aussi une morale de sérénité, de calme et de lucide rêverie.

.*.

Ainsi la fantaisie du coloriste, si original, libre et audacieux qu'on le suppose, est soumise à l'idée qu'il se préoccupe d'exprimer. La nature répand avec profusion, avec confusion, les couleurs et les formes. Elle n'a point à les ordonner autrement que ne les produit l'activité des lois causales. Une idée préside-t-elle à son incessante fécondité? Une idée si vaste, en tout cas, qu'elle échappe à l'entendement des êtres particuliers. Mais la nature est ce qui est; elle ne dépend que d'elle-même; elle est à elle-même sa raison d'être et sa justification. L'œuvre d'art, au contraire, interprète la nature, ou du moins quelque chose de la nature : il faut qu'elle soit pleinement intelligible, comme la claire image de l'une des idées que la nature suggère. Un tableau est parfait si, dans tout le détail de sa facture, dessin, couleur, composition, etc., il est, avec cohérence et avec évidence, expressif.

Certains artistes, il est vrai, semblent prodiguer étourdiment les prouesses de leur pinceau. Ils abusent de leur habileté. Ils ne songent à exprimer nulle idée : ils peignent, voilà tout. S'ils sont très habiles, on peut se plaire à l'œuvre qu'ils accomplissent, on peut la trouver intéressante, amusante, on peut s'en divertir comme d'une spirituelle et merveilleuse clownerie. Mais la véritable œuvre d'art est tout autre chose qu'un jeu désordonné, qu'un tour de force réussi. Elle est le symbole d'une idée. C'est un signe de décadence dans l'histoire de l'art, quand les artistes, enivrés de la dextérité souveraine qu'ils ont acquise, ne se préoccupent plus que d'en déployer les vains prestiges.

En étudiant avec soin les belles œuvres d'art que le passé nous laissa, on y découvre toute l'âme humaine, les formes successives et variées de son imagination, de ses croyances, de son rêve et, les unes après les autres, les conceptions de la vie qu'adopta pour un temps, étape par étape, l'humanité.

Les historiens de l'art distinguent, on le sait, de nombreuses « écoles » de la peinture. Ils font bien. Ces distinctions ne sont pas seulement commodes pour le clair exposé des faits; elles correspondent à une réalité. Les peintres dont l'histoire tient compte se doivent ainsi répartir en groupes spécifiés.

Mais comment les caractériser, ces écoles? Où trouver les signes constitutifs de leur réalité? Généralement, on les définit par les procédés de facture que les tableaux révèlent. Cela est judicieux. Il est certain que la couleur, le dessin, la composition, la façon de peindre, en somme, diffèrent chez les Flamands et les Italiens, et, parmi les Italiens même, diffèrent en Ombrie, à Florence, à Venise, à Bologne. Un œil exercé ne s'y trompe pas. Allons un plus avant dans l'analyse : ces différences de facture, quelles causes ont-elles?

Des causes variées. Les unes sont accidentelles. Ainsi, la trouvaille heureuse qu'aura, quelque jour, faite un peintre d'un procédé nouveau, d'une combinaison nouvelle des lignes et des couleurs,

profitera, sans doute, à toute l'école. Il aura des imitateurs, des
élèves, qui suivront sa « manière », quelquefois fort bien, souvent
avec une servilité peu estimable.

Est-ce cela qui constitue « l'école »? Mais non. Les analogies de
facture que l'on remarque entre les peintres d'une école n'ont de
valeur réelle et significative qu'en tant qu'elles proviennent de
causes plus profondes et, disons-le, plus honorables, qu'en tant
qu'elles correspondent à une parenté spirituelle d'artistes que des
circonstances identiques inclinent à une semblable conception de la
vie. Cette conception de la vie, ils l'expriment, les uns et les autres,
dans leurs tableaux, ils l'expriment diversement, selon leur caractère individuel, leur tempérament, selon la puissance de leur originalité : quelques-uns même veulent réagir contre les tendances
communes. Mais l'école est vraiment constituée par ces affinités
intimes qu'explique assez l'existence simultanée dans les mêmes
conditions morales et sociales. En d'autres termes, l'âme vivifiante
d'une école, c'est « la philosophie » dont elle s'inspire, — la philosophie, ou, si l'on veut, comme dit Tolstoï, « la conscience religieuse » d'une époque, pourvu que l'on entende par là l'idée qu'une
époque, qu'une civilisation s'est faite de la vie.

Comparez l'école de Bruges, celle de Cologne et celle de Venise.
Bruges, pieuse et opulente, au temps de sa plus magnifique prospérité, a revêtu d'étoffes et de parures somptueuses, elle a placé dans
un décor de faste et de beauté, les saints et les saintes au doux
visage pensif et religieux. Cologne, la subtile et la théologienne,
émue de son prodigieux quatorzième siècle, où maître Eckart, philosophe panthéïste déjà, formulait l'un des plus puissants systèmes
métaphysiques dont s'enorgueillisse l'esprit humain ; où Tauler, dans
ses éloquents sermons, faisait passer de la doctrine de ce maître le
plus qu'en pouvait accueillir un auditoire; où l'étrange et exquis
Henri Suso transformait en mysticisme poétique et sentimental ces
idéologies passionnées, — Cologne eut un art compliqué, tourmenté,
de lucide et minutieuse méditation. Et Venise réalisa son rêve de
splendeur, de joie ensoleillée, de débordante allégresse et de
volupté.

*
* *

Ainsi, les salles de nos musées, où le passé se survit à lui-même,
sont pleines de la vieille et incessante pensée humaine, telle qu'au
cours des siècles anciens et nouveaux, sous l'influence des événements désordonnés, et grâce à la féconde invention des beaux
génies, elle se manifesta en images diverses. Oui, la pensée
humaine est là, le rêve de la vie dont s'éprirent, les unes après les
autres, les générations. La volupté, la piété, la réflexion qui éveillèrent la ferveur d'autrefois et d'hier, nous ont laissé ces témoignages pathétiques d'elles-mêmes. Et c'est pourquoi il ne faut
visiter qu'avec le plus pieux respect ces mémorables galeries où
dure, silencieuse, l'âme de l'humanité.

Fixés sur la toile, voici les fins profils de femmes qui ont vécu,
il y a des siècles et des siècles, et qui furent aimées, et qui inspi-
rèrent peut-être un si ardent amour que, dans cette passion, l'univers entier tenait. Et voici de subtiles images où le songe intense
et hardi d'un artiste s'est réalisé : son émotion lui était devenue si
tourmentante qu'il a voulu l'extérioriser, lui donner une forme, une
vie propre et indépendante, afin de s'en délivrer, afin de la contempler, détachée de sa vie, à lui, œuvre d'art où son âme se sera
dédoublée !...

Ces images, quand il les peignit, étaient toutes chaudes de sa
pensée. Et il n'y avait pas, dans ce tableau, une petite nuance qui
ne correspondît à quelque nuance du sentiment complexe et passionné qu'il éprouvait ; et il n'y avait pas une petite ligne dont il
ne frémît... Et puis, il est mort, et l'image est restée. L'image aussi
est comme morte si nul ne la contemple avec le même émoi d'où
elle est née ; elle meurt plus pitoyablement si quelqu'un la regarde
sans la comprendre, ainsi qu'une chose absurde ou dont le sens s'est
perdu. Mais elle renaît soudain quand une âme fervente s'y incarne
de nouveau : alors, elle vit, d'une intime vie, silencieuse et ardente.

N'ayant en vue que d'indiquer quelques raisons de se plaire à la peinture, je ne m'astreindrai pas à la rigueur chronologique qui s'impose à un historien de l'art. Je n'ai pas non plus l'intention d'être complet : beaucoup de peintres importants ne figureront pas dans ce petit ouvrage. J'ai choisi seulement quelques œuvres belles et significatives, afin de les commenter à loisir. J'ai choisi celles qui se prêtaient le mieux à illustrer mes dires et, autant que possible, celles qui, se trouvant à la portée de tous dans nos musées parisiens, invitaient les lecteurs d'ici à contrôler mes remarques.

Ces remarques, je les ai, pour plus de clarté, réparties en plusieurs chapitres, selon cette simple méthode qui, du reste, n'affecte pas un caractère scientifique. L'œuvre d'art, — et le tableau, par exemple, — est « l'expression la plus parfaite d'une idée » : les pages qui précèdent avaient pour but de l'établir. J'ai donc classé mes tableaux suivant l'idée qu'ils exprimaient. Dieu, l'Homme, la Nature sont les trois chefs de cette répartition : peinture religieuse, puis portrait, peinture de genre, peinture d'histoire, puis paysage... Un chapitre, ensuite, est consacré à la peinture décorative, dont l'âme est l'idée de luxe, de bien-être, de béatitude... Voilà.

CHAPITRE PREMIER

——

DIEU

N'est-ce point une chose admirable et vraiment pathétique, que la peinture des temps modernes, — car je laisse de côté toute considération sur la peinture antique, des Grecs, des Romains et des Orientaux, — que la peinture des temps modernes se soit d'abord appliquée à l'idée de Dieu, c'est à dire à la plus complexe et difficile des idées, et à la plus intangible et à la plus immatérielle, et à celle enfin que les lignes et les couleurs semblaient le moins aptes à signifier.

Mais il en est ainsi. Le Christianisme fut le promoteur de tous les arts, et la peinture des temps modernes fut premièrement religieuse.

Cela est étrange et paraît contradictoire même. Il y a dans l'art, il y a en tout art une volupté, une « concupiscence », que l'austérité de la foi devait regarder d'un mauvais œil. Saint Paul, dans la première épitre aux Corinthiens, affirme son vœu de ne point recourir aux séductions de la parole. Les scrupules que devaient éveiller dans l'âme d'un chrétien rigoureux les jouissances esthétiques, les voici, rendues avec une intensité poignante, selon les *Confessions* de saint Augustin. Il se méfie également de tous les sens, et des délices de la chair, et de la gourmandise, et des plaisirs de l'odorat, et de ceux de l'ouïe au point de redouter que la musique religieuse le touche davantage « par le chant que par les choses qui sont chantées », et de ceux de la vue, car « les yeux aiment les formes belles et variées, les couleurs vives et agréables. ». La lumière lui est un agrément délicieux et redoutable dont il se défend : « Cette reine des couleurs, la lumière, baignant tout ce que nous voyons, me caresse de mille manières, où que je sois, par le jour, même si j'ai quelque autre souci et si je ne m'occupe pas d'elle... » Et il parle de cette « douceur voluptueuse et périlleuse ». Et il s'effraye de ce qu'ajoutent encore à ces enivrantes beautés les artistes, les peintres, quand ils ne se bornent pas à de « pieuses significations ». Il en est ému, troublé, tourmenté[1].

Semblablement Calvin, plus tard, se montre, à l'égard des arts, ombrageux. Il approuve une juste éloquence ; mais il condamne ce style qui « arrête les Chrestiens à un lustre extérieur de paroles, les enivre de vaine délectation, chatouille les oreilles en retentissant et offusque de sa pompe la croix de Christ, comme qui mettrait une nuée au-devant... »[2] Pour des raisons plus strictement théologiques, il interdit « qu'il y ait des images en un temple » ; il interdit toute représentation de Dieu, « pour ce que sa gloire est d'autant défigurée et sa vérité falsifiée » ; il réprouve ceux qui « corrompent la vue humaine par fantosmes ». Tout au plus autorise-t-il « qu'on peinde et qu'on taille les choses qu'on voit à l'œil ». C'est la négation catégorique de la peinture religieuse.

Ainsi, prise dans toute sa rigueur, la foi chrétienne allait à l'encontre de l'art. Les scrupules de saint Augustin, l'austérité de Jean Calvin le démontrent. Or, au contraire, la foi chrétienne a favorisé ce prodigieux épanouissement de l'art qui, sous des formes bien diverses, dure aujourd'hui encore.

---

1. Saint Augustin, *Confessions*, X, 34.
2. Calvin, *passim*.

C'est que l'Église s'aperçut de l'immense parti qu'elle pouvait tirer de l'art, si elle l'employait à ses fins. Saint Augustin, qui signale les dangers de la musique, se souvient aussi « des larmes que les chants d'église lui firent répandre au commencement de sa conversion », et il les trouve enfin « très utiles ». Le tout est de ne point séduire « par le chant, mais par les choses qui sont chantées ».

La peinture, en particulier, devait rendre de grands services. A une époque où très peu de gens savaient lire, les tableaux, les fresques murales, les vitraux, regardés par les fidèles tandis que se célébrait l'office en inintelligible latin, contenaient un enseignement manifeste. Aussi une bulle pontificale en recommande-t-elle la présence dans les églises. Nombre de sermons du moyen âge ne font que commenter la pieuse imagerie de verre peint que les fidèles avaient sous les yeux.

Nous avons un témoignage significatif et touchant de l'influence édificatrice qu'eut, au xve siècle encore, cet art religieux. Villon écrivit « à la requeste de sa mère » une ballade « pour prier Nostre-Dame »; et la vieille mère dit :

> Femme je suis, povrette et ancienne,
> Qui rien ne sçay, onques lettre ne lus.
> Au moustier voy, dont suis paroissienne,
> Paradis painct, où sont harpes et luz
> Et un enfer où damnés sont boulluz.
> L'un me fais paour, l'autre joie et liesse.
> La joie avoir faictz-moy, haute déesse,
> A qui pécheurs doivent tous recourir !...

Ces quelques documents indiquent bien les circonstances spirituelles au milieu desquelles est né, puis s'est développé, l'art chrétien. Mais un autre fait s'est produit qui soudain bouleversa la triste conception d'un art didactique et rigoureu

sement soucieux d'édification. La Renaissance païenne intervint : la peinture religieuse de la Renaissance, qui choquait
Calvin, saint Augustin lui aussi l'eût réprouvée. Du xv⁰ au
xvi⁰ siècle, elle se déchristianise toujours plus et cependant
s'acharne à la représentation des sujets sacrés. Il n'y a rien de
plus extraordinaire et tragique, dans l'histoire des idées, que
ce paradoxal contact du christianisme et du paganisme auquel
nous fait assister la peinture italienne de la Renaissance.

Peut-être l'art, avec ses voluptés essentielles, est-il inca-
pable de s'astreindre à l'ascétisme dogmatique auquel saint
Augustin, par exemple, l'eût voulu réduire. Peut-être contient-
il en lui-même, pour parler comme les théologiens, le germe
de sa propre dépravation. Saint Augustin le savait; aussi le
tenait-il en suspicion. Quand il avait trouvé trop de plaisir à
la musique, il avouait avoir commis un péché, et alors « il eût
aimé beaucoup mieux n'avoir pas entendu chanter ». Les
artistes, peu à peu, s'attachent moins « à la chose peinte qu'à
la peinture »; et, de cette manière, s'ils encourent les
reproches des théologiens, ils méritent aussi que, du simple
point de vue de l'esthétique, on les blâme, puisqu'il y a disparité,
dans l'œuvre qu'ils réalisent, entre l'idée et son expression...

*
* *

La belle époque de la peinture religieuse est préraphaélite,
voire prépéruginesque. Elle commence avec Cimabue dans
la seconde moitié du xiii⁰ siècle et n'atteint pas l'an 1500.
Elle est brève, mais admirable. L'extraordinaire synthèse
d'émotions poignantes, de sentiments ineffables, de profondes pensées que contient la légende divine s'exprime,
dans cet art, avec une singulière puissance, avec une délicatesse subtile et hardie. Peu à peu, l'habileté des peintres progresse, devient égale à leur inspiration. Que de belles œuvres
ils achèvent avant le jour où, comme enivrés de leur savoir-

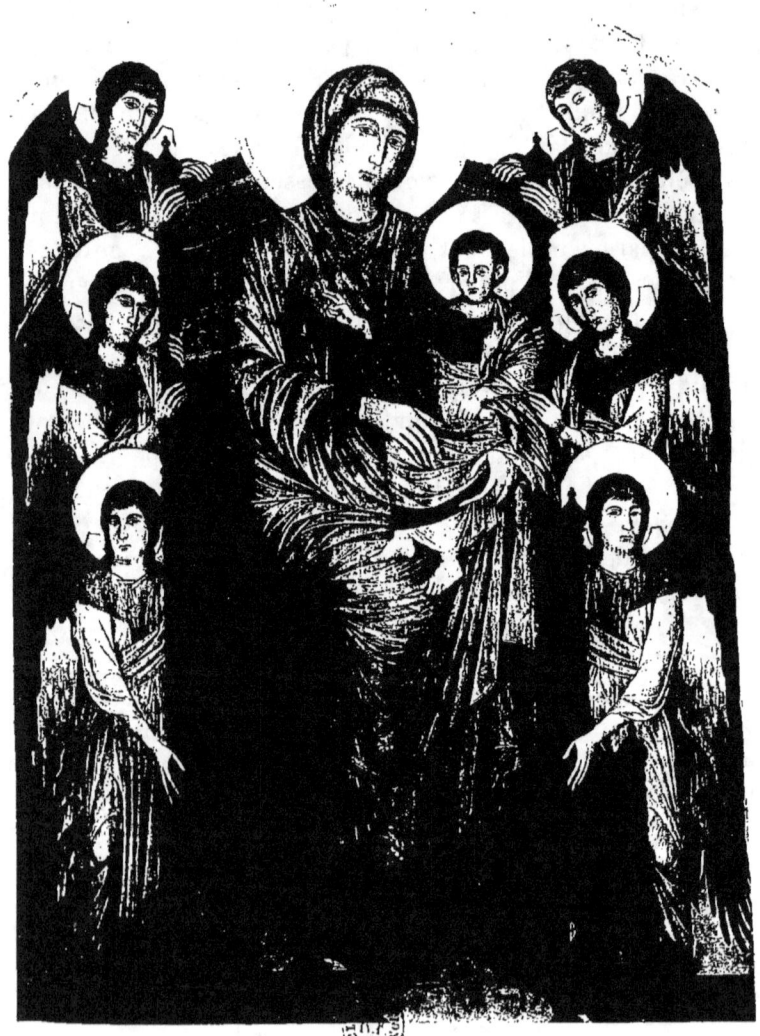

CIMABUE. — LA VIERGE AUX ANGES.

faire, ils abuseront, ils mésuseront de leur métier, ils se feront un jeu frivole de leur virtuosité vaine!...

*
* *

Au fond de la petite salle des Primitifs italiens qui est au Louvre et où l'on ne va guère, à cause des diamants de la Couronne, voisins de là et plus précieux aux badauds, un tableau mérite un infini respect. C'est la Vierge aux Anges, de Cimabue...

Certes, il étonne d'abord par son aspect farouche, la gaucherie des attitudes, la rudesse du dessin, la monotonie de la couleur. Il est austère, dépourvu de grâce et d'agrément. La Vierge, assise incommodément sur un haut fauteuil de bois sculpté, est lourdement vêtue d'un manteau bleu à capuchon qui laisse passer le bas d'une robe rougeâtre. Elle porte en ses bras l'enfant. Des anges soutiennent le trône ou s'y appuient : leurs gestes ne sont pas caractéristiques. A droite et à gauche, symétriquement disposés, pareils deux à deux, ils sont là, témoins muets et immobiles. Les visages se ressemblent, avec les mêmes yeux mornes, le vermillon des joues, les bouches impassibles. Les mains longues aux longs doigts parallèles ne frémissent ni ne bougent. Du bleu, du rouge, du brun foncé, du brun clair, un peu de rose et de gris, chacun de ces tons en masses étendues, nettes, distinctes, c'est tout, sur un fond d'or terni...

Mais cette grande image malhabile émeut par sa forte et franche facture. Il n'y a ni sensibilité ni inquiétude, dans cet art : il vaut par la certitude, la sérénité robuste, la puissance simple. Ce Cimabue fut un homme exempt de perplexités et de molle douceur... On peut rêver longuement en présence de cette madone aux regards fixes. Dans l'expression que le peintre lui a donnée, on démêle des souvenirs de l'esthétique byzantine et quelque chose aussi de moins hiératique, de plus

humain ; et l'on tâche d'y discerner ce que l'artiste y a mis
volontairement et ce qu'y ajouta son dur pinceau peut-être,
mal obéissant à son rêve. Ainsi cette œuvre saine et d'inspiration peu compliquée, semble-t-il, tourmentée cependant, attire
et déconcerte. Elle est loin de nous. On la sent noble et
magnifique ; on craint de n'en point saisir toute la beauté.

A Florence, dans l'église Santa Maria Novella, est une
autre madone aux anges, de Cimabue, qui ressemble beaucoup
à celle-ci, qui est moins rigide pourtant... Quand Cimabue
l'eut achevée, on la transporta en grande pompe à l'église ; et
ce fut l'occasion d'une fête pieuse et joyeuse. Le faubourg
qu'elle traversa conserve, dit-on, de ce beau jour, le nom de
Borgo Allegri. Cette allégresse florentine est mémorable, car
elle célébrait la naissance d'un art prodigieux ; elle le devinait
à sa première apparition. L'indépendance des cités italiennes,
consacrée à la fin du siècle précédent par la paix de Cons-
tance, se manifestait ainsi glorieusement.

Nous pouvons bien être surtout frappés de l'air byzantin
qui subsiste en ces images imparfaites. Pour les contemporains, la vision fut tout autre ; on aime à se les figurer joyeux
d'avoir vu s'animer et vivre déjà la madone qui se dégageait
de l'hiératisme traditionnel.

*
* *

Un jour que Cimabue allait, pour quelque affaire, de Florence à Vespignano, village tout proche, il rencontra un jeune
berger qui, tandis que broutait son troupeau, dessinait l'une
de ses bêtes sur une pierre lisse au moyen d'un caillou pointu.
Frappé d'une adresse naïve et réelle déjà, Cimabue demanda
au jeune berger de le suivre afin qu'il lui pût enseigner son
art. Certes, l'enfant consentit.

C'est ainsi qu'Ambrogio di Bondone, fils d'un pauvre
laboureur, devint, de petit pâtre qu'il était, un artiste admi-

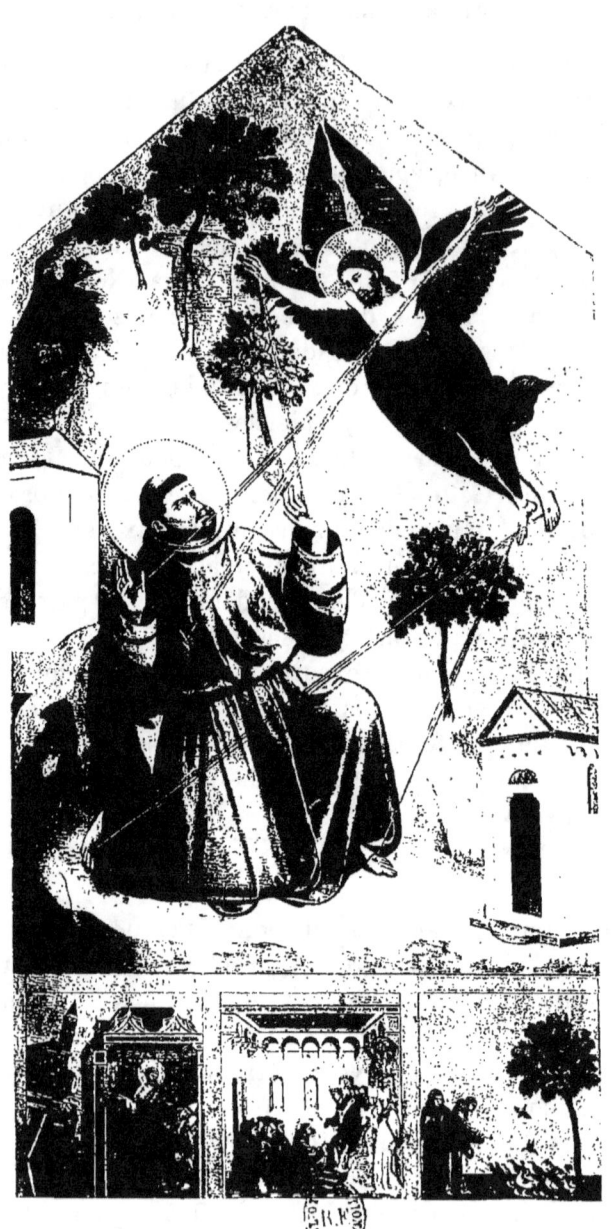

GIOTTO. — Saint François recevant les Stigmates.

rable, — Giotto, comme ses contemporains l'appelèrent, du diminutif affectueux de son nom, Ambrogiotto. Et je ne sais si cette anecdote est certainement authentique ; mais je voudrais qu'elle le fût, car elle est de nature à déconcerter les philosophes qui argumentent sur les lois inéluctables de l'histoire. Selon ces idéologues, on dirait qu'une logique nécessaire préside à l'évolution de l'humanité. Quelque chose de décisif manquerait aux destinées de la peinture renaissante, manquerait à l'actif de l'histoire humaine, si Giotto n'avait accompli son œuvre. Or, il s'en fallut de peu que le génial Giotto passât toute sa vie à paître des troupeaux... Et l'histoire est plus belle, considérée ainsi, toute pleine de hasards merveilleux, de contingences extraordinaires.

Giotto eut vite dépassé Cimabue. Il n'avait que vingt ans quand il acheva de décorer l'église supérieure d'Assise. Dante, au onzième chant de son *Purgatoire*, le dit plus tard : « Cimabue croyait, en peinture, être sans rival ; à présent, c'est Giotto qui a la vogue, et il offusque la renommée de l'autre [1] ».

Quelles leçons le jeune homme a-t-il reçues du vieux maître ?... Vasari, à qui nous devons le précieux récit de leur rencontre sur le chemin de Vespignano, ajoute : « Giotto ne fut pas tant l'élève d'aucun maître humain que de la nature elle-même : car, en surplus des splendides dons qu'il lui doit, il étudia la nature diligemment, et il était sans cesse à y apercevoir de nouvelles choses, à tirer d'elle des idées ».

Cela est très bien dit ; et telle fut, en effet, la splendide innovation de ce peintre. On ne voit pas que nulle tradition pèse sur lui ; il s'est débarrassé du byzantinisme avec une heureuse désinvolture. Il n'est point empêché par des poncifs ;

---

1.   Credette Cimabue nella pittura
           Tener lo campo, ed ora ha Giotto il grido,
           Sì che la fama di colui oscura.

mais il s'adresse à la nature directement. Le petit pâtre, qui
suivait naguère ses animaux, et remarquait leur forme et
s'amusait aux paysages, sans doute, s'est souvenu de son
enfance parmi ces réalités quotidiennes. Au décoratif fond
d'or sur lequel Cimabue campait ses roides images, il substi-
tua le ciel bleu, le ciel large et plein d'air ; du moins, s'il ne
le fit pas tout de suite, il se plut sans tarder à faire vivre ses
personnages dans un décor d'arbres, de rochers, de maisons,
de villes ou de campagnes.

Ah ! si les Florentins purent se réjouir le jour où la
Madone de Santa Maria Novella traversa le Borgo Allegri,
quel ne dut pas être l'universel enchantement lorsque se
répandit, à travers l'Italie entière, l'art autrement allègre et
neuf de Giotto!...

Il en fut ainsi. Florence, Rome, Assise, Padoue, Vérone,
Ferrare, Ravenne, Pise, Lucques, Arezzo, Milan, Urbin,
Naples, toutes les villes l'appelèrent et son génie les éclaira.

... C'était un homme d'une gaieté vive et charmante. Il
était célèbre pour sa bonne humeur ; et les anecdotiers de la
Renaissance rapportent de lui mille plaisanteries : Boc-
cace en raconte et Franco Sacchetti et Vasari... Est-ce
qu'un jour ce Giotto farceur ne s'était point amusé à peindre,
en l'absence de Cimabue, sur le nez de quelque figure à laquelle
celui-ci travaillait, une mouche, et une mouche si bien faite
qu'au retour Cimabue voulut, de la main, la chasser, la
croyant vraie?... Une autre fois, le roi de Naples, regardant
Giotto à l'œuvre, lui dit : « Giotto, si j'étais vous, par un jour
si chaud, je laisserais la peinture ». Giotto répondit au roi :
« Moi aussi, certainement, si j'étais vous !... »

Il aimait à rire.

Vasari dit encore de Giotto : « Il n'était pas moins
bon chrétien que peintre excellent... » J'attache à cette
parole une extrême importance. Non que j'exige d'un artiste

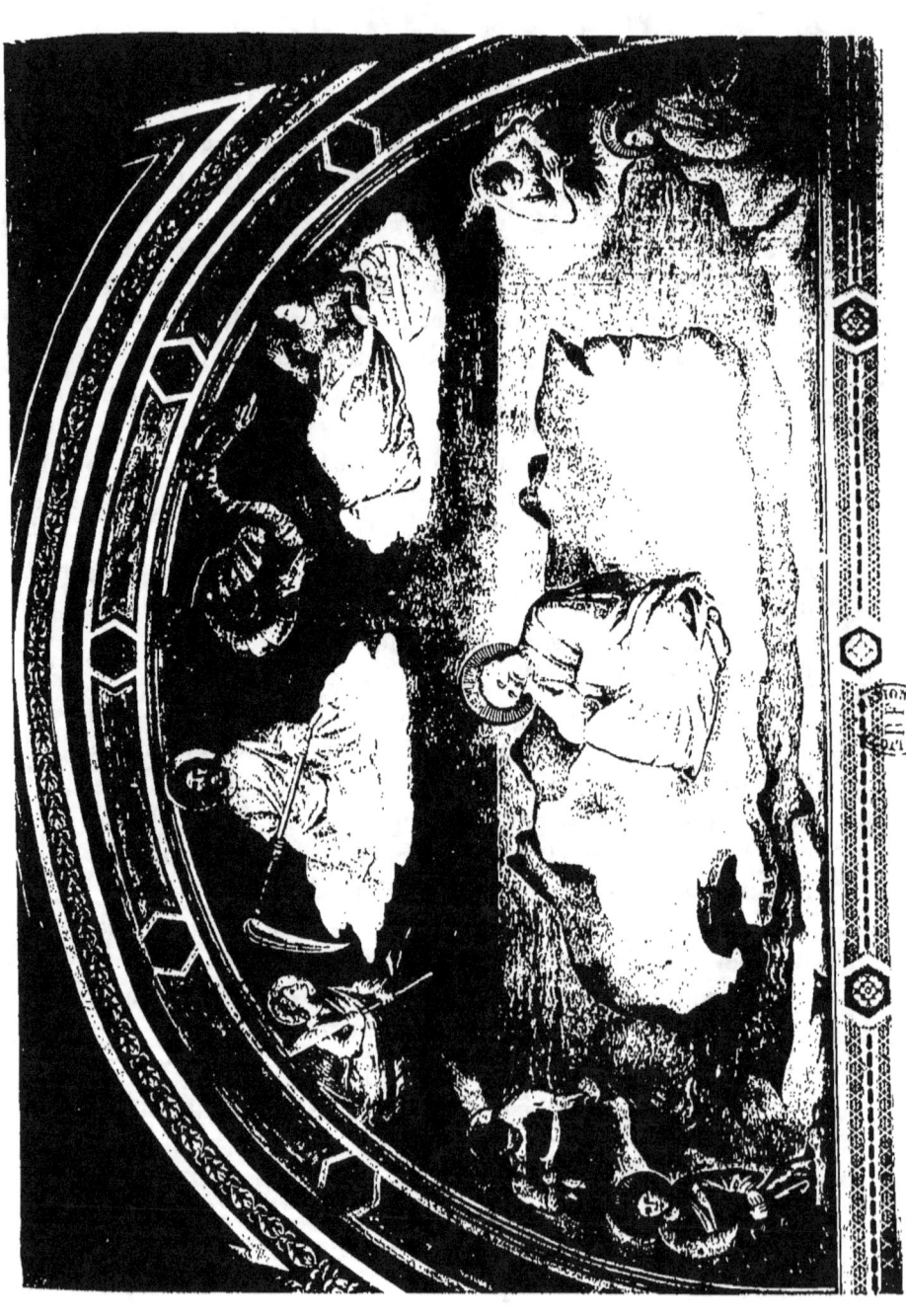

GIOTTO. — Saint Jean a Patmos.

autre chose que de belles œuvres et veuille m'enquérir de sa
foi, qui ne regardait que lui. Mais, puisque Giotto s'est consacré
à la peinture religieuse, on apprend avec plaisir que sa ferveur
était sincère. Que d'artistes, deux siècles plus tard, furent
païens, très authentiquement, qui néanmoins peignirent des
christs, des vierges et des saints ! Et l'artifice s'aperçoit.

La piété est simple et vraie, dans l'œuvre de Giotto.

Il fut l'ami de Dante. Il le portraitura, dans la chapelle du
Podestat, à Florence. Plus tard, à Padoue, Dante, au début de
son exil, le vint retrouver ; ils séjournèrent ensemble à Vérone,
à Ferrare et à Ravenne... Combien est émouvant le souvenir
de l'amitié de ces deux hommes extraordinaires, dont l'un
créait la poésie et l'autre la peinture italiennes et qui, tous
deux, sont des quelques-uns qui comptent dans l'histoire de
l'humanité !... On a cru reconnaître l'influence dantesque en
des œuvres de Giotto : la série de l'Arena de Padoue, par
exemple, ou les étonnantes allégories de l'église inférieure
d'Assise. Quoi qu'il en soit, le christianisme âpre et farouche
de Dante n'est pas celui de Giotto. Il y a plus d'analogies
entre Giotto et saint François d'Assise.

Lorsque naquit Giotto, en 1266, saint François était mort
depuis quarante ans ; mais, familière et douce, sa légende lui
survivait. Les « trois compagnons », frère Léon, frère Ruffin
et frère Ange, venaient de l'écrire; les « Fioretti » se compo-
saient. L'Italie entière, touchée des leçons du mendiant d'Assise,
en gardait l'émoi délicieux. C'était, avant la grande Renaissance païenne, une renaissance des cœurs; et, comme celle-là
retrouvera l'antiquité, celle-ci découvre la nature. Au milieu
des campagnes d'Ombrie, parmi les vignes et les oliviers,
saint François avait senti le pénétrer une infinie tendresse pour
toutes choses sous le ciel. A tout ce qui est, il avait rendu sa
dignité presque divine. Avec la même effusion fraternelle, il
préchait aux hommes et aux oiseaux; et il aimait pareillement

les arbres et les pierres. Son âme était transportée, autant que de dévotion, d'allégresse.

Ce caractère n'est-il pas un peu celui qu'a la peinture de Giotto? N'est-il pas, Giotto, une sorte de saint François, parmi les peintres d'alors, lui qui déchira le fond d'or byzantin pour qu'apparût le large ciel, lui qui dans ses fresques voulut que la nature figurât, plantes, arbres et animaux, avec leur vive et gaie allure, lui qui aux hommes sut donner la vie, le mouvement, l'aisance, le naturel, et lui enfin qui, de ces éléments nombreux et divers, sut composer l'œuvre la plus religieuse, grave et profonde?...

Son franciscanisme, — et, bien entendu, je ne songe pas à rattacher effectivement Giotto au tiers-ordre, — le franciscanisme de son art, on le sent en particulier dans les images qu'il a données de la légende du saint, celles d'Assise ou de Florence. Que le paysage y est charmant! Que les pieuses anecdotes y sont spirituellement présentées! Dans la partie inférieure du grand panneau qui est au Louvre, saint François parle aux oiseaux ; il y a un coq, des pies, des corbeaux, des canards, des rouges-gorges, d'autres encore, et ils sont peints au naturel, non transformés en bêtes symboliques. Ils écoutent, ils comprennent. Saint François s'adresse à eux avec tant de gentillesse et de douceur émerveillée !...

Le Saint François recevant les stigmates est l'une des œuvres les plus fortes et les plus émouvantes de Giotto. L'attitude du saint, prostré sous le coup formidable de la vision, est étonnamment expressive. Et comme elle est spontanée, comme l'artiste qui l'inventait n'avait nulle autre chose en tête que de rendre le sentiment, l'idée, sans aucun souci de virtuosité vaine ! Ici, la beauté résulte de la seule justesse expressive. Les yeux sont pleins d'un effroi sacré, la bouche tourmentée frissonne. Et, dans cette terreur, que d'adoration déférante !...

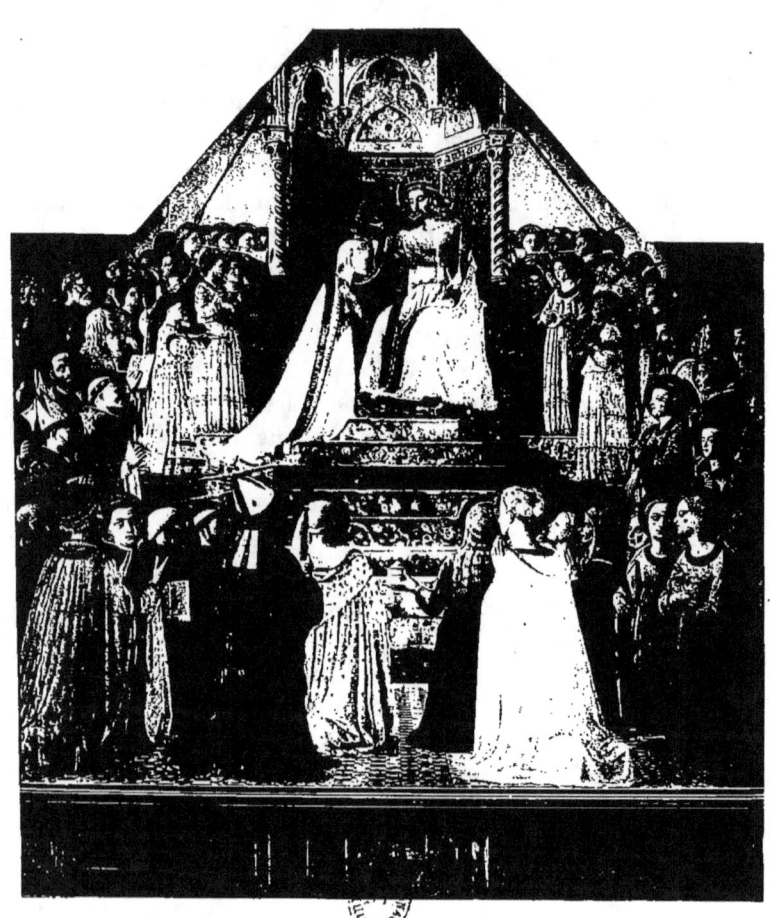

ANGELICO. — Le Couronnement de la Vierge.

La montagne au flanc de laquelle éclate le miracle est sommaire et toute petite ; et toute petite est l'église du premier plan : la Portiuncule, je crois. C'est une chose curieuse que cette inobservance des proportions, chez Giotto comme chez la plupart des Primitifs. Elle est frappante dans le saint Jean à Patmos de l'église Santa Croce. L'île, certes, est minuscule excessivement. Cela étonne, et l'on sourit, et, pour expliquer cette bizarrerie, on signale la « naïveté » de ces artistes anciens. La naïveté, c'est bientôt dit. Mais l'art de Giotto n'est pas naïf ; et Giotto le voyait bien, que son île était, pour son saint, trop petite. Alors ? Alors, c'est qu'il ne souffrait pas de cette disproportion. Son réalisme n'était point tel qu'il voulût restreindre ses compositions au contenu strict du champ visuel. Il entendait figurer saint Jean dans son île. Il fit une île, — portion de terre entourée d'eau, — aussi grande que le permettaient les limites de son œuvre ; et, sur l'île ainsi dessinée, il plaça le saint. Est-ce un symbole d'île ? Si l'on veut. En d'autres termes, cet art qui, par les attitudes, les physionomies, est expressif, est, quant aux accessoires, significatif. Cette portion de terre entourée d'eau signifie l'île de Patmos. Il fallait illustrer cette parole de l'Apocalypse : « Je suis allé dans l'île de Patmos... Un jour du Seigneur, je fus ravi en esprit. » Et le ravissement, avec quelle intensité puissante il est rendu ! Comme la tête de saint Jean rêve ! Comme, plutôt, l'âme est partie du corps vers les hallucinations surprenantes !...

Mais revenons à l'imagerie de saint François, plus simple et, dans sa simplicité, poignante également. Voici la mort du bienheureux. Son âme, ainsi que le racontent les Trois Compagnons, « est portée au ciel par une nuée blanche ». Le corps demeure, et le serein visage est auréolé. Les frères se sont approchés pour vérifier, sur le corps, la vérité des stigmates. Et ils

s'émerveillent, et ils s'attendrissent : une sainte ferveur les
prend, au contact certain du miracle. Plusieurs s'agenouillent
et baisent dévotieusement les plaies semblables à celles du
crucifié. Chacun d'eux a son caractère propre que le geste
et l'air extatique ou étonné ou souriant ou inquiet spécifient.
Cette petite scène est aussi amusante que sublime, à cause
de l'esprit avec lequel les personnages divers sont traités.
Mais sublime, elle l'est par la grandeur du sujet et la
vérité de l'émotion. Les groupes des clercs officiants l'encadrent ; et le contraste est beau, de leur immobilité rigoureuse et de l'empressement des moines émus. On ne peut
imaginer de composition plus harmonieuse, plus belle,
ni plus exempte d'artifice. Elle charme par sa clarté, sa
liberté, son naturel, par sa variété, son unité cependant, sa
pureté. Le dessin est vigoureux et hardi, net, exact, d'une
précision souveraine, d'une discrète fantaisie, d'une justesse
saisissante. La couleur, posée largement et légèrement, ne se
perd pas en nuances subtiles ; mais elle n'est pas non plus
monotone et les effets en sont répartis avec une telle habileté
qu'on la dirait plus nombreuse.

Cet art très sûr de ses moyens et soumis si absolument à
l'idée, n'est-ce pas la perfection même ?...

*
* *

Mais c'est avec Fra Giovanni da Fiesole que le sentiment
religieux a trouvé son expression la plus pure et la plus merveilleuse. Je ne sais, en effet, si la peinture fut jamais plus
excellemment « expressive », et des idées les plus belles, les
plus variées, les plus délicates ! Le sentiment religieux avait-
t-il fleuri, s'était-il épanoui jamais avec autant de simplicité
ravissante et de fraîcheur qu'en l'âme de ce moine pensif et
doux ?...

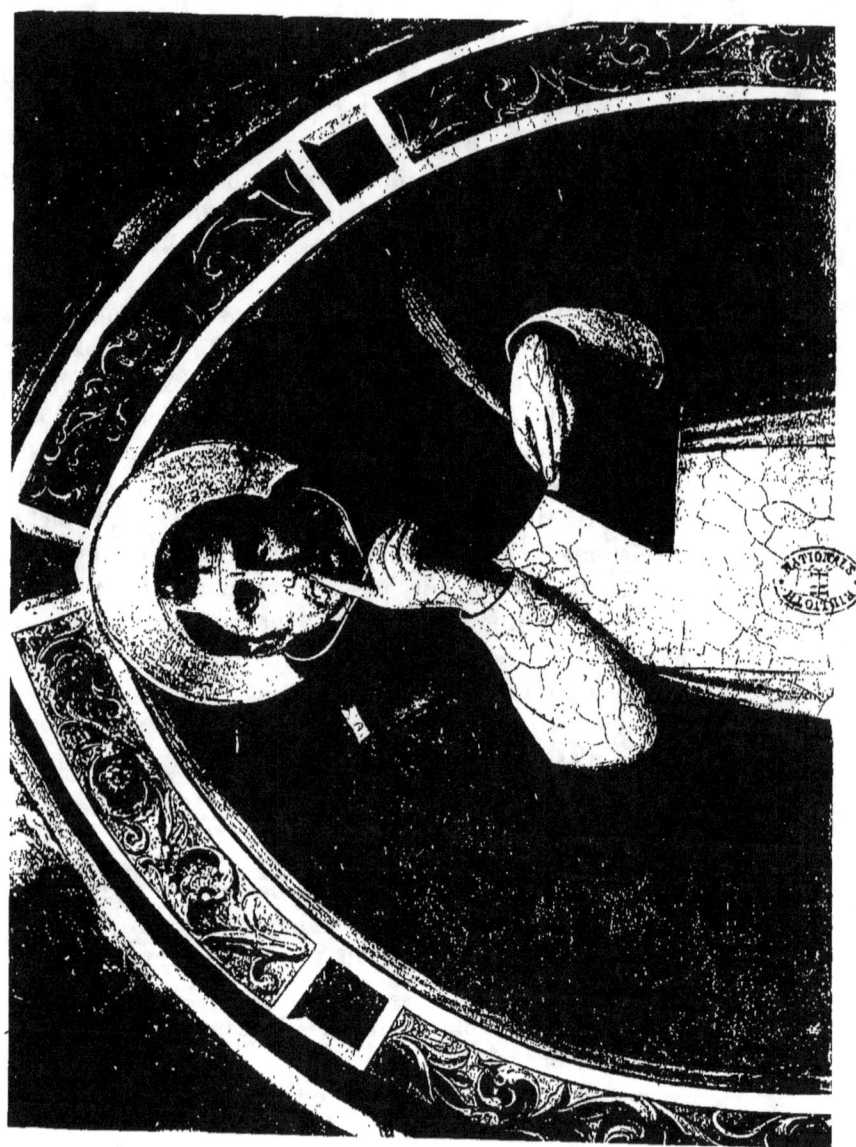

ANGELICO. — LE SILENCE.

Il ne prenait pas le pinceau sans avoir d'abord prié. Et, s'il peignait une crucifixion, les larmes lui coulaient des yeux. Son œuvre achevée, dans la ferveur de son pieux émoi, il ne la retouchait pas, voulant, disait-il, qu'elle fût telle que Dieu la lui avait indiquée.

Il y a un portrait de lui dans les *Vies de peintres, sculpteurs et architectes* de Giorgio Vasari. La tête, inclinée et soumise, est admirable par l'intensité du rêve qui l'emplit. Les traits du visage ont une douceur calme et reposée. Seuls vivent les yeux et, sur le front, les plis opiniâtres de la pensée; et les yeux regardent, au dehors, l'image de la pensée intérieure...

Quel fut son maître? On l'ignore. Est-il indispensable de lui supposer un maître? Si quelqu'un lui apprit à se servir des couleurs, pratiquement, n'importe. Il put croire que Dieu dirigeait ses doigts; son art ne dépend que de son âme religieuse.

Il naquit, aux environs de Florence, en 1387, et il mourut en 1455; cette époque était favorable à son génie : déjà l'esprit médiéval s'est éclairé de tendresse et de grâce, et les vulgarités de la Renaissance n'ont point encore sévi, — c'est une époque privilégiée, dans l'histoire de l'art. Mais Fra Giovanni da Fiesole n'est-il pas en dehors du temps et de l'espace?

Nous ne savons pas grand'chose de sa personne, de sa famille, des épisodes de son existence. Il s'appelait Guido; Giovanni est le nom qu'on lui donna quand il devint moine; Angelico est le surnom que lui valut son art; et l'Église l'a gratifié de « Beato ». Il se fit moine, dit son biographe, étant de nature modeste et quiète et désirant la paix de l'esprit. Il avait vingt ans quand on le reçut parmi les dominicains de Fiesole. Ensuite, il partagea la destinée de son couvent, émigra de Fiesole à Foligno, puis à Cortone, revint quelques années plus tard à Fiesole avec la communauté. En

1436, Fra Giovanni passe de Fiesole à Florence; il séjourne dix ans au couvent Saint-Marc. Enfin, il est à Rome, appelé par le pape. Ces étapes de sa vie, il les a marquées des chefs-d'œuvre qu'on voit en ces différentes villes. Mais, à Cortone, à Fiesole, à Florence ou à Rome, il est le même; nulles contingences n'influent sur son noble rêve intangible. De grands événements se sont produits pendant qu'il vivait et peignait. L'Église même fut troublée : c'est le Schisme qui, en 1409, obligea les Dominicains de Fiesole à émigrer. Mais, de tout cela, rien n'apparaît en son œuvre, sereine et détachée absolument de ce qui n'est pas éternel... Dans le cloître du couvent Saint-Marc, une fresque de l'Angelico, représente saint Pierre Martyr, un doigt sur la bouche, signifiant le silence; et les yeux ne sont pas moins indifférents aux vains spectacles que la bouche n'est muette. La pensée qui se garde ainsi des agitations extérieures et s'isole en elle-même rayonne de sa propre beauté que rien n'altère ni n'obscurcit...

Frère prêcheur, Giovanni ne semble pas avoir exercé d'autre apostolat que par son art. Ce fut sa prédication. Elle dut être efficace : les moines qui séjournèrent dans les petites cellules du couvent Saint-Marc, décorées par lui de scènes évangéliques, eurent là sous les yeux pour les méditer longuement les images les plus persuasives et les plus touchantes; et quel sermon valut, pour l'édification des fidèles, les tableaux d'églises, nombreux et souverains, qu'il acheva?... D'ailleurs, je ne l'imagine pas soucieux surtout de convaincre et de convertir, — tant lui était, sans doute, étrangère la mécréance; — mais, de son art, il célébrait, il glorifiait son idée de Dieu, comme, quatre siècles plus tôt, saint Anselme, faisait à Dieu l'hommage de son ingéniosité dialectique.

Fra Giovanni enlumina des livres pieux, « avec un soin extra-ordinaire », dit Vasari. Son frère, habile lui aussi dans ce travail délicat, l'aidait... Et il n'en faut pas davantage au pauvre

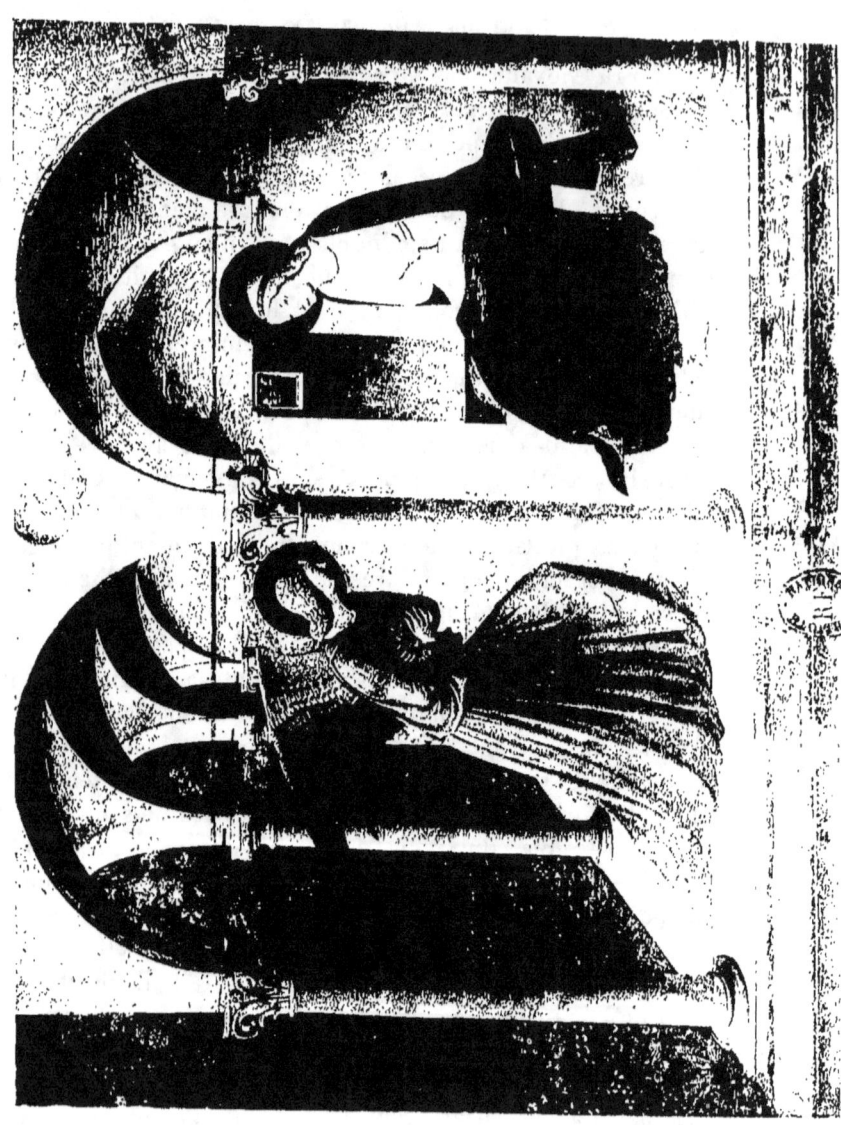

ANGELICO. — L'ANNONCIATION.

M. Müntz[1] pour voir en Fra Giovanni un élève des miniaturistes et pour conclure : « de là, certaines pratiques dont il lui fut très difficile de se défaire dans la suite ». Ce n'est pas exact le moins du monde. Fra Giovanni, selon qu'il peignait un grand tableau ou un petit, modifiait sa manière, comme il convient. Mais dans ses grandes œuvres, il n'est pas du tout « miniaturiste ».

C'est à Florence qu'il faut l'étudier, dans le couvent Saint-Marc, construction très ancienne et vénérable, que son génie a consacrée. Ce couvent s'appelle aujourd'hui « musée Saint-Marc »; les touristes, en effet, se promènent sous les voûtes massives du cloître et, de cellule en cellule, suivent un cicerone impitoyable. Profanation, si vous envahissez ce lieu sublime et recueilli avec les fausses idées d'art que nous héritâmes de la Renaissance! La beauté de ces peintures murales n'est-elle pas plus pathétique du fait de l'abnégation de l'artiste qui ne les composa, au fond de ce couvent, que pour quelques moines? Elles ne devaient pas être un spectacle pour le public. Fra Giovanni ne recherchait pas la gloire humaine. Et c'est pourquoi elles sont heureusement dépourvues de faste, de frivolité et surtout de cette virtuosité d'apparat qui gâtera bientôt les œuvres les meilleures de la Renaissance italienne. Fra Giovanni n'avait cure que de céder à la ferveur de sa religion.

Efforcez-vous de négliger ces touristes et le cicerone,

---

1. Je dis « le pauvre » M. Müntz, parce qu'en vérité je ne vois pas d'aventure plus regrettable que la sienne. Cet homme distingué possédait une érudition fort satisfaisante. Sur tous les artistes de la Renaissance, il connut tous les textes possibles, tous les documents. Seulement, il n'avait pas de goût artistique; il semble n'avoir jamais éprouvé, en face d'un tableau, la moindre émotion. Il accumule donc les qualificatifs élogieux, dans ses descriptions, mais à tort et à travers. Et c'est bien dommage qu'il ait appliqué à des œuvres d'art ses qualités honorables de savant; ailleurs, il eût peut-être été de premier ordre.

de rendre à ce « musée » sa qualité de couvent, d'imaginer
la cellule close où, loin du monde absolument, ce moine
seul, ayant prié, peint la scène émouvante et admirable
de l'Annonciation!... En quel endroit de la terre la pensée
humaine fut-elle plus intimement touchée du mystère divin
que dans cette retraite monacale? où la vie spirituelle a-t-elle
atteint à une telle intensité souveraine?... « L'ange dit :
— Je vous salue, pleine de grâce, le Seigneur est avec vous,
vous êtes bénie entre les femmes. Marie, l'ayant entendu,
fut troublée de ces paroles; et elle se demandait quelle pouvait être cette salutation. L'Ange dit: — Voilà que vous con-
cevrez en votre sein, et vous enfanterez un fils, et vous l'appel-
lerez du nom de Jésus. Il sera grand et s'appellera le Fils du
Très-Haut... Cependant Marie dit à l'Ange : — Comment cela
se fera-t-il, car je n'ai point connu d'homme? L'Ange répondit:
— Le Saint-Esprit surviendra en vous... parce que, près de
Dieu, nulle parole n'est impossible. Alors Marie reprit: — Je suis
la servante du Seigneur; qu'il me soit fait selon votre parole.
Et l'Ange s'éloigna [1]... »

Ce dialogue surnaturel de l'Ange et de Marie, avec quelle
simplicité respectueuse et poignante Fra Giovanni l'interprète!
L'Ange debout, la Vierge agenouillée. L'Ange éclairé de la
lumière divine, en possession des certitudes ineffables, mes-
sager fidèle et auguste, garde son immuable sérénité. Mais, la
Vierge, un frémissement a passé dans sa chair très chaste et,
en présence d'une telle révélation, ses petites épaules s'inclinent. Elle ne comprend pas, et elle se soumet; et, à peine
a-t-elle fini d'objecter timidement ce que son ignorance lui
suggérait, l'acceptation muette et émerveillée de son des-
tin béatifie le trouble de son âme.

On se plairait à pousser plus loin l'analyse de ce visage et

---

1. Luc, I, 28.

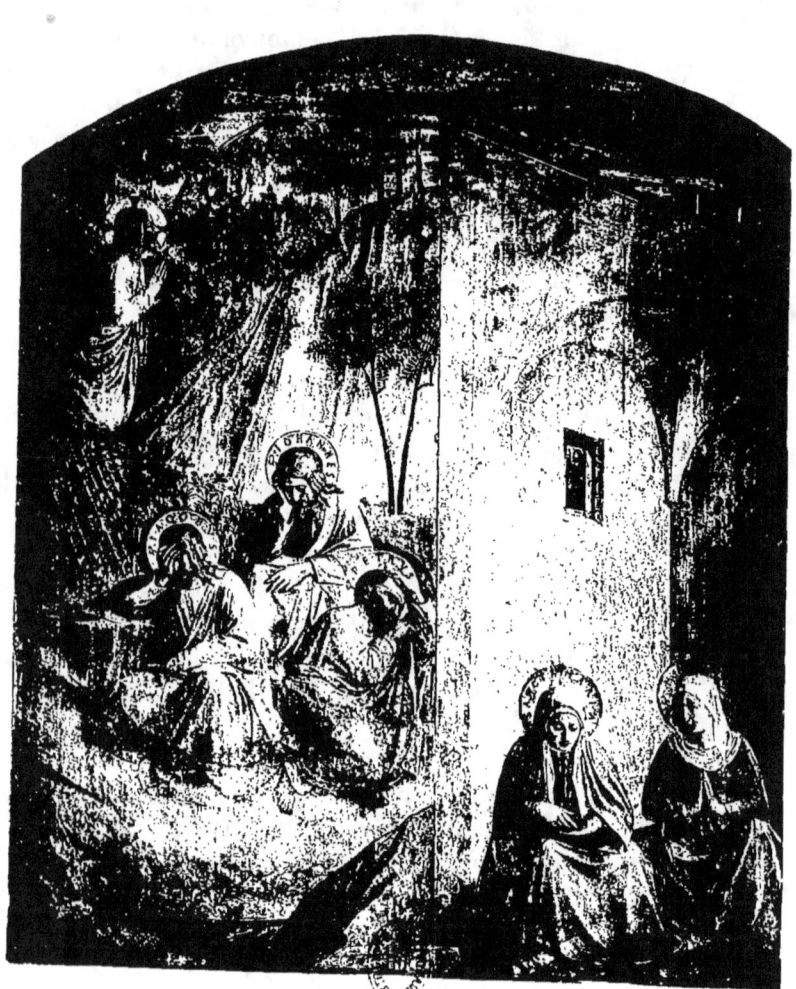

ANGELICO. — LE MONT DES OLIVIERS.

de cette attitude. Il y faudrait la délicatesse impeccable de
Fra Giovanni ; il y faudrait des mots purs et comme impalpables ainsi que les touches de son pinceau ; il y faudrait son art
de tout exprimer sans excès et sans manque, avec cette justesse
inouïe qui, de la plus fine et complexe pensée, ne laisse rien
perdre et respecte l'intégrité !

Mais admirez comme il a su, dans ce tableau, ne sacrifier
l'un à l'autre ni le caractère divin ni le caractère humain de la
scène. Il n'a pas hiératisé Marie, il ne l'a pas transformée en
un mystique symbole tel que la Maria Théotokos des Byzan-
tins. Elle est une femme, elle est une petite vierge qui
s'étonne et qui s'épouvante, ainsi, d'ailleurs, que dans l'évangile de Luc. Pieux, Fra Giovanni n'eût point osé ajouter rien
à l'Évangile ; et, ce dialogue de Marie avec l'Ange, il le trouva
assez sublime en sa simplicité pour ne vouloir le figurer que de la
façon la plus naturelle et vraie. C'est la grandeur même du
sujet, c'est la déférante soumission de l'artiste devant la grandeur du sujet qui donne à l'œuvre sa surnaturelle beauté ! Fra
Giovanni vivait dans la pensée incessante de la légende évangélique ; elle lui était familière, habituelle, mais miraculeuse et
divine, et il la peignit animée de son émerveillement quotidien.

Que pathétique est l'union de l'humain et du divin dans
l'apparition de Jésus à la Madeleine !... La Madeleine a trouvé
vide le tombeau. Voyant cet homme qu'elle prend pour le
jardinier, elle lui dit : « Si c'est vous qui l'avez enlevé, dites-
moi où vous l'avez mis et je l'emporterai... » Car l'humanité
de Jésus permettait que l'on eût de son corps un soin tendre.
Et Jésus lui dit simplement : « Marie ! » Alors, elle le recon-
naît et s'écrie : « *Rabboni !* — ce qui signifie Maître ». Et Jésus,
qui écarte l'empressement de son adoration : « *Noli me tangere,*
ne me touche pas [1]... » Parce qu'ici l'amour s'ennoblit, se

---

1. Jean, XX, 15.

purifie, se sublimise jusqu'à devenir l'amour de Dieu, sa ferveur n'en est pas moins troublante et alarmante; et dans
l'échange de ces deux mots : « Marie! — Rabboni !... »
les cœurs se fondent... « Ne me touche pas, dit Jésus, car je
ne suis pas encore monté vers mon Père !.. » Et Fra Giovanni,
dans le visage de Jésus, a mis à la fois la douceur de la tendresse et la sérénité du détachement : sa vie terrestre est
achevée, son œuvre est accomplie. Il se détourne : la disposition de ses pieds indique le geste de qui se détourne résolument. Mais, au moment qu'il se détourne, ses yeux inquiets
vérifient dans les yeux de la Madeleine que l'amour qu'il a
suscité parmi l'humanité persiste après lui...

... Il suffit d'avoir regardé les fresques du couvent Saint-Marc
pour constater que cet art n'a rien à faire avec celui du miniaturiste. Cette peinture est large, à grandes touches, sans sub-
tilité, sans minutie. Pas de recherche inutile, pas de luxe vain.
Les plis des robes ne sont destinés qu'à marquer les gestes, et
les gestes n'affectent point une grâce étrangère au sentiment
ou à l'idée qu'ils expriment. Le dessin est d'une sûreté singulière et d'une belle désinvolture. La composition, d'une simplicité magistrale, ne veut être que significative. Les effets sont
produits par les moyens les plus directs et, je dirai, les plus
loyaux. Voyez, dans la Transfiguration sur le Thabor, la magnificence du Dieu qui se révèle, et l'ampleur des bras en croix
ouverts sur le monde... Et que ce geste est souverain! Aux
pieds de Jésus transfiguré, Pierre, Jacques et Jean, frère de
Jacques, disciples privilégiés, sont éblouis et s'agitent dans
l'étonnement et l'effroi.

Ces trois-là, les voici dormant, dans le tableau peut-être le
plus poignant de Fra Giovanni : cette oraison de Jésus au mont
des Oliviers, — dont la composition, je le gagerais, parut « naïve »
à M. Müntz, — dont la composition est une trouvaille de génie.
Il y a six personnages, qui sont, avec Jésus, saint Pierre,

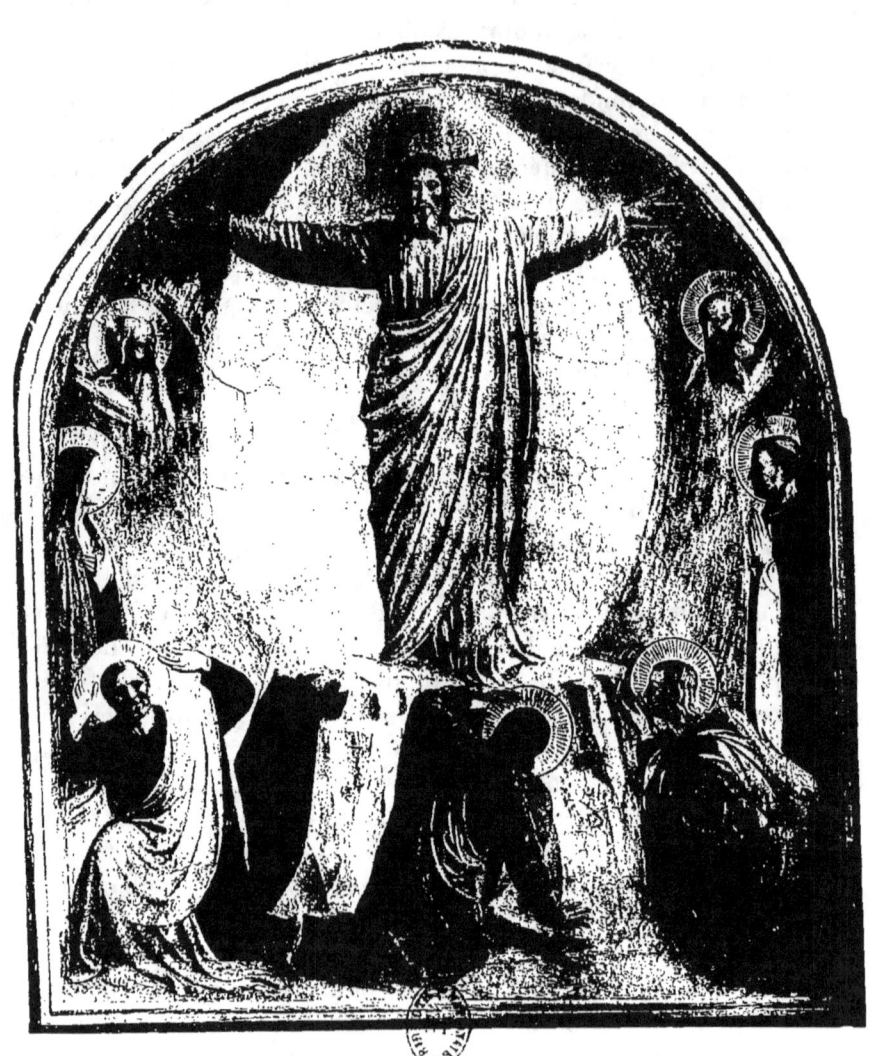

ANGELICO. — La Transfiguration.

saint Jacques et saint Jean, sainte Marie et sainte Marthe. Mais
rien n'égale la solitude de Jésus!... Il a dit à ses disciples :
« Veillez tandis que je m'en vais prier » ; et, à trois reprises,
il les trouva qui dormaient, tant la chair est faible ! Il s'est
écarté d'eux et il appelle son Père... Très loin, dans une
chambre voûtée et close, sainte Marie et sainte Marthe sont en
prière. Mais l'éloignement est le même, marqué par le mur de
pierre de leur maison, entre ces deux femmes et Jésus et, sur le
mont des Oliviers, de par le sommeil des disciples, entre ceux-
là et Jésus. Aussi son âme est-elle « triste jusqu'à la mort[1] » !

Il me plairait de m'étendre davantage sur les ressources
infinies de ce prestigieux artiste. Voyez, dans les tableaux qui
sont au Louvre, la variété de son art. La danse de Salomé
est jolie et svelte. Les saccades brèves de l'étoffe qui pend
aux bras de la jeune femme indiquent le rythme de la danse.
Dans le Martyre de saint Cosme et de saint Damien, le
paysage est délicieux, avec ses montagnes roses, avec
son dernier plan diaphane où se confondent les nuages
et les collines... Et le Couronnement de la Vierge, qui
émerveille par la fraîcheur éclatante du coloris, les bleus
vifs, les rouges ardents, les jaunes dorés, en même
temps ravit par la pure beauté religieuse. C'est un
tableau d'autel : il lui fallait une splendeur plus apparente
qu'aux fresques destinées à la méditation solitaire et longue
des moines dans les cellules du couvent Saint-Marc. Plus de
splendeur, mais non de splendeur vaine ! Les couleurs claires
et charmantes sont disposées de telle façon qu'elles aboutissent
à former, autour de Jésus qui couronne sa mère, une sorte
de gloire immense et d'atmosphère surnaturelle. Sur les
visages pâles des saintes et des saints, des bienheureux, des
martyrs et des anges, la piété rayonne.

---

1. Matthieu, XXVI, 38.

*
* *

Le sentiment religieux, dans l'œuvre de Fra Giovanni, est à l'état de pureté parfaite. Nul élément étranger ne l'altère ; il n'est mêlé d'aucune idée profane. L'humilité même de l'artiste est manifeste dans son art ; il est exempt d'orgueilleuse virtuosité : il ne veut qu'exprimer sa vérité fervente...

Pour le bien comprendre, il nous faut faire un effort : car, des artistes de son genre, nous n'en avons pas rencontré autour de nous. Songez que, chez lui, la simple piété remplace tous les mobiles divers qui, habituellement, soutiennent le zèle d'un artiste : la vanité, l'esprit d'émulation, la sensualité et même ceci, qui est plus noble, l'amour de l'art. De là résulte, en l'œuvre de Fra Giovanni, un parfait accord du sujet et de l'inspiration, une harmonie intime et profonde.

Ainsi se réalisa, dans le cloître de Saint-Marc, à Florence, la perfection de la peinture religieuse.

Un historien de l'art devrait, après avoir traité de Fra Giovanni, écrire ces mots : « Fin de la peinture religieuse ». Il est vrai que, depuis cette moitié du XVe siècle où Fra Giovanni mourut, on continue, et aujourd'hui encore, à peindre des scènes évangéliques. Mais, parmi les peintres religieux de ces quatre siècles et demi, les uns, le plus grand nombre, sont absolument étrangers à toute idée religieuse, si étrange que cela paraisse : ils ont fait et ils font des tableaux religieux pour des raisons variées et profanes, soit qu'on leur en ait signifié la commande avantageuse ; soit qu'il leur ait paru commode, faute d'imagination personnelle, de suivre des poncifs de tout repos ; soit, plus honorablement, que les ait charmés, par sa beauté, sa grâce ou sa magnificence, la légende divine... Les

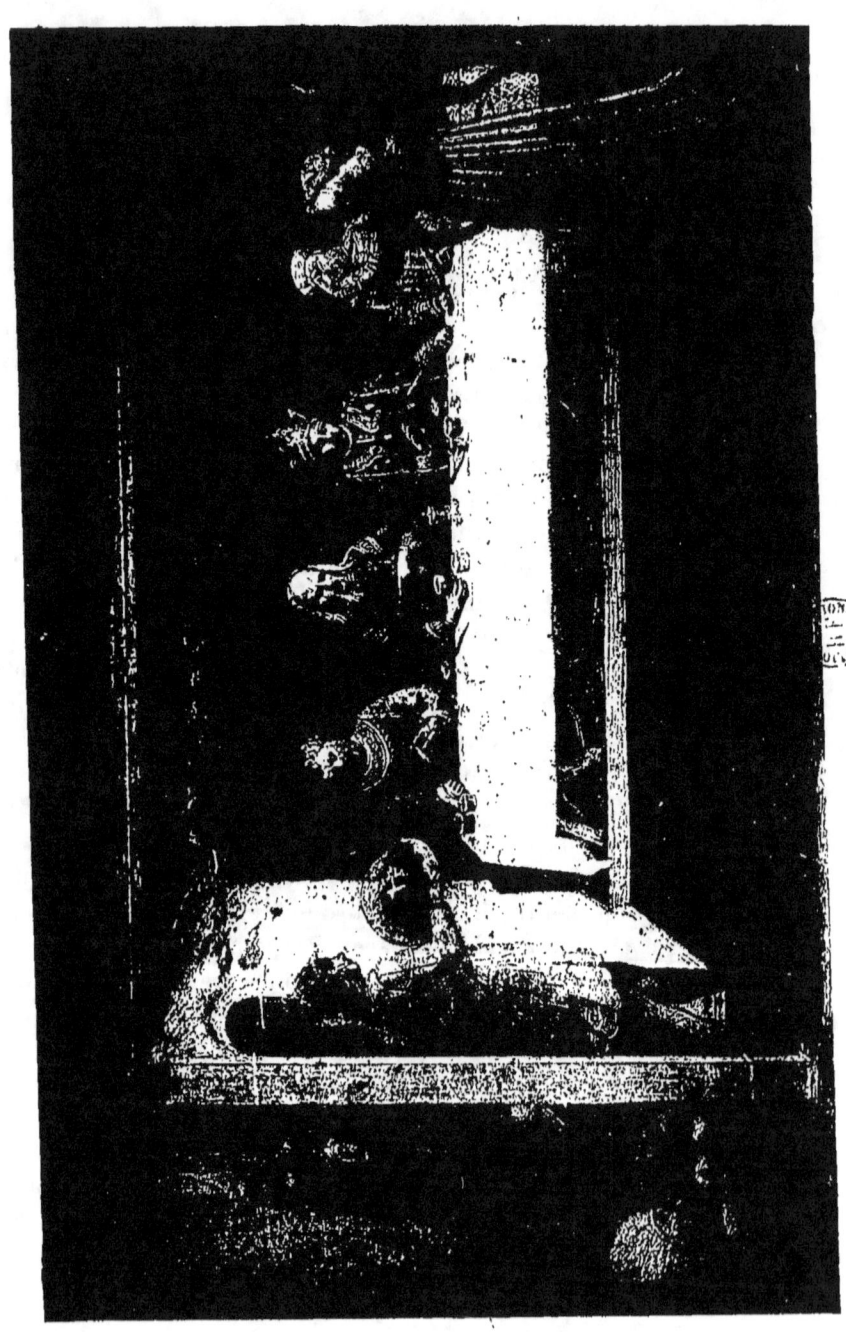

ANGELICO. — SALOME.

autres, qui ont mis dans leurs tableaux de la piété sincère et
vraie, en général n'y ont pas mis cela seulement. Ils sont
des « mondains », leur pensée n'a point aboli en eux la préoccupation du siècle. A l'idée religieuse ils mêlent d'autres idées,
philosophiques, sociales, plastiques, poétiques, etc. — des
idées du dehors, enfin. Il y a dans leur inspiration, de la « concupiscence »... Et, si je semble avoir pour eux des rigueurs
de théologien, je ne me place cependant qu'au point de vue
de l'esthétique ; mais, si l'œuvre d'art est « l'expression parfaite d'une idée », ne faut-il pas signaler, dans l'évolution
d'un genre artistique, les défaillances de l'idée ou ses bizarres
alliages?...

* *
*

Jean Van Eyck fut, en Flandre, le contemporain de l'Angelico. D'ailleurs, il n'y a pas, entre eux, la moindre analogie.
Tandis qu'au fond de ses couvents successifs, l'Angelico passe
sa vie dévote et douce, Jean Van Eyck est, à Liège, « varlet
de chambre et peintre » de cet évêque batailleur et fastueux,
Jean de Bavière, que ses sujets nommèrent *Sans-Pitié*. Et
Jean Sans-Pitié partant en guerre contre la Hollande pour
s'établir bientôt à Dordrecht puis à La Haye comte du pays,
Jean Van Eyck le suit.

Un peu plus tard, Jean Van Eyck change de seigneur. Il
passe à Bruges, ville très riche, qui est dans tout l'éclat de sa
prospérité, Bruges où le duc Philippe le Bon vient d'établir
sa cour et d'instaurer le luxe de Bourgogne. Jean Van Eyck
est « varlet de chambre et peintre » de ce Philippe, et son
ambassadeur à l'occasion : ne s'en fut-il pas à Lisbonne
demander pour le duc, son maître, la main de la princesse
Isabelle de Portugal? Le duc Philippe a pour son peintre et

varlet une amitié très vive ; il est certain que Jean Van Eyck fut mêlé à l'exubérante et prodigieuse et folle vie de la cour bourguignonne. L'Angelico, dans son cloître, avait plus de recueillement.

Et tandis que l'Angelico, pour peindre mieux, avait soin, devant que de saisir son pinceau, de prier, Jean Van Eyck, lui, plus pratiquement, trouvait, pour peindre mieux, des procédés chimiques admirables.

[Je dis : Jean Van Eyck ; et il faudrait, sans doute, dire : les Van Eyck. Peut-être même Hubert, le frère aîné, fut-il, des deux, le plus génial ; peut-être est-ce à lui que l'on devrait faire honneur des plus belles et décisives inventions. Mais il y a là un problème irritant. La personnalité d'Hubert Van Eyck échappe à l'histoire. On sait qu'il était plus âgé que son frère de quelque vingt ans et qu'il fut son maître. Seulement il n'existe guère d'œuvre que l'on puisse, avec certitude, lui attribuer. Il commença le retable de Saint-Bavon, qui fut achevé par Jean ; et Jean, dans l'inscription latine qu'il composa pour cette merveille, donne Hubert comme le plus grand des peintres *(major quo nemo repertus)* : il ne veut être qu'au second rang *(arte secundus)...* Il est difficile de démêler ce qui revient à l'un ou à l'autre. Mais Hubert Van Eyck mourut en 1426 ; nous possédons de nombreuses œuvres de Jean, postérieures à cette date. En somme, c'est Jean que nous connaissons ; et, si nous sommes injustes en négligeant Hubert, qu'y pouvons-nous? La postérité est injuste, à peu près autant que les contemporains, quoique pour d'autres raisons...]

Et voici donc Jean Van Eyck qui a découvert la peinture à l'huile ou, du moins, une façon nouvelle d'employer l'huile, des huiles diverses et mêlées d'essences, pour le délayage et pour le prompt séchage des couleurs. Jusque-là, on peignait

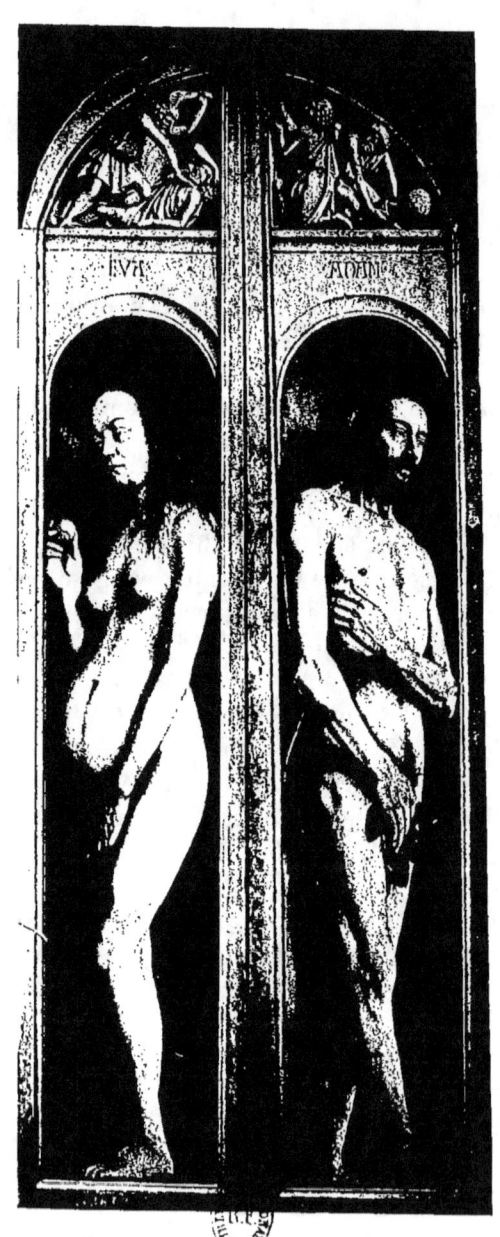

VAN EYCK. — Adam et Ève.

à la gomme, ou au blanc d'œuf, selon les couleurs ; pour l'or, on employait la colle au parchemin. Plus anciennement on s'était servi de l'huile : au XII⁰ siècle, Théophile, dans son traité de la peinture, décrit le procédé. Mais Jean Van Eyck, le premier, chimiste excellent, le perfectionna, trouva la formule définitive. Il donna donc à ses couleurs un éclat, un brillant nouveaux : elles se combinèrent sans se gâcher ni se salir ; elles eurent une force, une solidité parfaites ; elles se prêtèrent au plus minutieux et fin travail sans perdre rien de leur valeur ni de leur opulente fermeté ; elles prirent des tons chauds, clairs, vibrants, et l'on eût dit qu'elles emmagasinaient du soleil !

Jean Van Eyck, dit Vasari, fut « enchanté de sa découverte ». Sa renommée se répandit bientôt hors de Flandre ; et, jusque dans l'Italie, riche d'art cependant, elle rendit jaloux des peintres illustres... Mais Jean de Bruges, comme on l'appelait, tenait cachée son invention merveilleuse. Un tableau de l'heureux Flamand fut apporté par des marchands florentins à la cour d'Alphonse, roi de Naples : tout ce qu'il y avait d'artistes dans le royaume vinrent le voir et furent étonnés. Antonello de Messine, qui passait par là, s'émut de « la vivacité du coloris, de l'unité et de la beauté de la peinture » au point de n'avoir plus de cesse qu'il ne connût le procédé de Jean Van Eyck. Il fit le voyage de Flandre et Jean Van Eyck, étant devenu vieux, lui révéla son secret...

Ah ! que nous voici loin de Fra Giovanni, moine très humble, peignant et priant, dans sa cellule du couvent Saint-Marc !

Jean Van Eyck : la peinture se laïcise, s'écarte de plus en plus de la stricte idée religieuse, prend conscience d'autres destinées.

L'Adoration de l'Agneau mystique est une œuvre immense

et complexe, formée de nombreux panneaux dont l'ensemble s'organise en vertu de significations théologiques. Les panneaux divers sont aujourd'hui dispersés : ainsi le voulurent des cupidités particulières. La partie centrale est à l'église Saint-Bavon, de Gand ; le musée de Berlin possède six fragments, celui des Juges, celui des « Champions du Christ », ceux des Pèlerins et des Ermites, et des Anges qui chantent, et des Anges qui jouent des instruments ; enfin, les deux grandes figures d'Adam et d'Ève sont au musée de Bruxelles.

Il n'y a rien au monde de plus étrange que cette vaste composition, mystique et dogmatique, réaliste cependant et naturaliste. Il la faudrait analyser ; mais on redoute de s'aventurer en des hypothèses périlleuses... Quelle que soit l'unité de la facture, on dirait qu'il y a des siècles d'intervalle entre la conception du panneau principal (l'agneau sur l'autel, la fontaine de vie, symboles rigoureux qu'environnent, en ordre réglé, les théories d'anges, de martyrs, de vierges, d'évêques, de docteurs...) et les sauvages nudités de l'Adam et de l'Ève. L'allégorie centrale ne révèle-t-elle pas l'influence de la religieuse Cologne? Je l'attribuerais volontiers à Hubert Van Eyck, pour l'invention, même si son jeune frère l'exécuta. Elle est archaïque d'idée, malgré le beau paysage estival où le jeune frère a versé les rayons clairs du soleil. Mais Adam, homme des bois, velu et laid, Ève, gros ventre en forme de poire, ah ! les étonnants échantillons d'humanité primitive, ah! comme ils semblent illustrer — déjà — les théories darwiniennes ! Le « dieu tombé » n'apparaît guère dans leur bestialité lourde. On a peine à se préciser l'exacte idée que Jean Van Eyck voulait rendre, quand il représenta sous les espèces de ces brutes les privilégiés de l'Eden, les premiers-nés de Dieu, que Dieu fit à son image. On est tenté, quoique sans doute il ne le faille pas, d'apercevoir là des notions philoso-

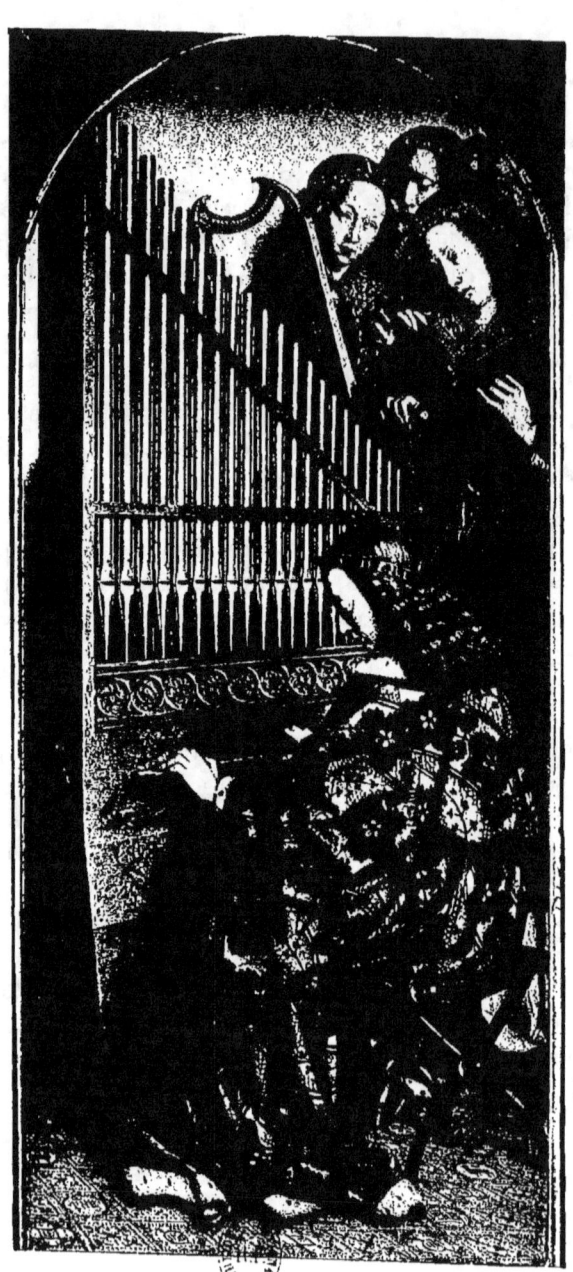

VAN EYCK. — LES ANGES MUSICIENS.

phiques ultérieures. En tout cas, il convient que l'on s'étonne d'un tel réalisme brutal, de ce réalisme méticuleux qui, sur la jambe de l'homme trace les poils fins et frisés, de ce réalisme qui va presque jusqu'au trompe-l'œil. Mais l'habileté de l'artiste est extraordinaire.

L'une des œuvres les plus belles et caractéristiques de Jean Van Eyck est au Louvre : *La Vierge adorée par le Chancelier Rollin*. Ce donateur, agenouillé, mains jointes, regarde la Vierge et l'Enfant ; c'est un admirable portrait, d'une vérité manifeste, d'une singulière intensité physionomique. Sur son visage, d'ailleurs, s'il y a du respect pieux, la dévotion n'est pas tout : on y trouve de la respectabilité bourgeoise, de la bonne santé, de l'opulence. Il eut, cet honorable Rollin, d'autre occupation, dans la vie, que d'adorer la Vierge ! il lui fallut d'abord gagner ce bel argent au prix duquel on se fait portraiturer ainsi, vêtu d'étoffes somptueuses et de fourrures, par un peintre en renom. Ses mains blanches et potelées sont des merveilles... L'Enfant, sur les genoux de la Vierge, n'est pas beau ; il n'est pas plus divin que nul autre bébé, engoncé dans sa graisse qui, sous les bras et au cou, fait des plis ; la figure est ensemble puérile et vieillotte. Du reste, le petit Jésus n'a pas eu de chance avec les artistes anciens. Les plus excellents sculpteurs du xiiie siècle et du xive, qui ont orné les cathédrales d'exquises et sublimes vierges, ne le réussirent jamais ; il est, dans toute l'iconographie chrétienne, sauf de bien rares exceptions, inexpressif et laid.

Quant à la Vierge, faut-il l'avouer, que l'on admire d'abord sa belle robe, sa robe trop belle, d'une étoffe qu'on sent souple et lourde et qui sans se chiffonner se dispose avec ampleur, selon des lignes larges et harmonieuses, et qui a d'éclatantes nuances variées par le jeu de la lumière et de l'ombre, et qui est, en bordure, brodée richement et endiamantée ? Son visage est celui d'une femme ordinaire que ne distingue pas de toutes autres l'élection divine...

Souvenons-nous des Vierges de l'Angelico !...

Voilà que s'introduisent, dans la légende de pauvreté et d'humilité, le luxe et le faste ; ils la dénaturent.

Est-ce que j'exige de l'idée religieuse trop d'ascétisme, de dénuement ?... Ce que je constate, du moins, c'est que la spiritualité chrétienne disparaît sous de telles magnificences.

Il était naturel que la Bruges des Bourguignons modifiât ainsi, selon l'orgueil de sa prospérité, la piété des peintres, Bruges arrogante et superbe, qui avait éconduit les rois de France, qui rivalisait d'importance commerciale avec Venise, qui dans ses bassins voyait arriver les vaisseaux de Lisbonne, de Lübeck, de Byzance et de Gênes, chargés de marchandises d'un grand prix, Bruges qui par le trafic des laines acquérait l'or des lointains royaumes, et qui organisait ses guildes puissantes, et qui régnait sur la Hanse, et qui devint une ville de bourgeois trop cossus ! L'art fut un luxe qu'elle adopta comme celui des nobles parures, des manteaux somptueux et de couleur vive...

Quelle figure auraient faite, parmi ces gens si bien pourvus, les personnages indigents et mal vêtus de l'Évangile ? On les habille richement pour leur éviter l'humiliation de n'être pas comme tout le monde ; en outre, on n'aurait pas de plaisir à contempler de misérables hères. Des parvenus doivent costumer ainsi des parents pauvres qu'ils reçoivent... A plus forte raison, Jésus, la Vierge et les saints, à qui l'on a souci de faire honneur, n'est-il pas vrai ?...

En signalant cette grave altération de l'esprit religieux, gardons-nous de nier qu'il y ait, dans la Vierge du chancelier Rollin, dans celle du chanoine Van der Paelen (qui est à Bruges) un air de gravité par lequel l'œuvre évite

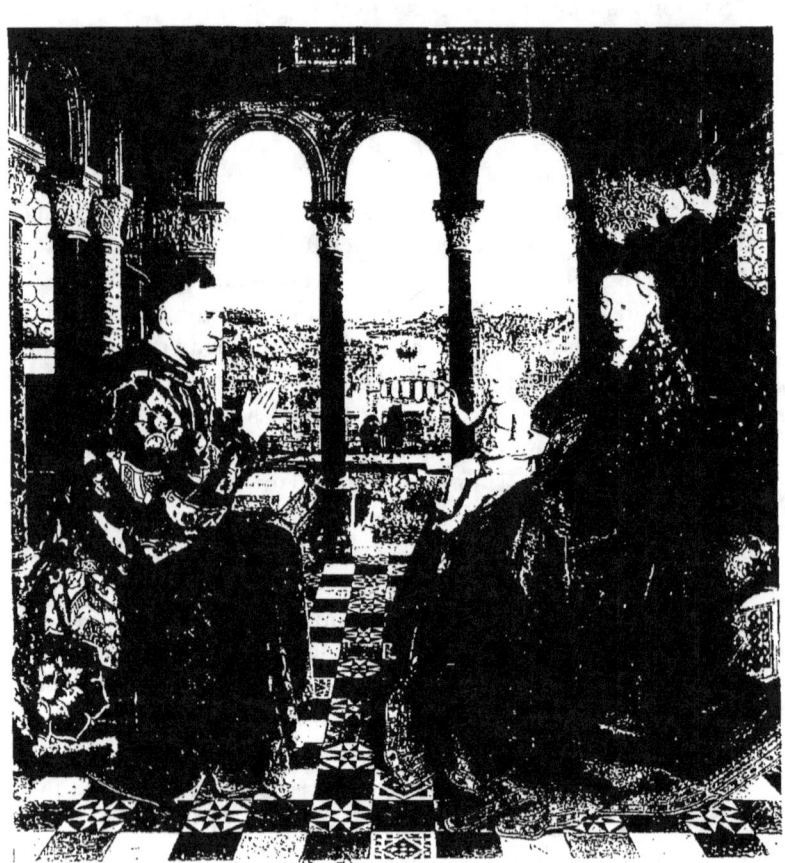

VAN EYCK. — LA VIERGE AU DONATEUR.

d'être profane absolument. Même, le geste que fait la Vierge du Louvre est d'une belle signification religieuse : elle présente l'Enfant devant elle et s'écarte, recule, afin que lui seul soit offert à l'adoration du donateur...

Mais enfin l'idée religieuse n'est pas l'essentiel de cette œuvre admirable. Avec autant de soin, avec plus de bonheur que l'expression pieuse des visages et des attitudes, le détail du décor est exécuté prestigieusement. Les colonnettes et leurs fins chapiteaux, les mosaïques du carrelage retiennent l'attention de qui regarde ce tableau, bien plutôt que ne l'émeut une présence divine. Et que dire du paysage en miniature, au fond : la ville, le fleuve, les fleurs, les oiseaux, et l'air surtout et la lumière qui baigne, inonde, vivifie tout cela, qui entre par les arcades ouvertes, et qui éclaire et qui anime le premier plan ?

Eugène Fromentin, décrivant ce Van Eyck, a très bien noté « cette idéalisation de toutes choses obtenue par le soin de la main, la beauté du travail, la transparence inimitable de la matière [1]... »

Oui, telle est, en effet, l' « idéalisation » qu'opère, sur la réalité fidèlement reproduite, le prestige de l'art. Il n'y a pas, je l'ai dit, d'art réaliste : toute œuvre belle se caractérise par le genre de son « idéalisation ». Or, ces mots entendus, que l'on compare « l'idéalisation » de Van Eyck, selon la définition de Fromentin, et celle de l'Angelico ; la différence des deux œuvres, la différence de l'esprit de ces deux œuvres apparaît : ce que fait l'idée religieuse dans l'œuvre de l'Angelico, l'idée de l'art le fait dans l'œuvre de Van Eyck.

Ceci posé, admirons sans contrainte le Flamand. N'était-ce pas la première fois que la peinture s'apercevait de sa puis-

---

1. Eugène Fromentin. *Les maîtres d'autrefois*, p. 428.

L'art de regarder les tableaux. — BEAUNIER.   4

sance, la première fois que l'artiste se sentait apte à figurer,
non seulement la forme et l'apparence des objets, mais leur
nature intime et leur substance, à les tremper dans l'atmosphère, à les imprégner d'air, de lumière, de chaleur, à les vivifier ? L'éclairage, dans les tableaux de Fra Giovanni, est vague,
incertain, sans foyer précis, sans qualité propre ; il est normal,
abstrait, quelconque : aussi bien les idées qu'exprima le moine
florentin ne dépendaient aucunement des contingences du
réel. Mais lui, Van Eyck, quelle est sa joie de savoir peindre
la vérité des choses ! Il a trouvé une matière nouvelle, forte
et docile, légère et franche, opaque ou transparente à
son gré, qui se prête aux combinaisons les plus diverses,
qui s'adapte aux intentions les plus subtiles, et multiplie
ses effets avec la même inépuisable prodigalité que la
nature ! Il en use si adroitement qu'il en fait ce qu'il veut ;
et il veut qu'elle reproduise toutes les teintes, toutes les nuances
que l'éloignement, le reflet du ciel, l'heure donnent à la
nature ; et à mesure qu'il examine avec plus de curiosité la
nature, pour la peindre, il y découvre des détails nouveaux
qui l'enchantent, qui le ravissent : sa main géniale crée, à
mesure que son âme est émue, l'image de son émotion. Sa
joie d'artiste est immense, et elle anime son œuvre glorieusement.

Ainsi, Van Eyck célèbre la nature, et le sujet de ses
tableaux est religieux. Ils semblent consacrés à la louange
du créateur et c'est la beauté de la création qu'ils magni-
fient.

*
* *

Ce dualisme, ce singulier divorce du sujet et de l'idée, sensible déjà chez Van Eyck, s'accentue, chez les peintres ultérieurs, en Flandre, en Italie, partout, jusqu'au paradoxe.

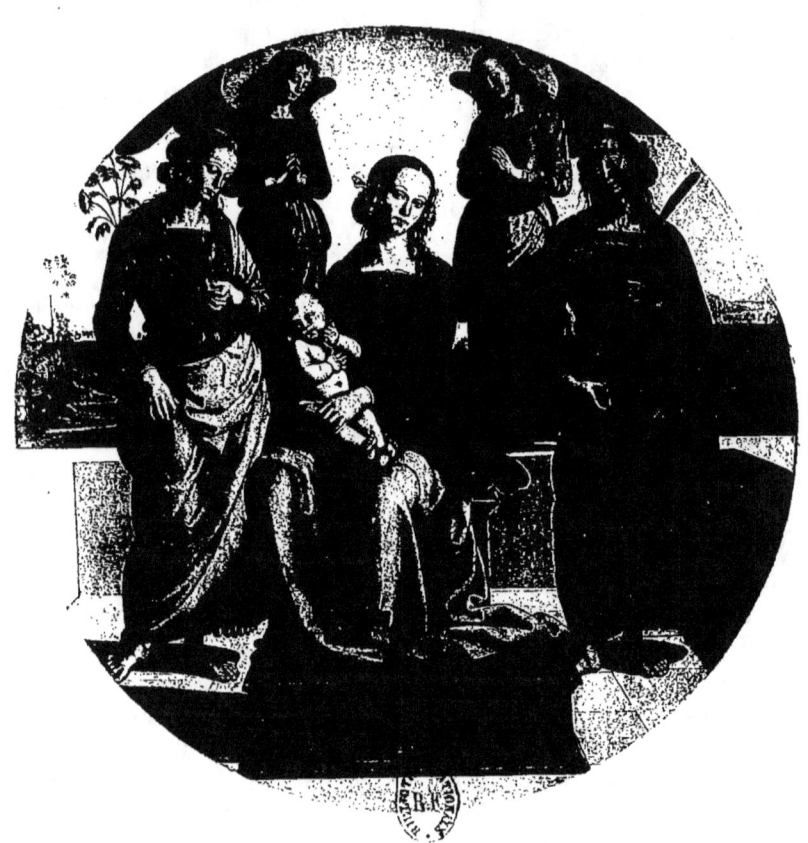

PÉRUGIN. — LA VIERGE ET L'ENFANT.

Pouvait-il en être différemment ? La Renaissance, en Flandre, en Italie, partout, est un grand éveil du paganisme éternel, profond, essentiel qui, au cœur de l'humanité, subsiste même quand le brident des croyances contraires, et ne demande qu'à s'épanouir. A peine débridé, il éclate. Il est l'amour de la vie et de toutes ses manifestations, l'amour des voluptés.

Evidemment, ce paganisme ne s'est pas, un beau jour, substitué au christianisme séculaire, de manière à l'anéantir et le remplacer. Les religions ont la vie dure ; et le christianisme se survécut à lui-même. Mais la peinture, enchantement des yeux, leur délice et leur gourmandise, leur délicate sensualité, comment ne serait-elle pas devenue païenne entre tous les arts, elle qui, de nature, y était destinée? Saint Augustin redoutait ses « douceurs voluptueuses et périlleuses » : comment aurait-elle évité la contagion du paganisme ambiant, auquel elle était toute prête ?

Cependant, les sujets chrétiens continuèrent à requérir l'art des peintres ; ils furent traités dans un esprit païen. Tel est le caractère singulier de la peinture religieuse au temps de la Renaissance ; oui, telle est, disons-le, l'absurdité de cet art !...

*
* *

Toute sa vie, Pietro Vannucci, le Pérugin, composa des tableaux religieux. Même, lorsqu'il fut chargé par les marchands de Pérouse de décorer la Salle du Change, lieu de négoce, il y peignit notamment une Nativité et une Transfiguration.

Cependant, Vasari écrit à son sujet : « Pietro n'était pas un homme religieux ; il ne voulut jamais croire à l'immortalité de l'âme».

Ah ! les admirateurs passionnés du Pérugin détestent cette petite phrase !... Ils ne peuvent souffrir que l'on révoque en doute la sincérité de leur peintre. Donc, ils esquivent le texte inquiétant. Ils affirment que Vasari, élève enthousiaste de Michel-Ange, fut injuste envers le Pérugin, que Michel-Ange certes n'aimait pas : Michel-Ange et le Pérugin s'étaient, plus d'une fois, disputés ; ce Vasari ne mérite pas créance.

Seulement, Gaspare Celio, peintre romain du xvie siècle, raconte ceci : « Lorsque Pietro fut à la mort, on lui dit qu'il fallait qu'il se confessât. Pietro répondit : — Je veux voir ce qu'il advient d'une âme qui ne s'est pas confessée... Il ne voulut point en démordre... » Gaspare Celio, pour plus de sûreté, cite ses sources : « Cela est raconté par Nicolo dalle Pomerance, dont la femme était la parente de la femme de Pietro. » L'anecdote, d'ailleurs, semble être confirmée par le fait que le Pérugin, neuf ans avant sa mort, qui survint en 1524, avait acheté aux frères de l'Annunziata de Florence une sépulture dans leur chapelle des Falconieri et ne put l'occuper, la terre sainte étant refusée à qui meurt sans confession.

Ce n'est pas là un vain problème d'indiscrète biographie. Mais combien est significative l'irréligion de ce peintre religieux ! Cette petite phrase de Vasari a plus de portée qu'on ne lui en attribue. Elle s'applique à tout le xvie siècle italien ; elle s'applique à tous les peintres d'alors, même à ceux qui moururent dans le giron de l'Église, n'ayant point formulé catégoriquement leur incrédulité. Ils peignirent des Nativités, des Transfigurations, toutes les scènes de l'Évangile ; mais ils ne furent pas religieux et, pour la plupart, nièrent la spiritualité de l'âme, en fait du moins, tant ils vivaient dans la joie de la matière belle et délicieuse.

Qu'il est un homme de son temps, ce Pérugin !... Habile,

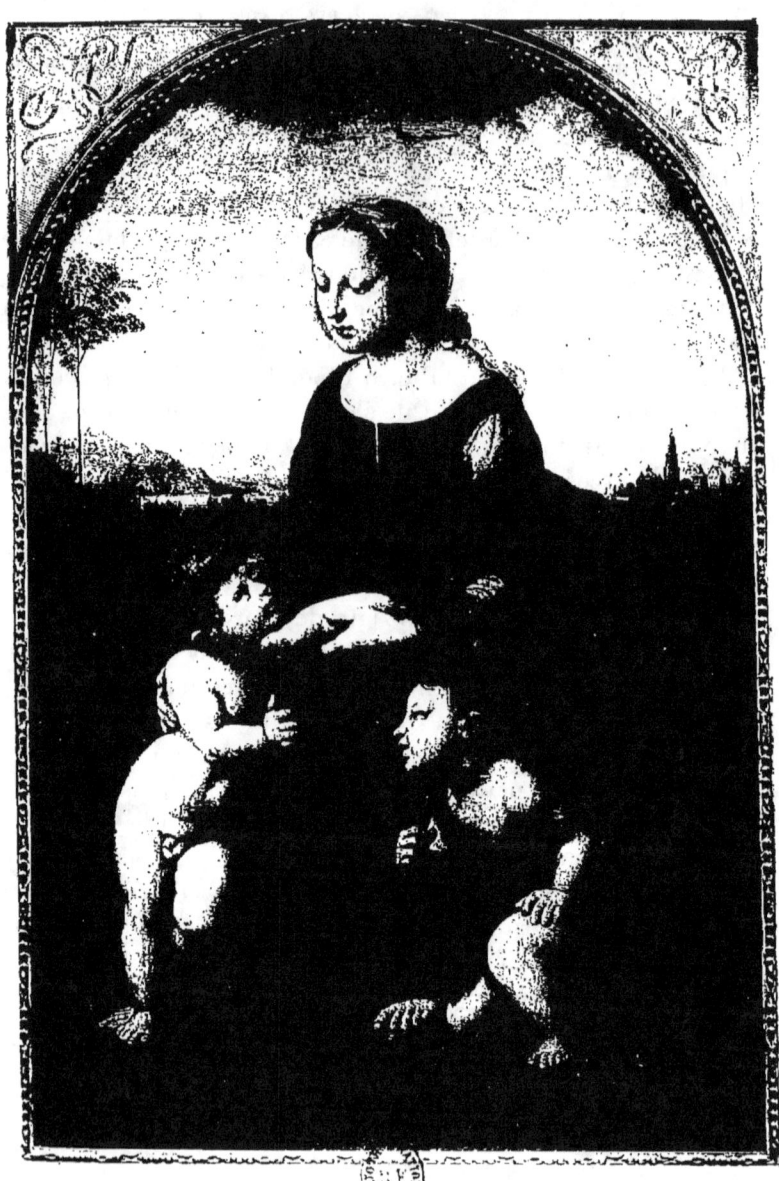

RAPHAËL. — LA BELLE JARDINIÈRE.

certes. De bonne heure, il s'était trouvé sa manière, qui lui
appartient, qui ne permet pas qu'on le confonde avec
d'autres : une composition symétrique, espacée et bien ordonnée, qui occupe tout le tableau sans laisser de trous ni faire de
tassement ; une façon de diriger vers le milieu de l'œuvre le
mouvement des personnages accessoires de sorte que soit
bien mis en valeur le protagoniste, au centre ; un dessin précis et sûr, qui ménage de douces lignes, sinueuses et élégantes,
des formes élancées, sveltes et souples ; une couleur vive et
chaude, sans éclats excessifs et dont les éléments se combinent
en vue d'une agréable tonalité ; dans les visages, d'un ovale
charmant, une expression de douceur, de paix, de suavité,
que l'on dirait mystique, mais qui est plutôt de l'ingénuité
toute simple ; d'ailleurs, en toutes ses figures, un air de santé,
de vie normale, de sérénité.

Il eut vite fait de trouver sa manière ; et puis, il passa
toute son existence à l'exploiter. Les commandes affluèrent.
Il se multiplia, soucieux d'argent ; il se gaspilla, il se galvauda.
De son idéal, il fit un poncif. Il y avait longtemps que nulle
ferveur vraie ne l'animait plus, qu'il ressassait encore son
unique idée d'art, avec habileté, son idée d'art étrangère
au sentiment religieux, une grâce jolie et fine, un peu
affectée, aristocratique, parée, blonde.

Raphaël Sanzio fut son élève et d'abord l'imita directement.
Ensuite, quand il eut pris possession de lui-même, de son
talent plus riche et varié, il demeura un élève du Pérugin,
supérieur au maître si l'on veut, mais comme lui grand
faiseur de tableaux lucratifs, comme lui peu profond,
abusant de sa virtuosité, transformant bientôt en un poncif sa
manière, suppléant par l'habileté de la main au défaut de
l'inspiration vraie et de l'émotion religieuse. Ses madones
nombreuses passent pour le chef-d'œuvre de l'art chrétien :

je n'y puis consentir ! Ces jolies femmes ne sont pas l'image
de l'Élue. Elles ont une grâce gentille, une candeur quelquefois virginale, souvent un peu de puérile coquetterie. Jeunes
filles et petites mères, elles jouent avec l'Enfant ; on les dirait
des sœurs aînées, langoureuses et nonchalantes, qui ont la
garde du bambin... Quand il voulait peindre la Vierge,
Raphaël Sanzio faisait baisser les yeux à sa belle Fornarina et
il copiait, l'adoucissant, l'affadissant, l'adoré visage de cette
maîtresse dont l'exact portrait, à Rome, n'est pas celui d'une
sainte.

Il est possible que tout le génie de la Renaissance italienne
ait trouvé son expression la plus noble, la plus puissante et
prodigieuse en Michel-Ange. Mais nous parlons ici de peinture religieuse. Son Dieu le père, de la Chapelle Sixtine,
créant la Terre, l'Homme, la Femme, n'est-il pas un beau
Jupiter Olympien ?... Son Jugement dernier, je ne puis y voir
autre chose qu'un prétexte à des nus, à des raccourcis, à des
« académies », à des muscles étonnants... Il a une vision tita-
nique de l'humanité. Du reste, il s'abstient des madones fades :
il lui en faut savoir gré. Mais ce serait folie que de chercher
en Michel-Ange une inspiration chrétienne. On le compare à
Dante : c'est folie !

Et Véronèse, en qui se magnifie, somptueuse et joyeuse, la
gloire de Venise triomphante, — son christianisme ? Voyez seulement, au Louvre, les *Noces de Cana*, les *Pèlerins d'Emmaüs*
et jusqu'aux Saintes Familles !...

... Je n'ai cité que quelques-uns de ces Renaissants italiens :
j'en pourrais indiquer bien d'autres, qui célèbrent l'exubérance
de la vie charnelle, dans leurs tableaux religieux.

Pourquoi, païens ou simplement attentifs au seul éploiement
de l'énergie et de la volupté humaines, continuent-ils à composer des tableaux religieux ? Le hasard des commandes ! Les

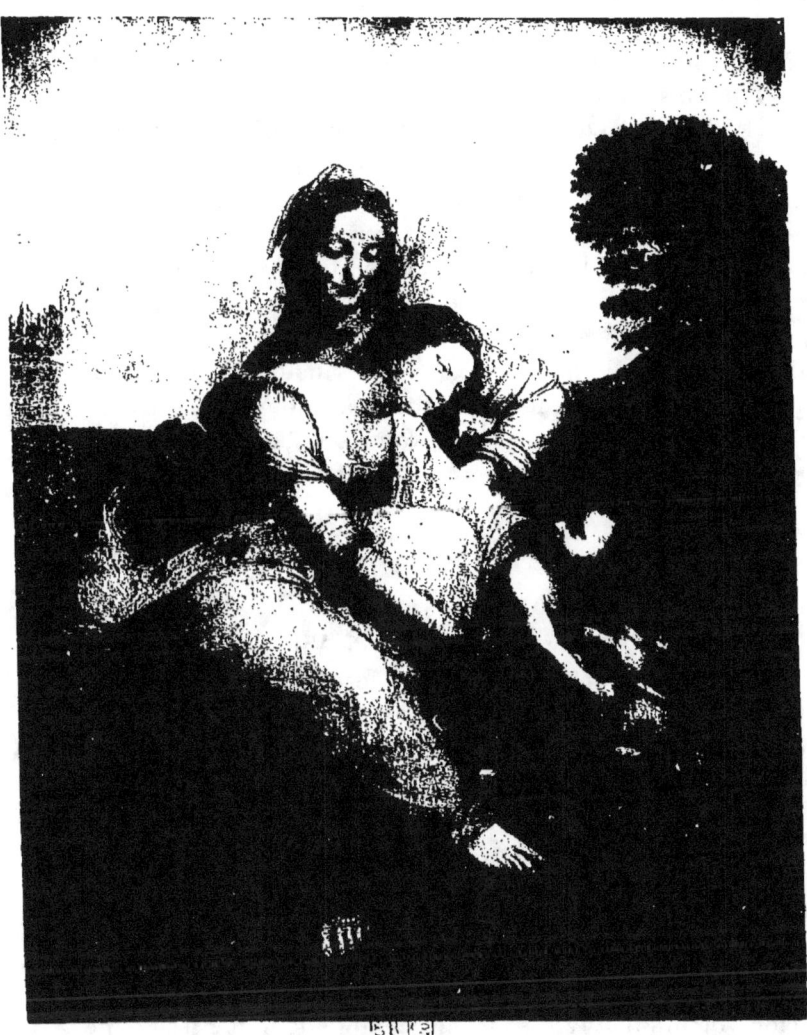

LÉONARD DE VINCI. — Sainte Anne et la Vierge.

églises, les couvents, les papes, riches et fastueux, aimaient
à se procurer de belles œuvres des peintres en renom. Le
christianisme des papes d'alors n'est pas exigeant, ni mystique le moins du monde, ni humble, ni sévèrement évangélique. Il s'accommode d'une liberté mieux séante aux yeux du
siècle.

Est-ce que Calvin, jaloux de christianisme intégral, n'était
pas sage, quand il recommandait aux peintres de son temps
de laisser là Dieu, la Vierge et les saints, de ne plus représenter que « figures d'hommes, de bêtes ou villes ou pays »,
en somme « les choses qu'on voit à l'œil » ? Ce même conseil, une esthétique jalouse d'art vrai, sans disparates ni con-
trariétés intimes, ne le leur eût-elle point donné? Ces artistes,
dont la peinture religieuse est, avouons-le, si saugrenue, sont
excellents, au contraire, dans l'art profane ou païen : nous
le verrons.

*
* *

Je n'ai rien dit encore de Léonard de Vinci, de la Cène, de
la Vierge aux Rochers, du saint Jean-Baptiste. Pouvais-je
citer parmi d'autres cet homme extraordinaire, qui ne doit
rien à son temps, qui ne dépend que de lui-même, dont la
profonde pensée est indemne de tout contact?

Ses manuscrits révèlent l'universalité de son génie. Mais ce
n'est pas seulement la variété de ses aptitudes qui étonne : il
fut ingénieur, mathématicien, philosophe, autant que peintre;
d'ailleurs, cavalier remarquable. Ce qui fait l'excellence d'un
tel esprit, c'est la synthèse ordonnée du rêve et de l'action,
du possible et du réel, du provisoire et du définitif; c'est la
lucide volonté de vivre en tenant compte de toutes les données
du problème vital, c'est la réalisation parfaite de l'être humain.

Son œuvre de peintre ne rend qu'une partie de sa pensée, la plus belle peut-être et la plus émouvante. Il la faut placer dans l'ensemble de ce qu'il fut pour qu'elle ait toute sa valeur et toute sa signification.

Le visiteur du Louvre est étonné, il me semble, d'une singulière analogie qu'il aperçoit entre un *Bacchus* et un *Saint Jean-Baptiste* de Léonard. Le sourire est le même, du précurseur de Jésus et du dieu païen ; leurs doigts tendus désignent un ailleurs mystérieux. A vrai dire, ce *Bacchus*, on ne sait trop s'il n'est pas, s'il ne fut pas un Jean-Baptiste. Une réplique de ce tableau est à Saint-Eustorge de Milan, sans la couronne de feuillage. Des critiques supposent qu'un artiste ultérieur transforma en Bacchus le précurseur rêvé par Léonard.

Que cela est bizarre !... Je ne décide point la question : qu'elle soit posée me suffit. Pour faire de ce Précurseur un Bacchus, une couronne de feuillage placée sur les cheveux, voilà tout ! Mais est-il aussi un Bacchus ? Non le gros homme, en tout cas, obèse, aviné, lourd, repu, qui tant de fois nous fut représenté. Il est un mythe de la nature merveilleuse. A l'écart du paysage lumineux où la belle vie s'éploie, où s'ébattent des animaux, lui, à l'ombre, inquiétant, il sourit. Ce n'est pas vers le ciel que son doigt se tend, mais vers la toute proche forêt où, sans doute, il entend bruire le secret de la Vie. Il ne le révèle pas ; mais, de le savoir, il sourit, d'un air d'entente. Ou bien peut-être ne le sait-il pas, mais le devine-t-il, ou seulement sait-il, sans le connaître, qu'il existe, — car la certitude du mystère est, à elle seule, un système du monde.

Si le Bacchus, par aventure, était un saint Jean-Baptiste, mon interprétation tomberait-elle ?... Voyons, à côté, le saint Jean-Baptiste authentique. C'est, comme disent les critiques d'art, en leur jargon, une « figure à mi-corps ». Au lieu d'une

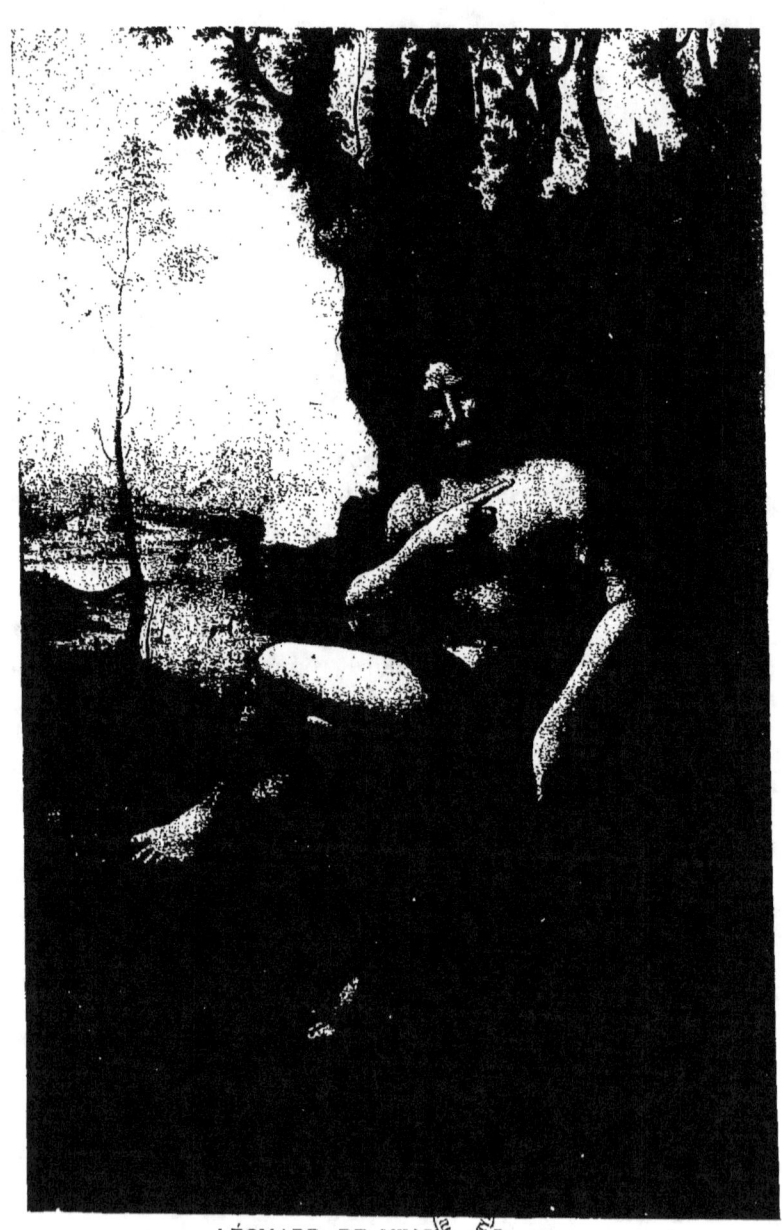

LÉONARD DE VINCI. — Bacchus.

peau de tigre qu'a l'autre pour vêtement, il a, lui, une peau d'agneau ; au lieu du thyrse, il tient une petite croix. Il est donc un saint Jean-Baptiste indubitable. Mais combien il diffère de son habituelle image, telle que tant de peintres antérieurs ou contemporains la composent ! Certes il n'est pas ce prophète ascétique, nourri de sauterelles et de miel sauvage, homme du désert, un peu hirsute, et âpre d'aspect bien que doux d'esprit. Il ne ressemble pas davantage au Jean-Baptiste de la tradition que ne ressemble au dieu luxuriant des vendanges le Bacchus voisin. Mais, comme celui-là, il sourit. Le sourire des lèvres, des joues, des yeux et de tout le visage est le même dans les deux œuvres, plus marqué dans le Jean-Baptiste. D'ailleurs, il n'a rien de farouche, ce prêcheur ascétique ; et il n'est pas maigre ni décharné, ce mangeur de sauterelles et de miel sauvage : il est bien en chair et plein de santé. De son doigt tendu, il désigne, non plus la forêt prochaine, mais, là-haut, le ciel. C'est au ciel, pour lui, qu'est inclus le mystère.

L'un et l'autre, de cette façon, n'apparaissent-ils pas comme deux symboles analogues, dont l'un serait naturaliste et l'autre chrétien ?

Mais ils se ressemblent !... Eh ! bien, cette sorte de confusion de Bacchus et du Précurseur n'atteste-t-elle pas, de la part du Vinci, un paganisme pareil à celui de ses contemporains qui travestirent en fête profane l'histoire de Jésus ?... Oui et non. Oui d'abord, parce qu'il est vrai que le Vinci néglige la lettre évangélique et la stricte rigueur de la foi. Non surtout, non essentiellement, parce que le Vinci n'est pas plus païen, dans son œuvre, que tout à fait chrétien.

Le mythe païen le plus débordant d'exubérance charnelle, voyez comme il le transforme dans le sens de la spiritualité

Il transforme de même le mythe chrétien.

De Bacchus et de Jean-Baptiste il a fait les révélateurs du
mystère premier, de l'intime mystère qui est l'âme de Tout,
et non de deux mystères différents, celui de la Terre et celui
du Ciel : car ces deux mystères se résolvent en une identité
profonde qui est le Mystère, lequel frémit dans les forêts et
anime les plus idéales croyances.

Ainsi Léonard, peintre religieux, ne s'astreint pas à la fidèle
exactitude d'un Angelico, d'un Giotto. Les figures de l'Évangile lui sont les signes de la vérité spirituelle que sa méditation de philosophe a perçue.

A Milan, dans le réfectoire d'un couvent désaffecté, qu'une
caserne occupe aujourd'hui, se délabre et s'efface l'œuvre la
plus poignante du Vinci, la réalisation la plus complète de sa
pensée la plus haute et mélancolique : la *Cène*, ah ! restaurée,
repeinte, défigurée !... Malgré l'insulte des temps, elle subsiste,
à force — dirait-on — d'immatérielle beauté.

De l'épisode pathétique entre tous, le peintre a choisi cette
émouvante et déconcertante minute où Jésus « fut troublé en son
esprit », non la plus solennelle dogmatiquement, celle où il
disait, rompant le pain, versant le vin : « Mangez et buvez, ceci
est mon corps, ceci est mon sang », mais celle où il disait : « En
vérité, l'un de vous me trahira !... » Parole désolée, souveraine
et mortelle certitude. Et alors ces gens simples et grossiers
qui l'entourent, ces indignes compagnons de sa quotidienne vie
s'agitent soulevés d'un grand effroi, unis en un pareil sentiment
d'horreur et de crainte. Seul au milieu d'eux, plus seul que
jamais, Jésus qu'a déçu l'amitié terrestre incline douloureu-
sement son front chargé d'ennui : tristesse sans étonnement,
puisqu'il savait d'avance, et sans révolte puisqu'il faut qu'ait
sa rançon l'œuvre qu'il accomplit, tristesse infinie cependant
du fils de l'homme isolé parmi les hommes, isolé dans son
cœur et dans son esprit. En cet instant, le disciple que Jésus

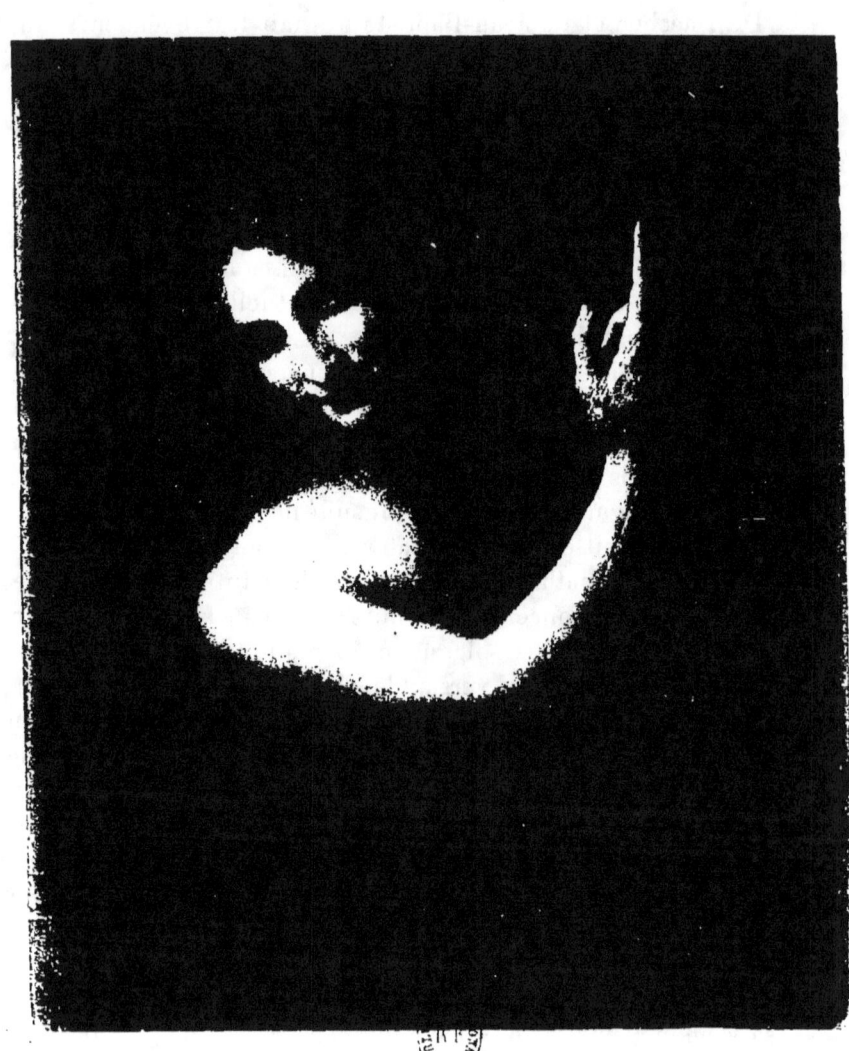

LÉONARD DE VINCI. — Saint Jean-Baptiste.

aimait, Jean, fils de Zébédée, ne repose plus sa tête sur le sein
de Jésus ; mais il s'est écarté, comme si la solitude du Maître
ne voulait plus d'illusion.

Ce qu'a signifié dans le visage de ce Jésus souffrant et serein
le Vinci, c'est la prescience et tout ce que comporte de définitive désespérance le fait de voir dans l'avenir comme dans le
passé. Celui qui, connaissant les lois immanentes du devenir,
ne doute plus des lendemains, celui-là n'a plus rien à faire
parmi les hommes et les choses ; il a fini sa destinée.

Ce Jésus du Vinci est peut-être la figure la plus empreinte
de spiritualité qu'un peintre ait conçue, et non point abstraite,
théorique, mais réelle, angoissante de vérité.

La prescience !... Plus ou moins claire, plus ou moins
étendue, n'est-ce point elle qui diversifie les âmes et qui varie
leurs passions. Reconnaissance du mystère et sa limitation,
certitude, mainmise sur la destinée, ne marque-t-elle pas le
degré de possession de soi où les âmes se sont élevées ? ne les
caractérise-t-elle pas ?... Le Vinci, peintre des âmes, les distingue selon la qualité de leur prescience, depuis cette Lucrezia
Crivelli, belle femme, dont les fines lèvres indiquent qu'elle ne
dira rien de son mystère et dont les yeux indiquent qu'elle ne
sait rien de son mystère, jusqu'à ce Jésus de la *Cène* qui a pris
possession de tout le mystère. Entre ces extrêmes opposés,
plaçons Mona Lisa, la Joconde, qui est consciente de soi et ne
trahit pas son secret ; la Sainte-Anne, qui devine plus avant
dans les destinées et sourit au jeu puéril de la Vierge et de
l'enfant ; le Jésus de la *Vierge aux Rochers*, tout petit être au
doux visage de mélancolie prématurée, que Jean-Baptiste
désigne déjà et qui bénit déjà, comme de très loin !... Oui, je
rassemble ainsi les figures évangéliques et la Mona Lisa et la
Lucrezia Crivelli ; car, en vérité, des unes et des autres, mon-
daines ou sacrées, le Vinci a fait d'analogues images de l'âme

humaine, identique en son essence, nuancée par son contenu.
Profane-t-il le sens des Écritures ? Si l'on veut... Ah ! ce n'est
plus là, sans doute, la foi surnaturelle et absolue de l'Angelico !
Les temps sont périmés. Mais qui confondrait cet art médi-
tatif et profond avec l'extériorité vulgaire et tumultueuse des
contemporains du Vinci, avec leur matérialisme exubérant et
sensuel cette divine spiritualité ?...

*
* *

Comme Léonard de Vinci parmi les peintres du xvie
siècle italien, je voudrais détacher des Hollandais et des Flamands du xviie Rembrandt Van Ryn, esprit solitaire et profond.

Les autres, et Van Dyck et Rubens, s'ils ont fait de l'art
religieux, c'est à la manière des Raphaël, des Michel-Ange,
des Véronèse : si le sujet est légendaire, traditionnel, évangélique, l'inspiration n'est pas chrétienne ; elle n'est même pas
morale, même pas spirituelle mais décorative et luxueuse...
(De ce jugement je n'excepte pas la *Descente de Croix*, de
Rubens, ni la *Mise en Croix*.)

,.. Certains mystiques du moyen âge ont discuté la question
de savoir si le Christ fut beau ou ne le fut pas. Les uns affir-
mèrent que oui, concevant que Dieu ne saurait être dépourvu
de nulle perfection, de la beauté par exemple. Les autres répli-
quèrent que la perfection divine est étrangère à la vaine et
dangereuse beauté matérielle, que Dieu, devenant homme,
se fit humble et pauvre, voulut naître dans une étable, aima
les indigents, les malades et divinisa la souffrance : ils décidèrent
que le Christ fut laid. Ces controverses surannées, dont l'appareil si compliqué nous semble puéril, ont plus de sens profond
et de portée qu'on ne leur en voit tout d'abord.

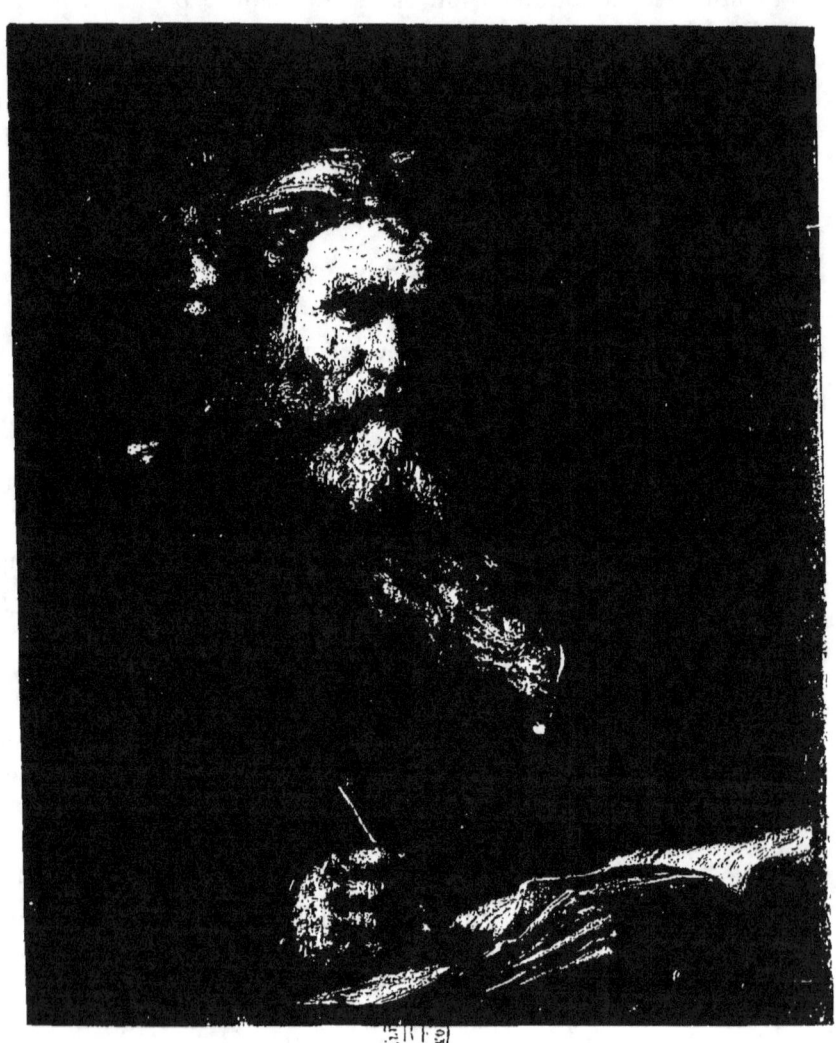

REMBRANDT. — Saint Mathieu

De quoi s'agissait-il ? De la spiritualité du Christianisme, ni
plus ni moins ! Ces partisans du Christ laid, que prétendaient-
ils ? Sous une forme excessive et audacieusement paradoxale,
ils luttaient contre une inquiétante altération de l'évangile
véritable, contre le luxe qui gagnait l'Église, contre les signes
avant-coureurs de ce matérialisme qui bientôt devait tout
envahir.

Pour apercevoir mieux la gravité d'une telle dispute, il suffit
de considérer, dans l'évolution de la peinture religieuse, le
tort que l'on a fait au sentiment chrétien lorsque le principal
souci des artistes fut d'embellir, d'enjoliver, de parer la
personne divine, la Vierge et les Saints : on aboutit à un
réel paganisme, nous l'avons vu. Et, de nos jours encore,
combien sévit fâcheusement ce Jésus, joli homme blond, de
physionomie fade et de geste prétentieux !...

Rembrandt, comme ces hardis théologiens médiévaux, a
pris parti pour la laideur, catégoriquement. Et je ne parle pas
de sa seule peinture religieuse, qui certes réagit contre les glorieuses étoffes disposées avec luxe sur les saintes académies ;
mais toute son œuvre, même profane, est la négation de la
beauté classique. L'harmonie des formes, la pureté des lignes
et leur gracieux arrangement, l'éclat et la variété des couleurs,
toutes ces joies habituelles des peintres, il se les interdit. Il y a,
dans cet ascétisme volontaire, quelque chose d'extraordinaire
et de pathétique. Mais pourquoi ce paradoxal refus de tous
les agréments de son art ? Voici. Ce que perd en beauté du
dehors l'art de Rembrandt, il le gagne en spiritualité.
De n'être point engagée dans la matière, de se garder indemne
des sensuelles séductions, sa pensée apparaît plus intacte, plus
idéale et, dans sa nudité, plus poignante. Celui-là fut un
philosophe et déchira le voile merveilleux des phénomènes
pour arriver à l'esprit même.

Des délices de la nature, il n'accepta que la lumière, la pure lumière, presque sans couleur, parce que la lumière, dans le monde des apparences, n'est pas seulement ce qu'il y a de plus immatériel, mais elle transfigure la matière, elle la sublimise. Variant de clartés inégales, changeantes et prestigieuses la surface des choses, elle leur donne un air de fantasmagorie mobile et momentanée, elle les détache de leur substance lourde, elle les évoque comme des fantômes : elle démontre l'irréalité du réel, qui offusque l'idée.

Le *Saint Mathieu*, du Louvre, étonne tout d'abord par son costume. Au lieu de la noble robe dont les Italiens le revêtent, voici l'évangéliste en vareuse. Il est habillé comme un homme quelconque, assez pauvre sans doute, en tous cas dédaigneux des parures. Il médite, il se souvient, il écoute : car une voix lui parle, qui est celle de son esprit. L'admirable tête, pensive et réfléchie, n'a pas d'autre beauté que celle que lui communique l'intensité de son rêve. Il ne ressemble aucunement aux images traditionnelles de ce saint. On dirait une sorte de Tolstoï, attentif aux seules révélations de sa « conscience religieuse ». Extérieurement, il est un homme moderne et ordinaire. Rien, au dehors, ne le révèle comme le disciple et le compagnon de Jésus. Il n'est point daté, non plus que localisé. Il s'évade du temps et de l'espace : un caractère d'éternité le magnifie.

Les autres artistes de la Renaissance ont, eux aussi, faussé la rigoureuse exactitude historique. Mais s'ils donnent aux personnages de l'Évangile les costumes de leur temps ou des costumes de fantaisie, c'est toujours dans une intention de luxe et de somptuosité. Rembrandt, lui, modernise la légende évangélique, mais pour la promouvoir jusqu'à nous ; mieux encore, pour la détacher des circonstances périmées ; enfin, pour transformer l'événement accidentel en une aventure éternelle.

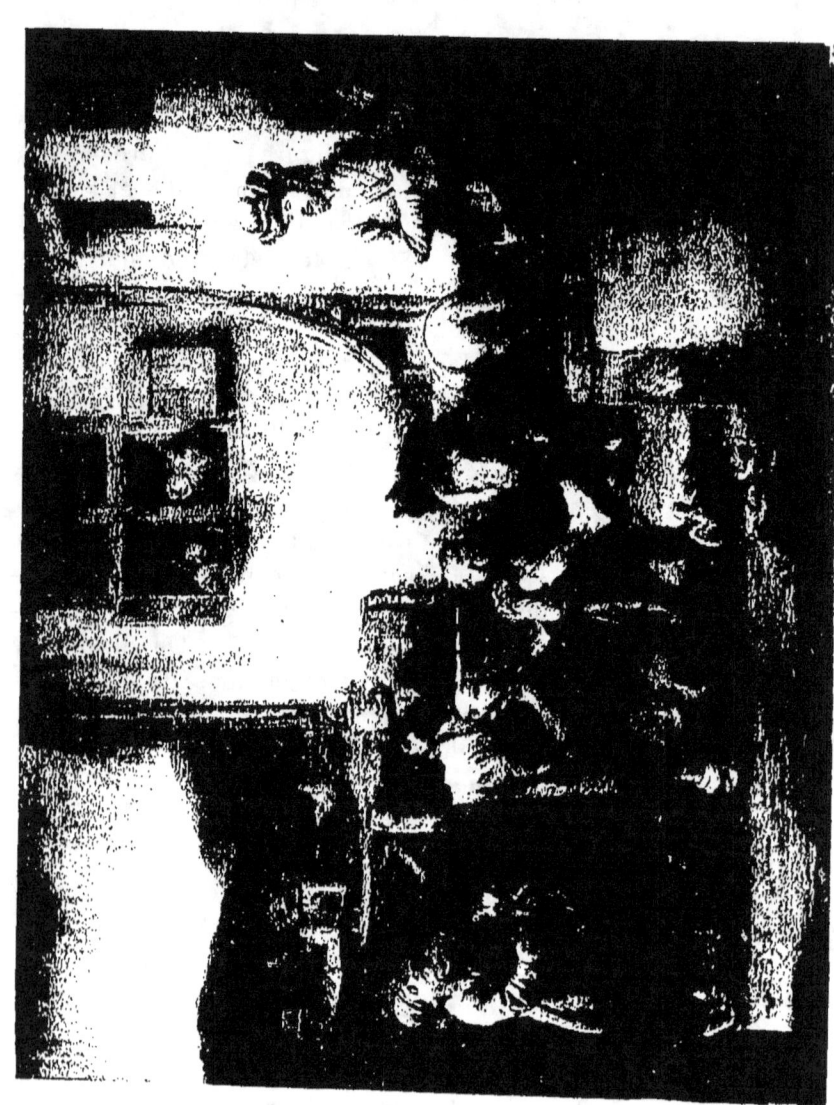

REMBRANDT. — LE BON SAMARITAIN.

Cela est sensible dans le *Bon Samaritain*. Cette petite composition ne se présente d'abord que comme un tableau de genre, une scène de vie paysanne interprétée par un réaliste, un épisode dramatique et vulgaire : on apporte à l'hôtellerie un pauvre diable de blessé qu'on a trouvé sur la route. Mais qui ne voit s'élargir l'œuvre au delà des limites de l'anecdote ? qui ne voit ce qu'y prend de généralité l'anecdote ? C'est une scène d'aujourd'hui, sans doute, et familière à nos yeux par le détail. Mais les paroles de Jésus, qui commandèrent l'acte généreux et pitoyable du Samaritain, ces paroles où sont contenues la doctrine et l'exemple : « Va, et toi aussi fais de même », changent le commun fait-divers en un emblème de miséricorde. Et comment, par quels procédés Rembrandt arrive-t-il à spiritualiser ainsi le réel, à le vivifier, à l'animer de cet intime rayonnement, perceptible aux regards de l'âme plus qu'à ceux du corps ? Il est difficile d'analyser cet art ; on énumère ses ressources, nombreuses et variées : quelque chose demeure inexpliqué, l'essentiel ! Le clair-obscur y est efficace. Mais la grande magie résiste à l'analyse : elle provient de l'inspiration secrète et spirituelle.

Cette sorte d' « évangile éternel », qui est l'idée religieuse de Rembrandt, a trouvé sa plus belle et complète expression dans les *Pèlerins d'Emmaüs*. Ici, du reste, la signification littérale du sujet s'accorde merveilleusement avec la pensée de l'artiste. Elle en est la formule même et comme le symbole authentique.

Lorsque approcha l'heure de la séparation, Jésus dit à ses disciples : « Je ne vous laisserai point orphelins ; je viendrai à vous ». [1] Dans les jours qui suivirent la mise au tombeau, il apparut à Madeleine, il apparut aux femmes, puis à Pierre,

---

1. Jean, XIV, 18.

à Jacques et aux apôtres réunis, ainsi que, plus tard, Fra Giovanni de Fiesole le représenta, dans le couvent de Saint-Marc,
qui apparaît demandant l'hospitalité, pèlerin sublime, à deux
moines... Or, l'évangile de Luc raconte ceci. Comme deux
des apôtres, trois jours après la mort de Jésus, allaient à un
bourg nommé Emmaüs, ils rencontrèrent en chemin un
homme qui les interrogea et bientôt leur commenta les Écritures. Ils entrèrent avec lui, le soir étant venu, en quelque
auberge. Et, tandis qu'ils étaient à table, il prit le pain, le
bénit et, le rompant, le leur présenta. Alors, ils reconnurent
Jésus [1].

De cette scène, voyez ce qu'a fait Paul Véronèse : un
superbe gala. Le caractère mystérieux, le sens intime est offusqué par la splendeur du décor et la virtuosité de l'exécution.

Rembrandt, lui, a tout disposé pour que se manifestât la
signification vraie de l'aventure; il a tout appauvri pour que
subsistât seul ce fait : la permanence de l'Esprit parmi les
hommes qu'il a touchés... La figure du Christ n'est point belle
par les traits, qui sont lourds, minés de souffrance et convulsés; mais quelle n'est pas la beauté que lui confère la
pensée, intense, absorbante, exclusive! L'âme qui éclaire ce
visage a passé par la mort charnelle, sans en être atteinte ;
et ce fantôme de corps et ce visage d'outre-tombe ne servent
qu'à rendre visible cette âme.

Les deux apôtres s'étonnent et admirent. Le petit serviteur
ne comprend ni ne voit. Mais le Christ éternel est là, esprit
dans la matière.

La matière n'avait jamais été spiritualisée ainsi, — par l'ascétisme et, ô merveille! par l'ascétisme d'un peintre.

---

1. Luc, 24. 13.

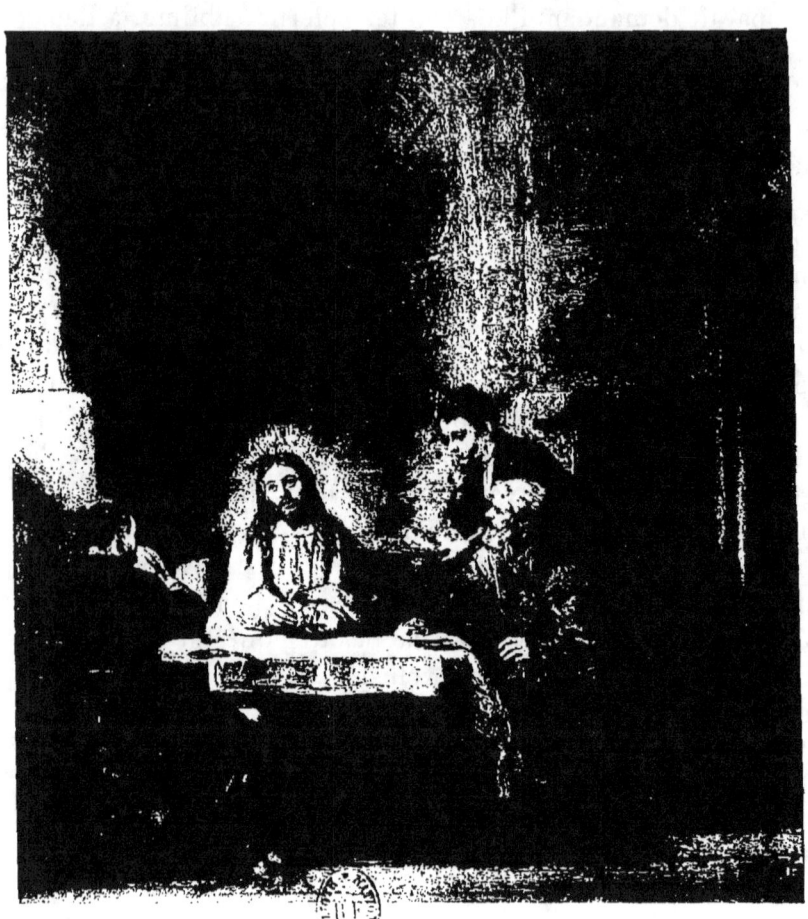

REMBRANDT. — LES PÈLERINS D'EMMAUS.

* *
*

La peinture religieuse, de nos jours, il faut l'avouer, ne donne pas grand'chose. Elle est devenue, hélas! le plus académique des genres. Tant de sujets empruntés à l'Évangile furent le thème habituel des concours de Rome, et il a fallu les traiter dans le style de tant de Bouguereaux que les artistes, sitôt libres, cherchent ailleurs leur inspiration; ou bien, s'ils y reviennent par hasard quelque jour, l'ancien poncif de la rue Bonaparte s'impose encore à leur imagination.

Mais, loin de chez nous, en Russie, la peinture religieuse a pris une tout autre forme, intéressante celle-là, sincère et profonde. Elle a de vivaces racines dans la conscience publique; des idées l'animent qui sont essentielles au mouvement social contemporain. Elle est tout imprégnée de cet évangélisme que Tolstoï préconise.

On connaît la religion de Tolstoï. Son christianisme, qui repousse l'autorité des Églises, qui écarte la théologie dogmatique et tout ce qui n'est point la pure éthique de Jésus, a pour point de départ la croyance en l'efficacité continue de la doctrine de ce sage : réalisez en vous le royaume de Dieu ; le Christ est parmi vous qui vous y invite, il est parmi vous en esprit, puisque sa parole dure, qui, comme au premier jour, est une parole de vie. Il est parmi vous ainsi qu'allégoriquement l'Évangile l'a figuré auprès des pèlerins d'Emmaüs. Il s'agit seulement de le reconnaître.

Une religion de ce genre inspire un art analogue, en son principe, à l'art religieux de Rembrandt tel que je l'ai ci-dessus défini. Le peintre dont je veux parler maintenant n'a pas le génie de Rembrandt : s'il lui ressemble, c'est par un même sentiment de la religion permanente et durable.

Nicolas Gué, jusqu'à sa mort, fut le plus intime ami de Tolstoï. Sa peinture semble tout inspirée par la foi religieuse du vieux maître : « le christianisme donné non comme une doctrine mystique, mais comme une doctrine morale ».

La plus célèbre et la plus caractéristique, sans doute, de ses toiles est ce *Christ avec Pilate* qui, à son apparition, vers 1890, étonna, indigna : jamais on n'avait vu de Christ si laid, si mal peigné !... « Pilate dit à Jésus : « Vous êtes donc roi ? » Jésus répondit : « Vous le dites, je suis roi. C'est pour cela que » je suis né et pour cela que je suis venu dans le monde, afin » de rendre témoignage à la vérité.. » Pilate demanda : « Qu'est- » ce que la vérité ? » et lorsqu'il eut ainsi parlé, il sortit [1] ».

La composition, un peu facile et rude, est saisissante. Pilate, replet, repu, gros homme enveloppé dans sa toge d'ocre qu'illumine un rayon de soleil, Pilate nargue ce rêveur et, sceptique indolent, lui lance ces mots las et terribles : « Qu'est-que la vérité ?... » Qu'est-ce que la vérité ?... Dérision suprême de l'apôtre qui meurt pour elle ! Humilié, dans l'ombre, vêtu de sa pauvre robe sans couleur, Jésus regarde Pilate avec des yeux d'effroi, avec des yeux où flambe la certitude, où flambe aussi la douleur infinie du fils de l'homme, qui sait la vérité, la sent en lui vivace et vivifiante et ne peut pas la communiquer. Car Pilate est passé tout près de Jésus sans le reconnaître !...

Ce Christ, qui ne rappelle aucunement l'image habituelle, ressemble plutôt à ces révolutionnaires évangéliques qui, là-bas, dans le redoutable empire des tzars, rêvent de bien social, de fraternité universelle, s'efforcent de promulguer leur doctrine d'amour et, jusqu'au martyre, se consacrent à cette œuvre impossible. Eux aussi, ils ont

---

1. Jean, XVIII. 38.

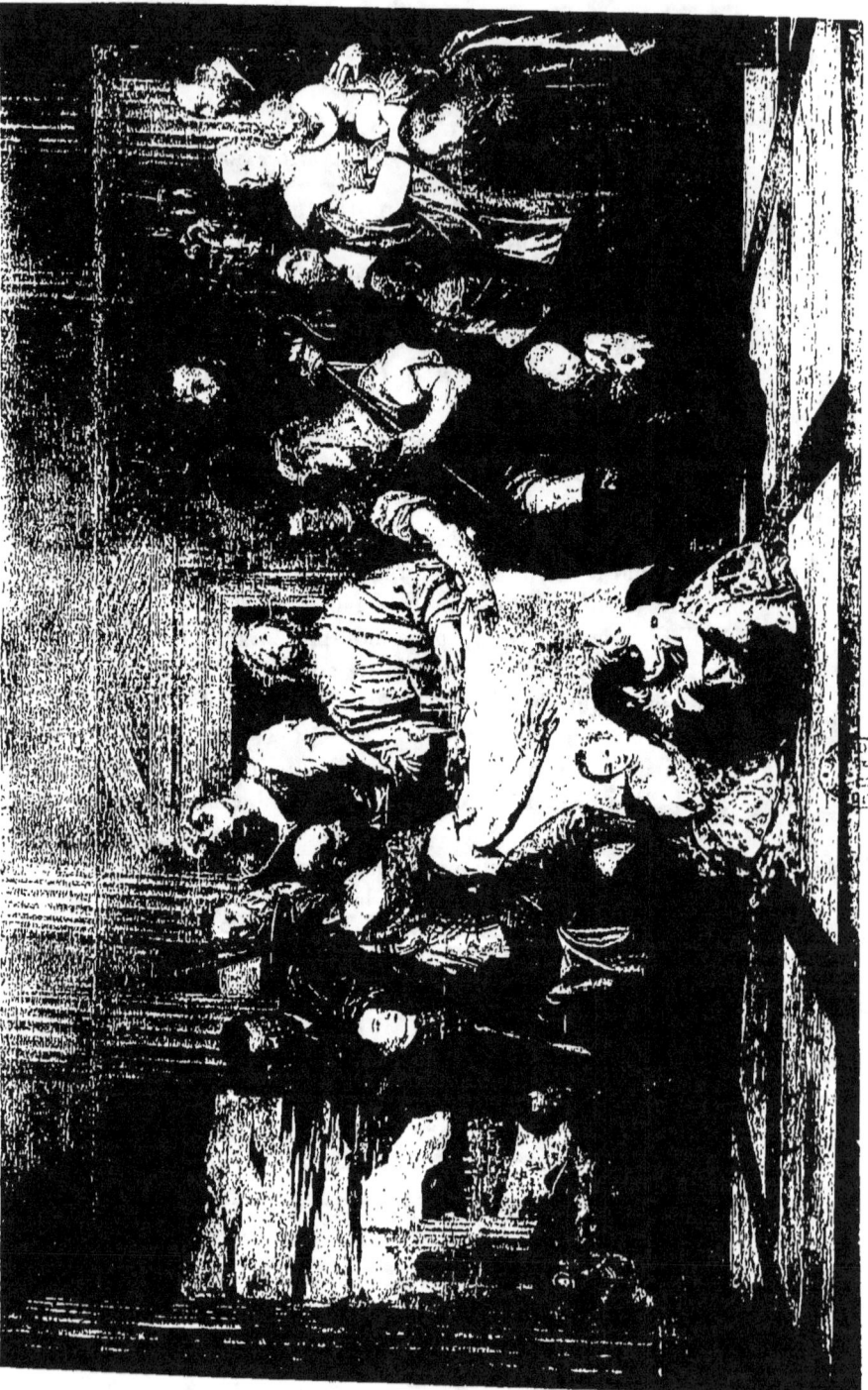

conscience de posséder la pleine vérité ; eux aussi, ils se heurtent à la même méconnaissance générale ; eux aussi, lorsque l'on hausse les épaules à leurs chimères, sentent s'abattre sur leur intime charité une irrémédiable détresse.

La légende du Christ se continue en eux.

Ainsi, cet art n'est point académique et mort, mais d'inspiration vive, poignante, frémissante, actuelle.

*
* *

Quelles seront désormais les destinées de la peinture religieuse ?

Elle peut encore durer, se renouveler, vivre, si les artistes, à la manière de Rembrandt jadis ou de Gué, savent la vivifier de pensée nouvelle et de rêve ardent.

Ou bien, puisque les savants et les exégètes, étudiant les textes avec méthode, nous invitent à considérer la grande aventure évangélique comme une période particulière et déterminée de l'histoire, les peintres religieux s'efforceront-ils de restituer l'authentique décor, le costume, l'exacte vérité des personnages et des épisodes ? James Tissot, grâce à la plus minutieuse patience, au soin le plus attentif de la documentation, réussit en ce genre un peu froid et inutile... Ainsi, la critique historique restaurait, d'une certaine façon du moins, cet art religieux dont elle a tué les formes anciennes.

Peut-être est-ce là tout ce qu'il faut attendre désormais de la peinture religieuse... A moins que quelque moine, au fond d'un cloître ignoré, loin du bruit et de l'exégèse, n'ait préservé des contacts dangereux la foi d'Angelico, sa ferveur et son art !...

CHAPITRE II

L'HOMME

Le même mouvement d'idées, le même épanouissement de la vie, le même goût de la réalité magnifique et tangible qui écartaient les Renaissants de la spiritualité chrétienne et les induisaient à une sorte de radieux paganisme, les rendaient inaptes assurément à figurer le Dieu de l'Évangile mais, au au contraire, les prédestinaient à devenir les peintres excellents d'une humanité belle, ardente et affinée, qui se réjouit et s'enorgueillit de sa beauté.

Le dogme ancien faisait prévaloir l'au-delà sur le monde sensible et la vie future sur la vie présente. Ce dogme, on ne le nie pas catégoriquement, on ne le réfute pas non plus avec de la dialectique ; — plus simplement, on le néglige et, comme en vertu d'un accord tacite, on l'oublie. Et, de ce seul fait, une immense allégresse résulte. Depuis des siècles nombreux, on n'avait pas été, semble-t-il, si heureux sur terre !...

Je l'ai dit, que l'on continue à peindre des tableaux religieux ; et j'ai fait observer que ces tableaux n'ont de religieux que le sujet. Mais, si la légende évangélique y est singulièrement travestie, le type humain s'y développe, y fleurit en force et en souplesse.

Saint Sébastien, martyr, eut un succès prodigieux parmi les artistes. Son iconographie, au xv⁰ et au xvi⁰ siècles, est si abondante qu'on renonce à l'inventorier. Seulement, les raisons qui le firent canoniser ne sont pas les mêmes qui le désignèrent à la prédilection des peintres. Il était, à l'époque de Dioclétien, jeune encore, pourvu d'un bel emploi dans la garde prétorienne. Bien en cour, il ne craignit pas de favoriser les chrétiens, de les exhorter à la résistance. On connut qu'il était chrétien lui-même et on décida qu'il périrait de la main des archers. Cette aventure, dans le recueil des hagiographes, n'est point exceptionnelle ni spécialement attrayante. Mais ce jeune prétorien, que l'on conjecture de belle physiologie militaire, de formes fines en vertu de son origine patricienne, et vigoureuses en vertu des exercices au grand air, n'a-t-il point encore l'avantage que son supplice légitime sa nudité, — merveilleuse occasion, pour des artistes que la commande d'Église requiert et qui cependant ont le goût des brillantes académies ; — en outre, son supplice n'altère point son attitude ni ne le détériore. Et c'est pourquoi se multiplièrent les beaux saint Sébastien, dénués de mysticisme poignant mais charnellement splendides.

Ce martyr chrétien devint l'image parfaite de l'adolescence virile. Adam est rude, saint Jean-Baptiste est farouche et Jésus, sur la croix, est ravagé par l'agonie. Ces trois corps, assurément, on les idéalise tant qu'on peut. Mais combien se prête mieux à la glorification de la chair humaine le jeune Sébastien ! Aussi, voyez comme on soigne l'harmonie de ses membres, leurs justes proportions et leur geste mesuré, comme on dessine ses muscles de telle façon qu'ils tendent bien la peau sans lui donner non plus de disgracieuses saillies par un excès athlétique, comme l'on veille à joliment velouter le grain délicat de cette peau, blanche, à peine un peu hâlée,

et frissonnante sous la piqûre des flèches comme elle le serait
sous la volupté ! Les bras liés derrière le dos, appuyé contre
le fût d'un arbre, il incline la tête et ses cheveux retombent
en boucles sur ses épaules. Il a, le plus souvent, cette sorte
de déhanchement gracieux que les sculpteurs du xiv⁰ siècle
donnèrent à leurs madones parce qu'ainsi se contournaient
les dames d'alors, coquettes qui relevaient, du poing campé
sur le flanc, leurs robes que la mode voulait extrêmement
longues.

Il arriva bientôt que cette charmante beauté s'affadit. Le
type du Saint Sébastien, trop ressassé, fut banal. C'est ainsi
qu'au cours du xvi⁰ siècle se galvaudèrent et se perdirent
les jolies trouvailles de l'âge précédent. Mais, tout d'abord,
entre les peintres de saint Sébastien, quelle heureuse émulation ! Chacun veut le douer d'un agrément nouveau, le fait plus
mâle ou plus efféminé, plus vaillant ou plus mol ; le voici
héros évident et le voilà presque une fille par la finesse des
attaches, la blondeur des duvets et l'air langoureux.

La beauté de la femme n'est pas étudiée avec un zèle moins
attentif ou ingénieux. Les délicates Vierges en témoignent,
que peignirent les Botticelli, les Crivelli, les Ghirlandajo et
les Bellini. Certes, elles ne sont guère évangéliques ; mais
que leur grâce est adorable !... Egalement ému de la fable
païenne et de la légende chrétienne, sensible à la spiritualité
de l'une et au naturalisme de l'autre, Botticelli s'est fait une
complexe image de la Beauté. Ses Vierges et ses Vénus se
ressemblent. Elles ont une grâce souple et jolie, calme, ordonnée. La ferveur de la vie qui est en elles ne se trahit pas en
mouvements délurés ; les lignes restent harmonieuses et fixes
en leurs sinuosités charmantes. Les femmes de Ghirlandajo
ont une élégance aisée et de bon ton. Crivelli estima surtout
la beauté des mains féminines, qu'il aimait très longues et

aiguës, qu'il pliait, qu'il arrangeait bizarrement, afin qu'elles fussent plus expressives et comme inquiétantes en même temps que prêtes aux caresses... Ainsi les peintres varièrent, selon le gré de leur goût, la perfection du corps féminin, — qui « tant est tendre, poli, souëf, si précieux », — et, joignant un rêve subtil aux ardeurs de la sensualité, ils réalisèrent un émouvant idéal.

I

Le Portrait

Comme les autres genres picturaux, celui-ci est né de l'art religieux. Les peintres religieux les plus anciens ont souvent placé des figures réelles parmi leurs compositions sacrées. A Florence, dans la chapelle du palais du Podestat, Giotto peignit, auprès de sainte Madeleine et de sainte Marie l'Égyptienne, Dante Alighieri et Brunetto Latini. Lorsque Fra Giovanni da Fiesole décora, pour le pape Nicolas V, la chapelle du Sacrement, que le pape Paul III fit détruire, il y peignit divers épisodes de la vie du Christ et parmi les personnages saints il introduisit, comme Vasari le raconte, des hommes du jour : le Pape assurément, l'empereur Frédéric qui alors vint en Italie, Fra Antonio qui avait été archevêque de Florence, Biondo de Forli et Ferdinand d'Aragon.

Mais, si l'on peut dire que l'art du portrait est né de l'art religieux, c'est en considération du « donateur », personnage singulier dont il serait amusant de faire une monographie générale... Pour accomplir un vœu, pour obtenir les bonnes grâces de la Providence, pour complaire à quelque évêque ou abbé, parfois peut-être simplement pour faire acte de bon bourgeois, opulent et bien intentionné, l'on offrait à un monastère, à une église, un tableau que l'on commandait au peintre en vogue : une Nativité, une Crucifixion, une Vierge avec l'Enfant-Dieu sur les genoux, un groupe de Saints ou de Saintes. Et, pour que se conservât durablement le souvenir du cadeau, l'on avait soin de se faire peindre, en un coin de l'œuvre sacrée. Une inscription latine, sur le cadre ou ailleurs, signalait à la postérité le nom de cet homme généreux dont l'image immortalisait la physionomie et le port.

Cette coutume n'est pas tout à fait abandonnée. Lorsqu'une église se construit, aujourd'hui encore, des châtelains, des notables donnent l'argent d'une colonne, d'une fenêtre en verre peint : on inscrit leurs noms sur la fenêtre ou sur la colonne, qui presque toujours sont laides, du reste, à présent que l'art religieux est tombé dans la pire déchéance. Il y a peu de temps, M. Dagnan-Bouveret, ayant peint une Cène, voulut qu'y figurassent, en donateurs, les siens et lui. Au treizième siècle, les vitraux de nos cathédrales furent, pour la plupart, offerts par les corporations. Collectives, ces générosités n'en étaient pas moins signées dûment et revendiquées devant l'avenir. Au bas du vitrail, une vignette de convention signifiait que les bouchers, les boulangers ou tels autres artisans l'avaient payé de leurs écus : pour les boulangers, on représentait deux petits bonhommes portant sur leurs épaules une corbeille en laquelle s'entassaient des sortes de boules blanches, pareilles à des œufs et qui sont des pains ; pour les bouchers, c'est un étal de viande dépecée, un bœuf ouvert et suspendu par deux pattes.

Le donateur est moins modeste : aussi bien a-t-il fait des frais plus grands ; il fut à la dépense seul, et le voici, personnage non point allégorique mais identique à sa réalité. Quelquefois, sa femme est auprès de lui, ses enfants, que sais-je?... toute la famille.

Le donateur est un homme riche et qui, pour qu'on le peigne, revêt ses plus beaux costumes : fines soies, velours épais, fourrures. En Flandre particulièrement, à l'époque de Bruges prospère et de la cour bourguignonne, on a des

étoffes incomparables ; et les peintres sont exercés à en faire
valoir la qualité, l'éclat, le prix. L'acte du donateur est fastueux et comporte de l'apparat. Mais il est un acte de piété,
cependant. Le donateur se fait représenter à genoux, mains
jointes ; son attitude dévotieuse contraste avec l'orgueil de
sa munificence. Le portrait, d'ailleurs, est exact ; et, s'il
arrive que la mine de ce riche bourgeois ne soit pas très
mystique naturellement, l'effet d'ensemble y gagne quelquefois une sorte de drôlerie ravissante. Il y a des donateurs très
doux, qui ont une bonne figure un peu sotte ; et il y en a
de terribles, qui durent être rapaces, cruels, âpres au gain ;
d'autres acquirent leur fortune, c'est manifeste, par la cautèle
et l'astuce ; et d'autres ont l'air de bons vivants, joyeux com-
pères, grands humeurs de piots, à la trogne enluminée. Tous
sont à genoux, respectueux, graves, ayant figé dans l'expression requise toute l'ardeur profane de leur caractère. Ils sont
un peu comiques et très édifiants.

Une admirable série de ces bonhommes, et merveilleusement
disposés, se trouve sur les deux volets d'un triptyque de Pierre
Pourbus, que l'on conserve à Bruges. L'œuvre est datée de
1556. Ce Pierre Pourbus, dont l'art religieux est médiocre,
fut un portraitiste éminent. Il excelle à peindre les gens au
naturel et ses Membres de la Confrérie du Saint-Sang suffi-
raient à le classer parmi les maîtres du genre. Distribués en
deux groupes, symétriques mais variés, ils sont là trente et
un, les pieux personnages, vêtus du tabard en drap brun,
qu'ornent des broderies d'argent symboliques. Leurs mains
sortent de la manchette blanche et, molles ou rigides, se joignent ;
leurs têtes, maigres ou replètes, glabres ou barbues, grognonnes
ou rieuses, émergent de la fraise dentelée. Parmi eux, il est
facile de discerner les renfrognés et les bavards, les madrés
et les imbéciles, les frivoles et les austères ; certains séduisent

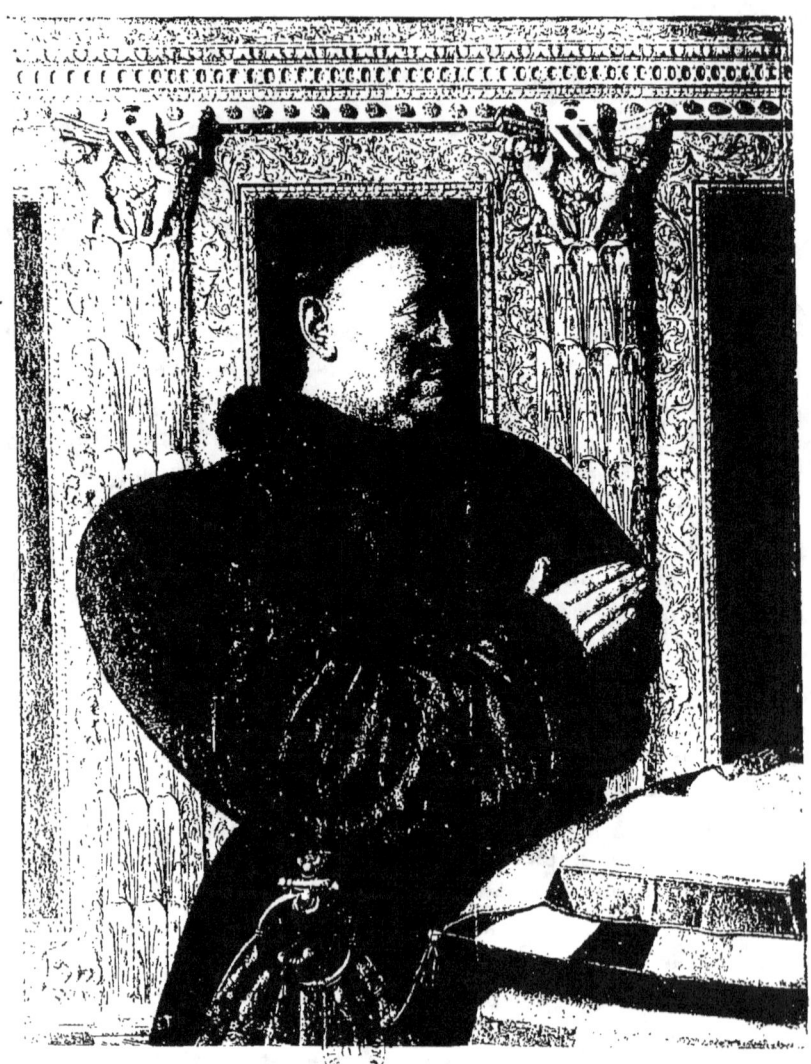

FOUCQUET. — JUVÉNAL DES URSINS.

par leur bonhomie ; celui-ci, bilieux, effraye ; celui-là, tatillon,
agace ; et tel autre fait peine à voir, avec son long visage distingué, doux mais qu'a rendu fade et niais une fièvre typhoïde
probablement ; et quelques-uns sont fats à l'excès. L'œuvre
est émouvante à force de vérité profonde et spirituelle.

* *
*

Un beau portrait est parfaitement individualisé : il révèle
un individu, tel qu'il était à quelque moment de son devenir,
cet individu que spécifièrent, sinon des qualités à lui propres,
du moins un certain mélange, un certain dosage des éternelles
qualités, vertus, vices, passions, travers que l'humanité ressasse
et sans cesse varie.

Il n'y a rien au monde de plus touchant que l'une de ces
images durables où l'éphémère est fixé et sur lesquelles un
Albert Dürer, par exemple, inscrivit en 1514 : « Ceci est la
mère d'Albrecht Dürer, à soixante-trois ans », ou bien :
« Ainsi était la figure d'Endres Dürer quand il avait trente ans ».

Comme un quelconque visage humain révèle, à qui sait voir,
non seulement une idiosyncrasie momentanée, mais un passé
lointain, mais une race, mais la nature humaine dans son
fonds permanent et le jeu de ses apparences, ainsi les grands
portraitistes nous ont laissé des témoignages pathétiques et
incomparables sur l'histoire de l'âme humaine. Soit qu'ils aient
peint les grands acteurs, rois, conquérants, génies prodigieux,
soit qu'ils aient peint de petites gens dont le nom même
est oublié, dont la vie n'a pas fait de bruit, ce qu'ils nous
livrent, c'est l'homme sempiternel et changeant, l'homme
même, tel qu'ils l'ont vu de leurs yeux pénétrants, plus
authentique et plus vrai que, dans la réalité, nous ne l'apercevons.

*
* *

Le Louvre, qui est si encombré de Renaissance Italienne,
qui abonde en Bolonais, en Carrache, en Guido Reni, qui ne
sait plus où fourrer ces religiosités vulgaires, emphatiques et
sottes, est étonnamment pauvre en tout ce qui concerne les
origines de notre peinture nationale. A peine nos Primitifs
français sont-ils représentés par quelques œuvres — admirables,
il est vrai, et qui par leur précieuse beauté rendent plus
insupportable l'incontinence de ces Italiens !...

Jean Foucquet fut un homme de génie. Les biographes
disent qu'il connut les Flamands et les Italiens ; il se peut :
mais son originalité n'en souffrit pas. Cette école de Tours,
dont il est l'un des premiers maîtres, se caractérise par lui
dès le début comme assez forte pour résister aux influences
dissolvantes. Jean Foucquet compte parmi les meilleurs
miniaturistes du xvᵉ siècle : son manuscrit de Tite-Live, que
la Bibliothèque Nationale conserve, est d'une beauté toute
particulière, riche sans doute et luxueuse, mais sobre et d'un
vigoureux style. Lorsque Jean Foucquet passe de la miniature au large tableau, sa manière ne se ressent pas des
minuties qu'exige l'art du vélin : elle n'est ni petite ni méti-
culeuse à l'excès, mais attentive seulement. Par la conscience
et le soin de l'exécution, l'œuvre apparaît plus puissante ; on
aperçoit que rien n'y est livré au hasard, que tout est voulu,
réfléchi, dans le détail et dans l'ensemble. Il n'y a point là de
facilité vaine, de virtuosité futile. Cet art français que la
frivole Italie n'a pas corrompu encore, témoigne des qualités
raisonnables, sérieuses et franches de la race.

Les deux portraits du Louvre, celui de Juvénal des Ursins,
chancelier de France, et celui de Charles VII, sont de saisis-

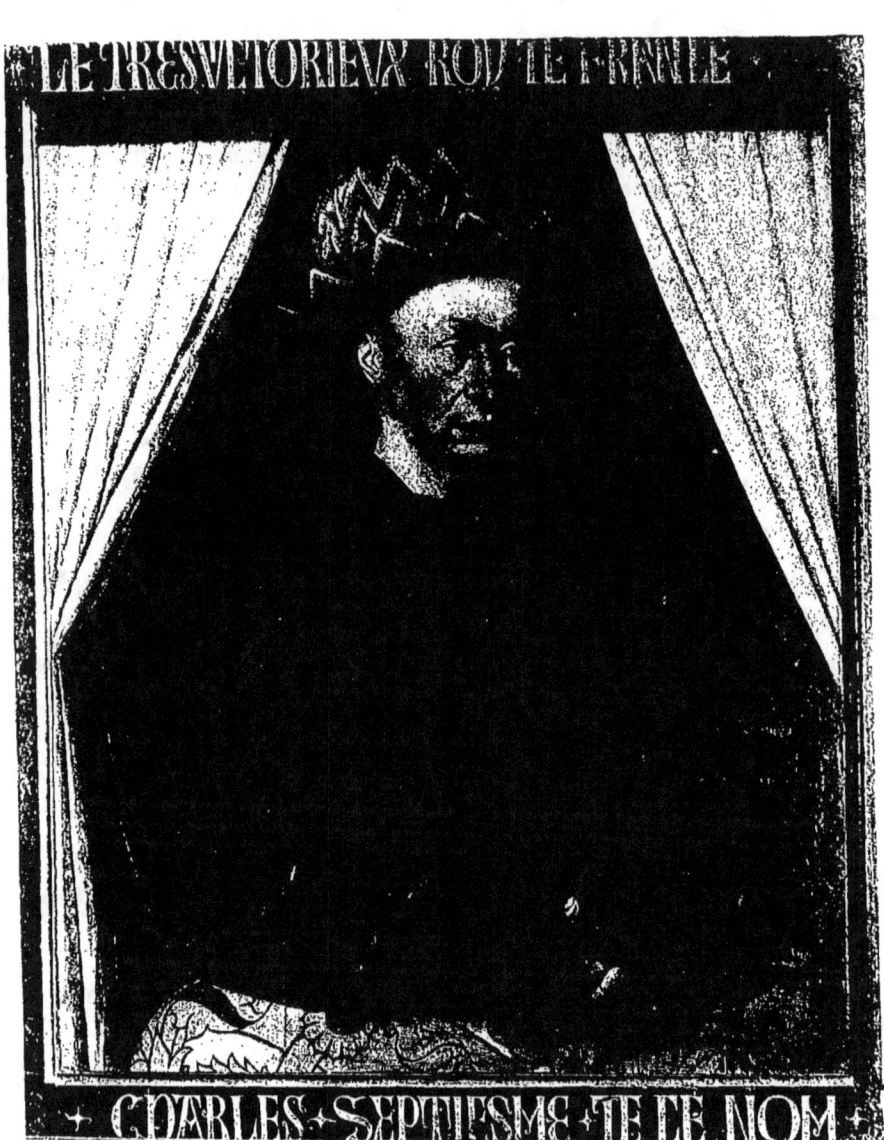

FOUCQUET. — Charles VII.

sants chefs-d'œuvre. Le Juvénal des Ursins, dans le Salon
Carré, parmi tant de tableaux des époques appelées « classiques » et c'est-à-dire fort avancées, étonne d'abord par son
archaïsme ; il semble un peu guindé, auprès de personnages
qui ont des poses plus lestement tournées. Certes, il est
archaïque et c'est-à-dire d'un style antérieur au déplorable
règne des poncifs. On n'a point alors trouvé ces formules
qu'adopteront bientôt tous les artistes et que le public admi-
rera jusqu'à en exiger la rigoureuse application ; de telle sorte
que le public confondra ces poncifs avec la nature et que
les artistes, soumis à ces conventionnelles esthétiques, négli-
geront d'être sincères, véridiques et spontanés.

Le Juvénal des Ursins de Jean Foucquet n'a pas la forme
d'un paraphe. Le buste est roide, les mains sont jointes ; la
tête, de profil, est fortement posée sur les épaules que l'ampleur des manches élargit. Il se détache sur un fond de boi-
series d'or, sculptées avec finesse, où s'encadrent des panneaux noirs. Les cheveux se confondent avec ce noir : les
peintres anciens ne cherchent pas à éviter la perte des con-
tours dans la couleur environnante, — en quoi il apparaît
qu'ils ont bien observé la réalité : ce n'est guère que de notre
temps, après des siècles, que l'on revint à leur juste pratique.
La robe du chancelier, de drap rouge orné de fourrure, est
traitée simplement et les plis n'ont rien que de naturel : cela
plaît. Les accessoires, le livre, le coussin, de tons agréables,
sont peints avec adresse, et presque un peu trop même, à
cause du danger du trompe-l'œil. Et la tête n'est qu'admirable.
La couleur est épaisse, mais délicatement répartie, composée
avec sûreté, justesse, avec puissance. Le teint rougeaud d'un
homme sanguin, la chair amollie par l'âge, le grain de la
peau, rude et fané, tous les détails de ce visage sont caracté-
risés nettement ; et la vigueur des traits résiste à l'empâte-

ment de la chair. Les yeux, avec leur vive expression,
donnent à la physionomie son unité. Le type est celui d'un
individu sans faiblesse, intelligent, confiant en soi, dur, résis-
tant, lucide et qui vaut surtout par le clair discernement de
l'esprit... C'est ce Juvénal des Ursins qui, dans une lettre à
Charles VII, son maître, disait à ce roi lamentable : « Vous
voulez toujours être caché en châteaux, méchantes places et
manières de petites chambrettes, sans vous montrer et ouïr
les plaintes de votre pauvre peuple. »

Il se révèle, en ces lignes, lui-même, par la belle hardiesse
du franc parler, par la clairvoyance aussi du diagnostic. Car
voilà bien ce Charles VII, tel que l'histoire le méprise, —
et l'analogie est frappante, extraordinaire entre le portrait
que donne de lui, en ce peu de mots, le chancelier, et le
portrait qu'en fit Jean Foucquet, cette terrible image d'une bête
de nuit !

Je ne sais guère de plus effrayant témoignage porté par un
homme sur un autre homme que le Charles VII de Foucquet.

Une glabre figure, étonnamment laide, à la fois maigre et
bouffie, congestionnée, violacée. Le peu de sang de cette chair
malsaine est monté à la peau, à la sèche peau, rugueuse et
mal tendue. Les petits yeux, des yeux de porc, craintifs dans
leurs paupières, ternes, peu expressifs, ne sont point ineptes
cependant. Il est peut-être moins bête que las. Mais la physionomie tout entière est avilie par la bassesse évidente du personnage. Sa robe est rouge. Il a sur la tête un grand chapeau bleu
à broderies d'or. Cet ensemble de couleurs se détache bizarrement sur le fond vert du tableau. A droite et à gauche, deux
rideaux blancs de fin tissu sont relevés. On dirait qu'ils vont
tout à coup se fermer et enclore le piteux bonhomme en sa
« chambrette », comme dit Juvénal des Ursins. On dirait qu'il
ne hasarde qu'une brève apparition peureuse et qu'à la faveur

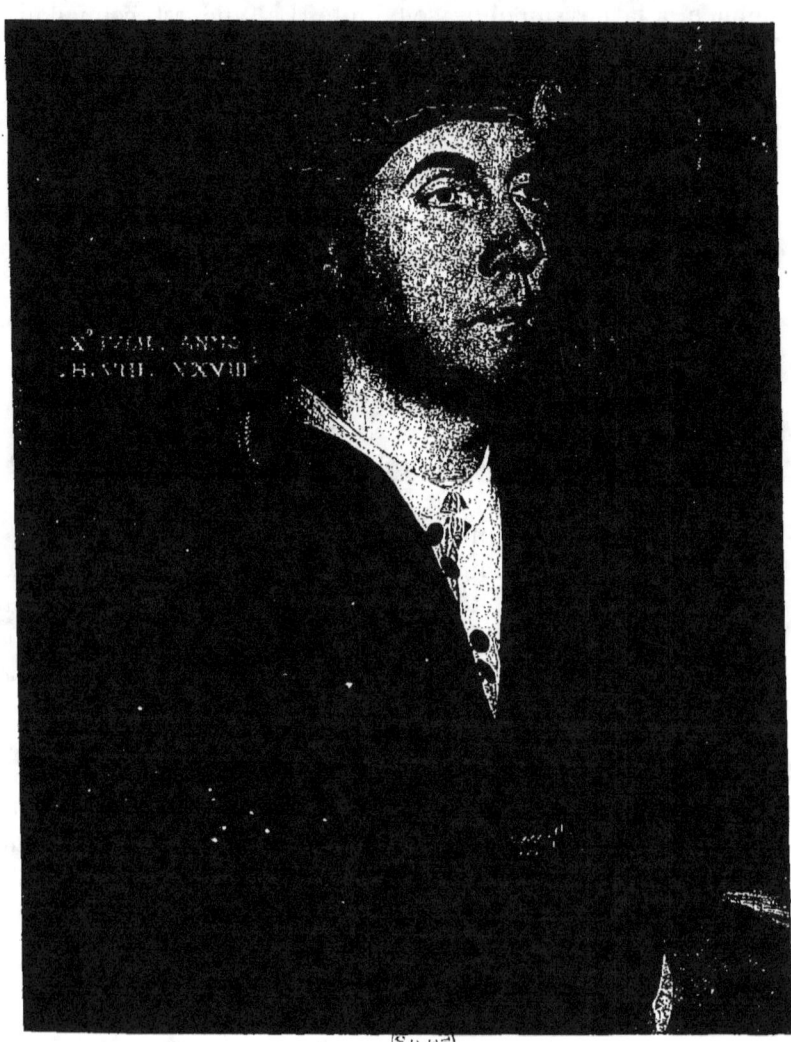

HOLBEIN. — RICHARD SOUTHWELL.

des rideaux blancs il se va soudain dissimuler. Il ressemble à ces insectes vilains que le jour effare et qui, à la première clarté, se dissimulent...

N'est-il pas l'homme qui méconnut Jeanne d'Arc et, par lâche indolence et abjection de cœur, la trahit ?...

Il n'était pas poltron de nature. Mais l'abus des sensualités l'affaiblit ; il n'avait pas le tempérament de ses désirs fréquents et médiocres. A la fin de sa vie, il redoutait si fort qu'on l'empoisonnât, qu'il se laissa mourir de faim, avec un abcès dans la bouche.

Les divers épisodes de son existence le révèlent semblable à ce portrait qui tout entier le synthétise, et avec quelle prodigieuse intensité ! Cette œuvre est l'une des plus magnifiques évocations d'un être humain que jamais peintre ait accomplie.

* *
*

Au mois d'août 1526, Érasme, habitant alors Bâle, écrivait à Pierre Ægidius, jurisconsulte d'Anvers, son ami : « L'homme qui vous remet ces lignes est celui qui a fait mon portrait. Je ne vous importunerai point en vous le recommandant ; mais il est un artiste remarquable. S'il désire aller voir Quentin (Quentin Metsys), vous pourrez lui indiquer la maison. Ici les arts gèlent. Il se rend en Angleterre pour ronger quelques angelots [1]. »

Le peintre que cette brève épître présente est Hans Holbein le Jeune, l'un des plus beaux génies de l'humanité.

Une réelle amitié, une certaine affinité de pensée peut-être, unissaient Erasme et Holbein. Celui-ci, lors de son premier

---

1. Une monnaie du temps de Henri VIII est marquée d'un petit ange...

séjour à Bâle, adolescent à peine, avait illustré sur les marges
un exemplaire de l'*Éloge de la Folie*. Érasme s'était réjoui de
ces dessins, qu'on lui avait communiqués. Plus tard, s'établis-
sant à Bâle lui aussi, il se liait avec l'artiste. Les illustrations
de Holbein pour l'*Éloge de la Folie* sont d'une fantaisie amusante, d'une verve aisée, d'un joli mouvement. Les *Danses des
Morts* et l'*Alphabet des Paysans* émerveillent par l'entrain,
l'allure forcenée, la gaieté macabre, la frénésie joyeuse et sarcastique. Il y a, dans ces petites compositions, une incroyable
variété d'épisodes ; et la fécondité imaginative qui s'y manifeste est prodigieuse. On y devine Hans Holbein bon rieur,
narquois et plus triste encore...

Mais, si l'on peut trouver, dans ces œuvres où il s'abandonne, quelques traits de son caractère et de son humeur, et
si l'on peut, d'après la madone de Dresde, épiloguer sur la
nature de ses sentiments religieux, du moins n'y a-t-il rien de
lui-même dans les portraits qu'il a peints. Certes ils sont bien
de lui, certes ils portent bien la marque puissante de son
génie. Je veux dire qu'il est, comme portraitiste, éminemment
doué de cette vertu que cet art requiert avant toute autre :
l'abnégation. Il sait n'intervenir point dans la vision qu'il a de
son modèle ; il sait faire abstraction de soi ; il n'altère pas, du
contact de sa propre personnalité, la personnalité qu'il examine ; et celle-ci, il la peint sans y mêler la sienne aucunement. Il est capable, comme disent les philosophes, d'objectivité. C'est une qualité très rare et d'une valeur singulière.
Flaubert, dans un autre art, l'a vantée ; pour ne s'en point
départir, on sait quelle lutte opiniâtre il soutint contre lui-
même. Il y a des âmes qui ne peuvent s'empêcher de déteindre
sur tout ce qu'elles touchent et ce qu'elles produisent ; je les
comparerais à ces bombyx auxquels des chimistes colorent les
organes : la soie qu'ils donnent est nuancée comme eux. Il y a

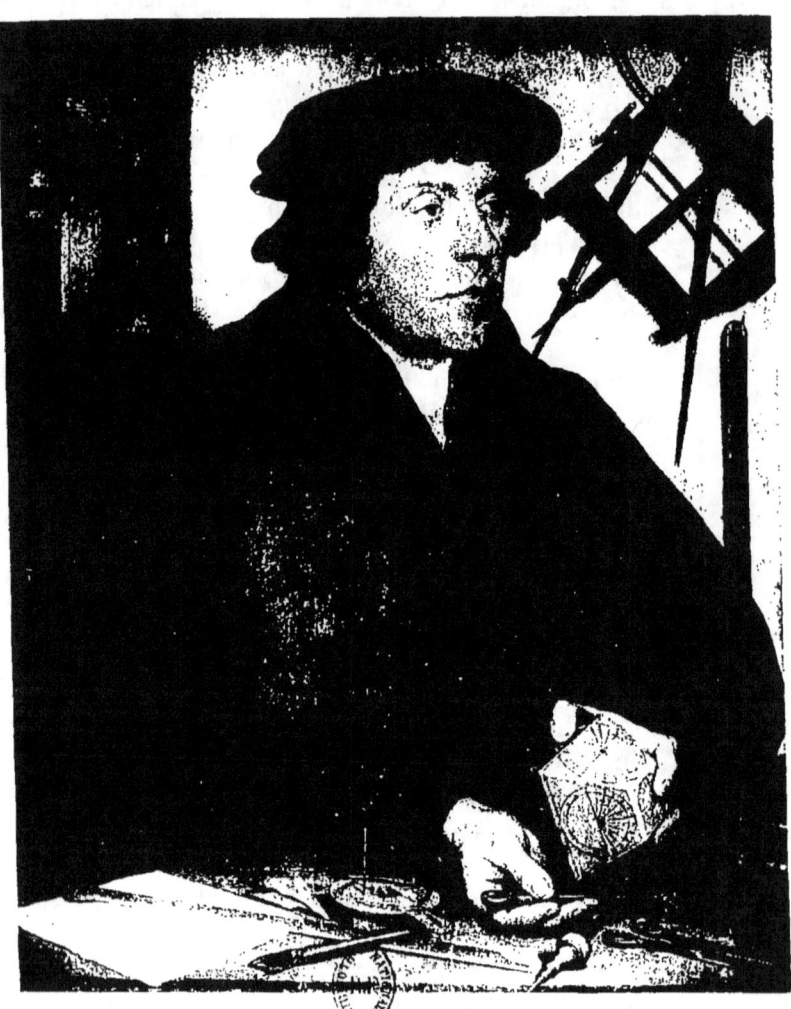

HOLBEIN. — Nicolas Kratzer.

des amants qui jamais n'ont aimé, quoique volages, qu'une
seule femme, tant ils avaient d'aptitude à ne voir en toutes
femmes que leur propre rêve impérieux. Pareillement, il y a
des portraitistes dont tous les portraits se ressemblent, parce
qu'ils n'ont pas su discerner les différences des êtres, n'apercevant dans les êtres divers que des modalités analogues à eux.
Holbein, lui, peint des gens dont l'existence n'a rien à faire
avec la sienne, des individualités étrangères aussi distinctes
les unes des autres que séparées de lui-même... « Quelles solitudes que tous ces corps humains! » s'écrie Fantasio, dans la
comédie de Musset; il songe à la difficulté d'unir deux êtres en
un sentiment commun. La difficulté n'est pas moins grande,
de concevoir la réalité particulière de ces « petits mondes »
à part, que les diverses individualités humaines constituent.
Et c'est pourquoi le spectacle est si prodigieux et pathétique,
de ces individualités que représentent au vif les portraits de
Holbein.

Comme chacune d'elles se révèle jusqu'au fond de soi,
dans l'image qu'en a réalisée l'artiste ! Voyez, au Louvre, le
Nicolas Kratzer, astronome du roi, homme très doux et, dans
la vie pratique, médiocre; mais, à l'étude, parmi ses instruments, méthodique, appliqué, rigoureux, exact; — le Richard
Southwell, conseiller du roi, orgueilleux, satisfait de sa plate
sagesse, fat de ses certitudes, dogmatique sans peine, honnête
homme, d'ailleurs, semble-t-il, mais insupportable par la suf-
fisance que marquent la bouche et les paupières dédaigneuses;
— l'archevêque de Cantorbéry, Guillaume Warham, un peu
sot, têtu, borné à ses convictions professionnelles; — le Tho-
mas Morus, que l'on trouve d'abord par trop laid et qui choque
avec ses bajoues de vieille femme, mais qui bientôt impose
le respect par le noble et simple héroïsme dont la physionomie
est empreinte, et qui charme enfin par la belle intelligence du

regard, la lucidité de l'esprit, hardi, clair et aventureux ; — le délicieux Érasme, inoubliable figure, moqueuse et charmante, aux traits aigus, aux lèvres pincées, sceptique à l'endroit des idées des autres, mais confiante en sa raison ; certes, ce subtil idéologue n'est pas dupe ; avant tout, son repos lui importe et sa liberté de pensée ; il se méfie de l'action qui risque de bouleverser la tranquillité générale ; n'est-ce pas lui qui répondait aux avances de Martin Luther : « Je n'aime pas une vérité séditieuse » ? Il va loin dans l'idéologie ; mais il est, par tempérament et par nécessité, conservateur. Et il se plaît avec soi-même, à penser. Il est une sorte d'épicurien de la médi- tation subversive et purement théorique... En face de cet Érasme qui est tout esprit, évoquez ce gros Henri VIII, tout en chair, en chair repue et satisfaite, que l'excès de ses gour- mandises, de ses voluptés, de ses jouissances variées, n'a point démoli, grâce à la force saine du tempérament, et qui est égoïste au delà de tout, presque magnifiquement, cruel en outre à la requête de ses sens, et non stupide, capable des habiletés que réclament son ambition, ses goûts tyran- niques, ses appétits, théologien même si le veut sa politique, sorte de Barbe-bleue intelligent et cynique avec simplicité.

Sont-ils, tous ces bonshommes, assez nettement différen- ciés ? Chacun d'eux existe à part soi. Chacun d'eux, pleine- ment lui-même, est à la fois complexe et unifié : chacun d'eux est une synthèse réelle.

Et ils ne bougent pas. Ce n'est pas par le mouvement que Holbein les caractérise, ni par le geste. Il leur a donné, à tous, l'attitude du repos. Les bras pendent de la façon la plus simple, et quelquefois les deux mains s'appuient côte à côte sur un coussin, comme celles de l'archevêque Warham ; quel- quefois elles se croisent, comme celles d'Anne de Clèves. Érasme, lui, écrit ; il est un des bien rares personnages de

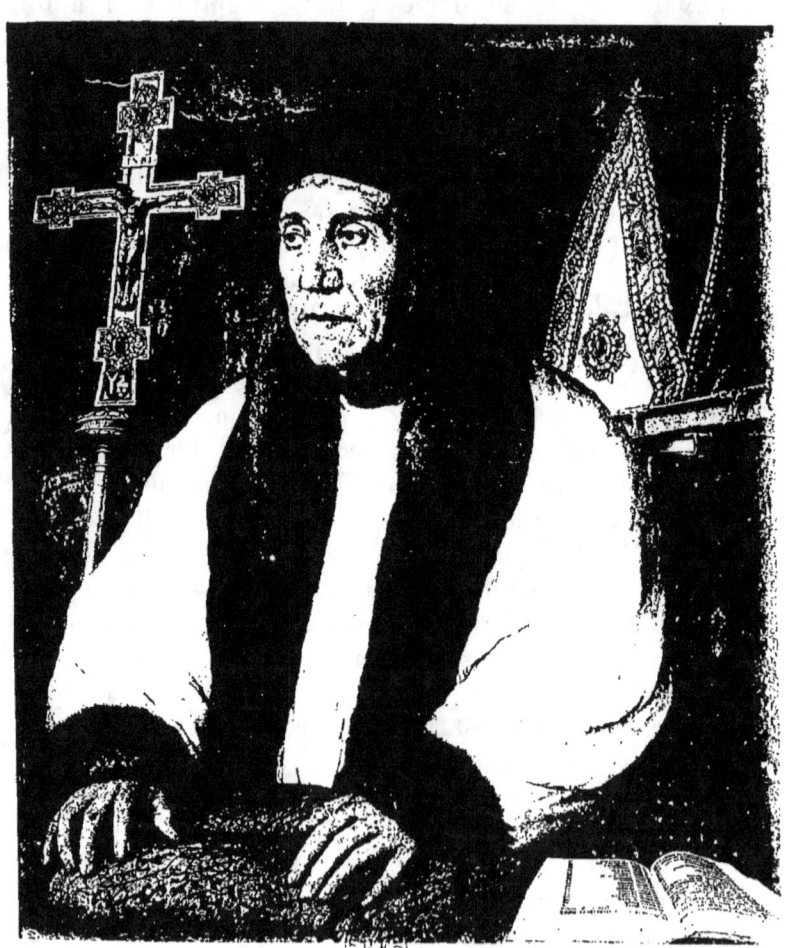

HOLBEIN. L'ÉVÊQUE WARHAM.

Holbein qui déploient quelque activité : encore celle-ci s'accommode-t-elle d'une presque immobilité.

Les physionomies, elles aussi, il les prend au repos. Non certes que ses personnages soient de placides rêveurs. Mais si des passions bouillonnent en ces gens, Holbein ne les a pas représentés aux minutes exceptionnelles où quelqu'une de leurs passions se manifeste violemment. Holbein le sait, qu'un caractère, dans ces éclats, se dénature. Lorsqu'un fort rayon de soleil frappe le paysage, certains détails apparaissent avec une singulière vivacité ; mais le reste est plus dissimulé dans l'obscurité que le contraste épaissit. De même, lorsqu'une circonstance fait prédominer en une âme un sentiment vif, une ardente velléité, un désir, le reste de cette âme est offusqué. C'est au repos qu'un caractère complexe révèle la totalité de ses éléments. Voilà pourquoi Holbein, peintre de caractères, prend ses personnages apaisés.

Il est à noter même qu'il leur donne, si l'on peut dire, une pose de convention : du moins, il les fait poser. Il ne s'applique point à saisir leur attitude familière ; il ne guette point un arrangement pittoresque, pathétique ou amusant de leurs membres. On devine que, pour les peindre à loisir, il les a commodément installés... Cette « pose de convention » n'est-elle point, en somme, plus naturelle, en sa simplicité presque ingénue, que tant d'autres, plus turbulentes ?

Son modèle ainsi préparé, Holbein ne se contente pas de le copier avec une exactitude immédiate. Il veut que son image soit l'emblème absolu d'une individualité. Il étudiera, certes, dans le menu, la physionomie ; attentif aux indices les plus délicats, il procédera comme les plus fins analystes. Mais il est prodigieux surtout dans la synthèse : car son observation loyale n'est point passive ; il réagit et, volontaire, compose un visage total, un visage expressif de tout ce qu'il a deviné

d'un esprit, d'un tempérament, d'une sensibilité, et de telle
façon que chaque détail y soit à sa place logique, selon l'importance qu'il a, selon le rôle aussi qu'il joue dans la formation de cette idiosyncrasie. Il se pourrait que cette image
définitive ne fût semblable à nul aspect particulier de ce
visage : elle est synthétique et d'une vérité où se rassemblent
les apparences diverses et nombreuses. Nous aurions vu le
modèle, peut-être, sans en discerner autre chose que des qualités épisodiques; le voici, lui-même, en sa vérité profonde,
plus lui-même qu'il n'était à des minutes éparses de sa mobile
incertitude.

C'est par le visage, en effet, que Holbein caractérise le plus
intensément ses personnages. D'autres, un Van Dyck par
exemple, donnent au corps plus d'importance : l'allure élégante,
fine et fuyante de Charles 1er le révèle aussi bien que la fausseté
souriante et dédaigneuse du regard. Holbein cependant ne
néglige rien dans son tableau ; les accessoires commentent la
physionomie et, pour ainsi dire, l'accompagnent, de manière
à former une harmonie belle et juste. Il choisit pour le costume des tons simples, des bruns, des gris, des noirs qu'il
accorde avec les fonds bleus ou verts, nuancés. Il n'est jamais
terne, grâce à la parfaite franchise des couleurs ; et parfois il
réveille, d'une note vive, l'ensemble un peu foncé : ainsi,
dans le portrait de Kratzer, l'échancrure blanche et rouge du
vêtement brun. Le surplis blanc de l'évêque Warham est
d'un merveilleux éclat. Si le personnage est fastueux, Holbein
l'habille richement : ainsi son Henri VIII, paré, brodé, orné
d'or et de pierreries sur son gros ventre bien repu. Holbein
peint avec une extrême habileté ces broderies, ces pierres
précieuses. Il a soin de ne pas les faire prédominer dans le
tableau : psychologue avant tout, il lui déplairait que l'accessoire l'emportât sur le principal, qui est l'âme, le carac-

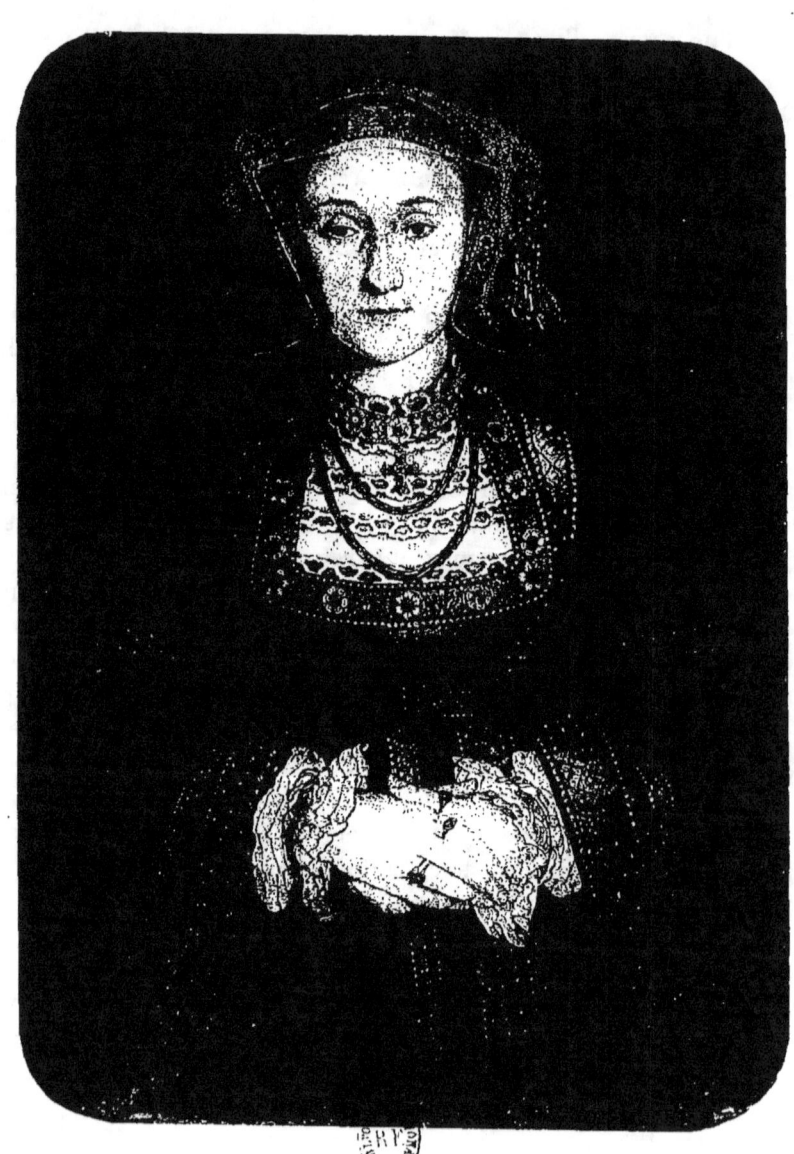

HOLBEIN. — ANNE DE CLÈVES.

tère. Mais, pour amortir l'effet du détail, il ne le brouille ni ne l'affadit; il le met exactement en valeur, voilà tout.

Son coloris savant n'est pas moins varié qu'original; chacun de ses tableaux réalise une tonalité spéciale, celle précisément qui convient au personnage, de telle façon que Holbein, coloriste, soit encore peintre de caractères individuels. Son *Anne de Clèves*, qui est charmante et merveilleuse, démontre bien cette qualité de son art. On connaît l'histoire piquante et tragique de ce tableau. Holbein, alors au service de Henri VIII, fut chargé par ce terrible pacha d'aller portraiturer cette princesse, dont il avait l'idée de faire sa quatrième femme. Le portrait plut au roi et le mariage fut décidé. Mais, lorsque le roi vit la réelle Anne de Clèves, il la trouva fort inégale à son image, s'irrita, déclarant qu'on lui avait fait épouser « une jument de Flandre, non la Vénus peinte par Holbein »; Holbein n'était pas en Angleterre : qui sait s'il n'eût payé de sa tête le sauvage ressentiment du roi. Anne de Clèves fut bientôt répudiée...

Holbein avait-il donc flatté son modèle ? Il est possible; on n'ose affirmer le contraire. Les protestants désiraient que le mariage eût lieu ; Holbein était très attaché au succès du protestantisme. Pourtant on a peine à concevoir qu'il ait ainsi faussé son esthétique de loyal et scrupuleux artiste. Son Anne de Clèves n'est pas une Vénus, non plus que le modèle ne dut être cette « jument de Flandre ». Le sensuel caprice du roi grossier ne permet pas que l'on doute de la véracité de Holbein. Cette petite femme, un peu sotte, très douce et résignée, d'âme innocente et de chair blanche, Holbein en sut dégager la véridique et touchante beauté. Est-ce que tout être n'a pas sa beauté, modeste ou éclatante, que le vulgaire n'aperçoit pas toujours, mais que distingue un Holbein ? La timide beauté d'Anne de Clèves, Holbein l'ayant vue sut la peindre

et la bien encadrer ; la robe où le jaune, le rouge et le blanc
sont en si doux accord, le bonnet qui cache le haut du front et
retombe sur les oreilles, les colliers et la croix, conviennent
au naïf et gentil visage ; et les petites mains, molles, fines et
blanches, qui se joignent un peu gauchement, sont attendris-
santes, comme le sourire un peu niais des lèvres et la candeur
un peu bête des yeux.

Holbein peint ses personnages en pleine lumière, sans
aucune ombre, afin d'éclairer des caractères tout entiers.

*
* *

...Je me souviens d'avoir vu jadis à Londres une exposition
temporaire de peinture espagnole, spécialement de Velasquez.
Un très grand nombre de ses œuvres les plus belles, provenant
de collections particulières et de musées, se trouvaient
réunies là ; je ne sais guère de spectacle plus poignant. Au
prestige d'un art incomparable, une terrible impression de
maladie et de mort se joignait.

Ce réaliste impitoyable et désinvolte a peint, du même sûr
et leste pinceau, des bouffons de cour, des nains rachitiques
et des rois, des princesses royales. Ce faisant, il notait — et
avec quelle étonnante justesse ! — les aspects variés de la dégé-
nérescence humaine : débilité physique ou morale, avilisse-
ment des physiologies ou des âmes, usure du sang, misère
d'individus estropiés et, plus pitoyable encore que les accidentelles disgrâces des monstres, lente anémie et fin des races
mémorables.

Au musée du Prado, ces figures inquiètent et importunent
le visiteur : le Niais de Coria, l'Enfant de Vallecas, Sébastien
de Morra ; El Primo, le nain de Philippe IV, en silhouette
sur un paysage pathétique, misérable petit corps sous la tête

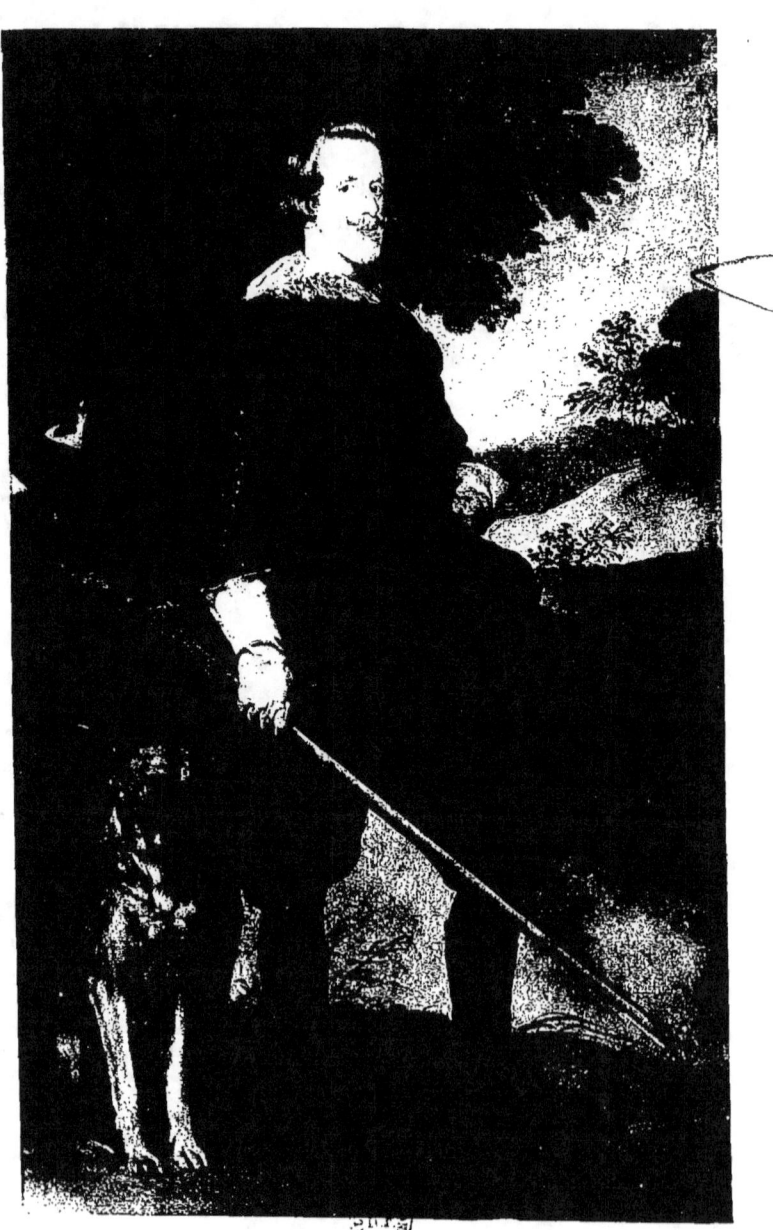

VELASQUEZ. — Philippe IV

énorme, aux traits de désespoir et d'amertume infinie ; Pablillos de Valladolid, autre bouffon, fait de grands gestes de comé-
dien qui divague ; Juan de Austria, autre bouffon, dans le ridicule appareil d'un beau courtisan ; et Antonio el Inglès, nain
trapu, à peine plus haut que son chien, grotesque avec ses
bottes de mousquetaire, son costume trop luxueux et les plumes
trop riches de son chapeau.

Ces infirmes et ces déments terrifient. Velasquez les a marqués implacablement de leurs tares : dans la contraction de
leurs rides, dans leurs yeux, dans leur attitude, il a caractérisé
leur état mental en même temps que le dégât de leur orga-
nisme. A les examiner, un médecin diagnostiquerait avec
sûreté leur maladie.

Mais la série royale est plus effrayante. Dans les portraits
de Philippe IV et des Infants et des Infantes, ce qu'a peint
Velasquez, c'est la décrépitude de la Maison d'Autriche.

Velasquez était le peintre ordinaire du Roi. Il vécut dans
cette cour fastueuse, guindée et inquiète. Il accomplit diverses
missions, à demi diplomatiques, de la part de son souverain. Il
le portraitura à pied, à cheval, et à la guerre et à la chasse,
maintes fois. Apparemment le Roi goûtait le talent de l'artiste ;
ses œuvres lui plurent... Est-ce que jamais le descendant de
Charles-Quint n'aperçût, en sa propre image que Velasquez
lui livrait, en son image et en celle de sa périclitante lignée, le
signe de la déchéance, le germe de mort, la mort déjà ? Ou bien
s'enorgueillissait-il seulement des somptueux costumes, de la
grâce affinée et de la superbe élégance, sans voir plus avant ?
Mais Velasquez, lui, qui avait vu plus avant, quel fut l'émoi
de son génie lorsqu'il offrait au roi, qui s'en réjouissait,
l'œuvre merveilleuse et terrible !...

Voici, au Louvre, le portrait de ce Philippe IV, voluptueux
et indolent et sur qui pesèrent de trop lourdes responsabilités.

Il est botté, vêtu pour la chasse. Il tient, de sa main droite haut gantée, un fusil ; son chien l'attend. Il est grand, svelte ; il a les épaules tombantes : mais un bourrelet de velours les étoffe, un col brodé en dissimule la chute trop rapide. Le visage est long ; le petit chapeau, mis de coin, laisse deviner le front très haut et, sous les moustaches retroussées, le menton droit se carre. Le visage est blême ; et l'encadrement des cheveux blonds, qui retombent sur les oreilles, contribue à la pâle tonalité de cette tête désolante, aux grosses lèvres, aux petits yeux vides. Cette pâleur est presque blafarde sur le fond de feuillage sombre. D'ailleurs, le contraste n'est ni rude ni heurté ; la splendide maîtrise du peintre excelle à bien accorder les tons disparates, à les mettre l'un par l'autre en valeur, à les unifier par la lumière, identique en ses réactions diverses. Le charme est captivant, de ce visage sans beauté, de ce visage sans pensée, de ce visage diaphane et presque fantomal.

L'attitude est jolie, de ce chasseur indolent. Ce grêle corps a de la nonchalance distinguée et fine. Seulement, sous l'étoffe on devine la poitrine étroite, les bras maigres et mous ; et il est dépourvu d'énergie vaillante.

Il part pour la chasse, le roi, et il n'a ni allégresse ni ardeur. Nul entrain n'éveille son somnolent regard. Il est triste d'une tristesse habituelle, héréditaire, séculaire, d'une sorte de nostalgie résignée, comme il est vieux, en la jeunesse de son âge, de la décrépitude de sa race.

Plus touchante, certes, et aussi lamentable est la petite infante Marie-Marguerite, pauvre figure de bébé précocement sage et comme ennuyé déjà d'une longue vie, la vie antérieure de la race ! Les joues se colorent de rose sur la blancheur excessive du teint : n'est-elle pas déjà fardée ? La petite bouche sans fermeté est malheureuse et comme dépitée d'on ne sait

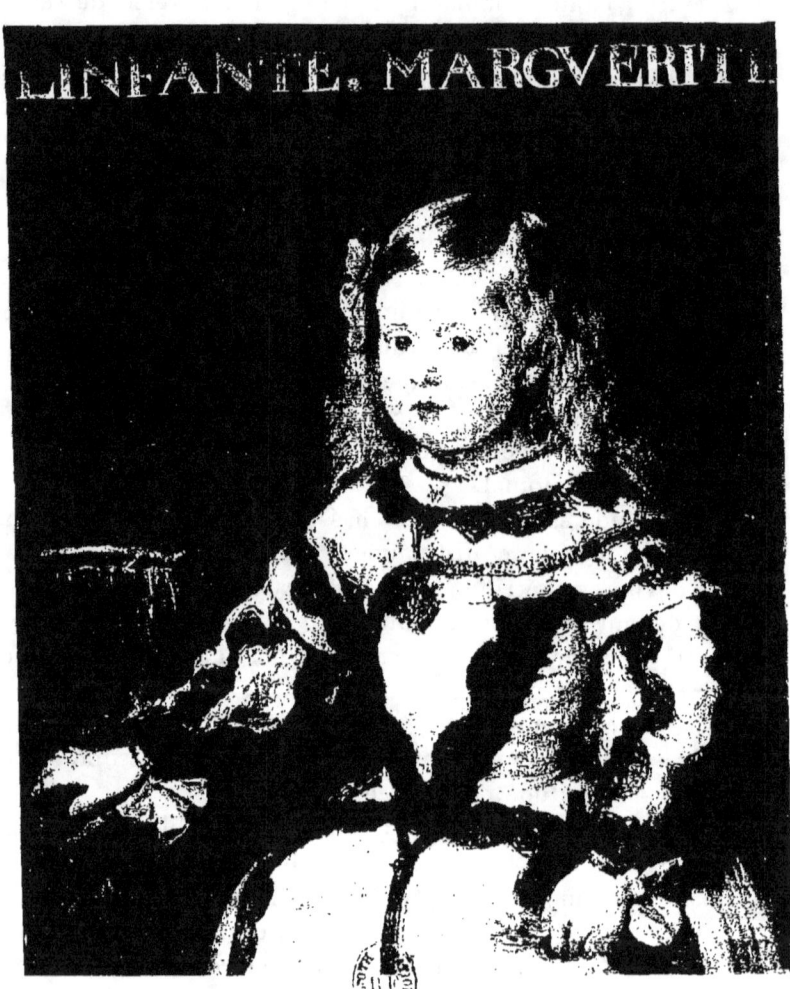

VELASQUEZ. — L'Infante Marguerite.

quoi d'inévitable ; dans les yeux, il y a toute la mélancolie que peut concevoir une âme ignorante et puérile. Le front tourmenté, les tempes un peu gonflées indiquent le tempérament malsain. Le visage, encore rond comme tous les visages d'enfants, s'allonge cependant vers le bas ; et la caractéristique mâchoire, le fort menton de la famille se dessinent, s'esquissent dans l'incertitude des traits qui se forment.

Elle est en grande toilette. Sa robe de soie grise, ornée de dentelles noires, de galons d'or et de rubans rouges, serre et amincit sa taille prématurée, puis, à partir des manches, s'évase, ample et roide. Ses cheveux très blonds sont relevés par un nœud rouge sur la tempe... Elle se tient toute droite, rigide ; un peu de lassitude se marque seulement dans le cou, à cause de la tête qui avance et qui fait effort pour ne point pencher. Une sorte de dignité native la redresse ; sa physionomie, autant que son attitude, signifie l'orgueil dédaigneux, la conscience hautaine de soi. La petite princesse arrogante mépriserait la pitié qu'inspire sa maladive gentillesse.

Cérémonie et gravité, noblesse, faste et, d'autre part, misère cachée des physiologies, détresse mentale, voilà le contraste poignant que révèlent les portraits royaux de Velasquez.

Mais, lui, son art est puissant et fort, aussi adroit que sincère, aussi exact que rapide, étonnant de justesse et d'immédiate précision. Son coloris est d'un charme singulier, riche dans la simplicité parfaite, ingénieux et spécial. Avec les gris variés qu'il oppose aux noirs et aux bruns, il obtient des tonalités d'argent mat ou brillant où se nuance une lumière sans éclats. Des ornements rouges, ici ou là, rappellent la coloration des joues, comme se combinent pour l'effet total le gris des robes, la pâleur du teint et la blondeur des cheveux.

Sous la peau trop délicate et fine, apparaissent parfois de petites veines bleues que gonfle mal le sang appauvri de la race jadis glorieuse.

*
* *

Maurice Quentin de La Tour était un petit homme fluet, remuant, vif. Sa jeunesse fut polissonne, puisqu'à dix-huit ans il avait engrossé déjà une petite cousine ; celle-ci, pour avoir omis certaines déclarations et formalités, passa devant les juges et mérita trois livres d'amende. Ensuite, l'existence de ce séducteur précoce continua d'être, comme on dit, « irrégulière », puisqu'il vécut avec une fille d'opéra. Plus tard, à vrai dire, il voulut s'amender. Son frère, le chevalier de La Tour, militaire, le vint quérir à Paris et l'emmena tomber dignement en enfance à Saint-Quentin, sa ville natale, où il mourut très vieux et las. Quand il eut près de soixante-dix ans, un jour, il écrivit : « Ma plus grande sensibilité s'est partagée aux soins et fatigues de faire de mon mieux dans mon talent, et aux souhaits de devenir vertueux ». Ses soins et fatigues furent plus tôt efficaces que ses souhaits. Il était fort âgé lorsqu'il légua — en souvenir, sans doute, et en remords de la petite cousine — une somme à la municipalité de Saint-Quentin « pour les pauvres femmes en couche ». Mais, toute sa vie durant, il fut un artiste entièrement dévoué à son art et qui en a la fierté.

Son caractère n'était point facile et sa mauvaise humeur, à l'occasion, ne redoutait personne. La marquise de Pompadour n'eut pas sans peine son portrait par La Tour. Il fallut qu'intervint Marigny, frère de la favorite et directeur des arts. La Tour répondit qu'il avait la fièvre. Comme on insistait, ensuite il céda mais posa ses conditions : personne n'assisterait aux séances. Une fois, le roi se présente. La Tour lâche ses crayons, remet sur sa tête sa perruque, qu'il avait enlevée familièrement et remplacée par son bonnet de peintre : il refait son accoutrement et s'en va, disant que la promesse est violée, qu'il reviendra « lorsque Madame sera seule ». Il revint et Madame fut seule... Et il y eut encore des ennuis quant aux honoraires. La Tour estimait ses pastels très cher et bataillait pour en avoir un bon prix. Comme il refusait nombre de commandes, il faut attribuer ses exigences moins à sa cupidité qu'à son orgueil ou, si l'on veut, sa dignité. Dans une lettre de 1763, il écrit : « .. Je n'ay jamais pu gagner sur moi de raisonner avec M. Coypel sur son règlement de 1500 livres par portraits de la Cour. »[1] Et, en guise de commentaire, il indique les difficultés extrêmes de son art ; il indique aussi comment il le conçoit ; cette page est à son honneur : « Il (M. Coypel) aurait senti la différence qu'il y a des hommes qui travaillent par routine et qui, se contentant d'un à peu près, peuvent faire dix tableaux pour un, à ceux qui veulent sérieusement imiter la nature dans un beau choix ; la peinture est un amusement pour eux, et pour ceux cy elle est la mer à boire. Que d'attention, que de combinaisons, que de recherches pénibles pour conserver l'unité de mouvements malgré les changements que produit sur la phisionomie et dans les formes la succession des pensées et des affections de l'âme ! C'est un nouveau portrait à chaque changement. Et l'unité de lumière qui varie et fait varier les tons de couleurs suivant le cours du soleil et le temps qu'il fait ! Ces altérations sont d'autant plus perfides qu'elles arrivent insensiblement. Un homme dévoré de l'ambition de son art est bien à plaindre d'avoir à combattre tant d'obstacles. »

N'est-elle point louable et admirable, cette fierté d'un artiste, quand elle se peut motiver ainsi ? Et, dans cette lettre de La Tour, n'y a-t-il pas tout une claire et complète esthé-

---

1. Cité par Champfleury, *La Tour*, page 82.

tique? J'en souligne d'abord ces mots heureux : « imiter la nature dans un beau choix » ; je ne sais de formule meilleure du réalisme que l'art requiert, et du réalisme précisément de La Tour.

Car il peint la réalité. Diderot déjà le notait : « C'est un grand mérite aux portraits de La Tour de ressembler... Quelle différence y a-t-il entre une tête de fantaisie et une tête réelle? Comment dit-on d'une tête réelle qu'elle est bien dessinée, tandis qu'un des coins de la bouche relève, tandis que l'autre tombe ; qu'un des yeux est plus petit et plus bas que l'autre ; et que toutes les règles conventionnelles du dessin y sont enfreintes dans la position, les longueurs, la forme et la proportion des parties? Dans les ouvrages de La Tour, c'est la nature même, c'est le système de ses incorrections, telles qu'on les y voit tous les jours. Ce n'est pas de la poésie, ce n'est que de la peinture ».

Diderot fut en relations avec La Tour. Dans ses lettres à Grimm, il a consigné les propos que le peintre lui tenait : ils éclairent son art ; ils expriment même, disons-le, des principes d'art absolus, et ils témoignent chez La Tour d'une étonnante originalité d'esprit, si l'on veut bien songer que les artistes d'alors enjolivaient éperduement :

« La Tour me confia que la fureur d'embellir et d'exagérer la nature s'affaiblissait à mesure qu'on acquérait plus d'expérience et d'habileté, et qu'il venait un temps où on la trouvait si belle, si une, si liée même dans ses défauts, qu'on penchait à la rendre telle qu'on la voyait : penchant dont on n'était détourné que par l'habitude contraire et par l'extrême difficulté qu'on trouvait à être assez vrai pour plaire en suivant cette route... »

Voici très bien dénoncés le danger des écoles, l'abomination des poncifs, la vilenie de l'esthétique conventionnelle. Un jour., Diderot signalait à La Tour une faute, dans un tableau de Greuze : un linge qui semblait « un morceau de pierre sillonné en forme de plis », et il lui demandait comment un artiste tel que Greuze ne savait pas faire du linge. La Tour répondit : « L'origine de ce défaut l'est aussi d'une infinité d'autres plus essentiels. Cela vient de ce qu'on prêche de trop bonne heure aux enfants d'embellir la nature, au lieu de la rendre scrupuleusement. Ils se livrent à ce prétendu embellissement avant de savoir ce que c'est ; en sorte que quand il s'agit d'imiter servilement, comme il faut s'y résoudre dans ces petites choses, ils ne savent plus où ils en sont ». Et Diderot insiste ; il veut savoir ce que La Tour entend par cet embellissement de la nature. La Tour répond : « Les professeurs de notre école font deux fautes graves : la première, c'est de parler trop tôt aux enfants de ce principe ; la seconde, c'est de le leur proposer sans y attacher aucune idée. D'où il arrive qu'entre les enfants, les uns s'assujettissent en esclaves aux proportions de l'antique, à la règle et au compas, d'où ils ne se tirent plus et sont à jamais faux et froids, et que les autres s'abandonnent à un libertinage d'imagination qui les jette dans le faux et le maniéré, d'où ils ne se tirent pas davantage. »

J'ai cité tout au long ces textes un peu étendus : il n'arrive pas si souvent que nous soyons renseignés sur les peintres de jadis par le reportage d'un Diderot ! L'exactitude des propos ainsi rapportés nous est évidemment garantie par leur concordance parfaite avec la pratique même de La Tour. Diderot note le plaisir qu'il éprouve à voir ses propres idées formulées par un tel artiste. Mais le réalisme de La Tour va beaucoup plus loin que celui de Diderot, en art ; sa haine des poncifs est beaucoup plus franche.

Ses tableaux sont charmants ; leur fine exécution, leur adorable couleur, le sourire des femmes qu'il a peintes, leur mon-

daine élégance, donnent une si ravissante impression de grâce
et de gentillesse, que l'on est tout d'abord sensible à cet agrément. Il faut être un peu plus attentif pour apercevoir, en La
Tour, un psychologue impitoyable qui allait jusqu'au fond des
âmes avec une merveilleuse clairvoyance et qui ensuite révé-
lait hardiment, crûment, ce qu'il avait vu. Il ne flattait pas ses
modèles et, pas plus que la beauté des visages, il n'idéalisait
la qualité des esprits. Son œuvre exquise est, somme toute,
l'un des plus terribles témoignages que l'on ait portés sur la
nature humaine.

On découvrirait La Tour tout entier dans le portrait de la
Pompadour, qui est, au Louvre, l'une des plus complètes syn-
thèses qu'il nous ait laissées de son magnifique génie. Mais
procédons analytiquement puisque nous le permettent les quatre-vingts esquisses du musée de Saint-Quentin, trésor incomparable.

Dans cette ville industrielle et commerçante, rude et noire,
c'est un lieu privilégié, un précieux sanctuaire d'art que ce
petit musée qui conserve discrètement la pensée de Maurice
La Tour. Il ne contient guère que des études plus ou moins
poussées, peu de tableaux. Mais est-il rien de plus poignant
que ces études où l'on surprend, en quelque sorte, au dépourvu
le travail de l'artiste et le secret de sa production ? Les
œuvres achevées donnent le résultat de son prestigieux labeur;
voici, toute chaude encore et frémissante, son activité créa-
trice... Et ce n'est point un motif négligeable d'émotion que de
songer que ces vives images ont été prises directement sur la
réalité. Quand elles furent tracées, avec cette évidente et pathétique exactitude, La Tour avait sous les yeux le réel visage de
la Pompadour, de la Dubarry, de Madame Favart, de Fel sa
bien-aimée, de Savigny la danseuse, de Marie Josèphe de Saxe,
de la demoiselle Camargo et de ces jeunes filles naïves ou déjà

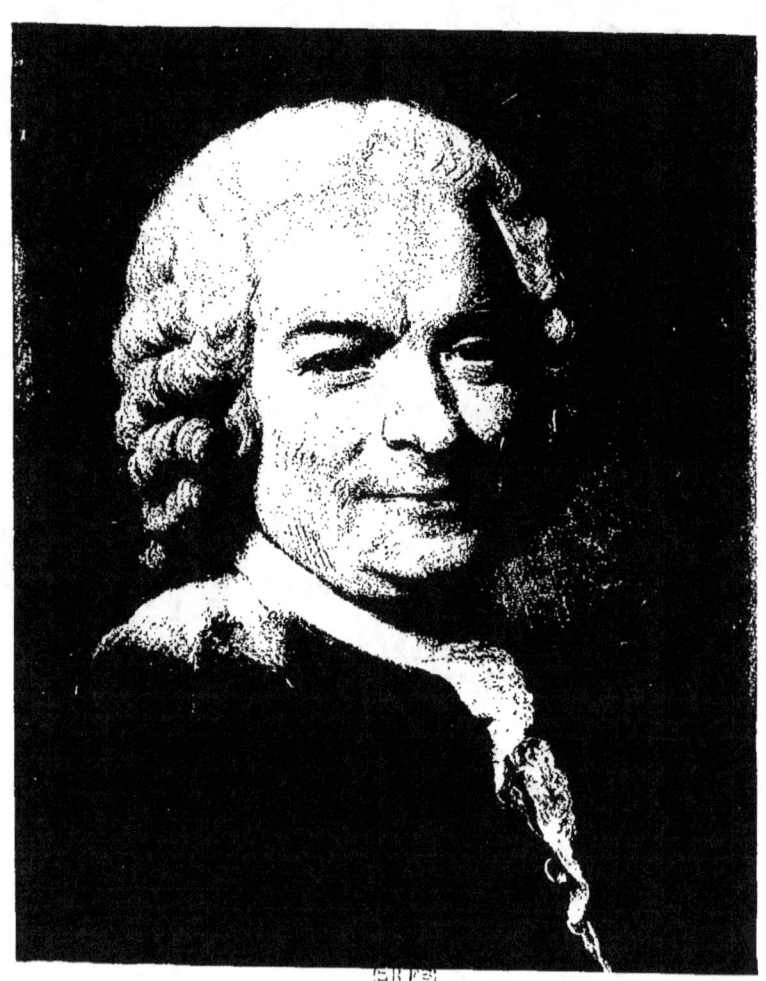

LA TOUR — CHARDIN.

futées et de ces petites bourgeoises gentilles et frivoles dont on
ne sait plus rien aujourd'hui, sinon que voici le sourire de leurs
lèvres et l'espièglerie de leurs traits... Toutes ces mortes !...
L'expression de leur physionomie est si intense qu'on dirait
qu'elles se survivent à elles-mêmes, comme les anciens ima-
ginaient une sorte de double ou de fantôme authentique des
personnes défuntes qui dure après l'accident fatal... On s'atten-
drit cependant sur tant de grâce et de volupté qui disparurent
avec ces petits êtres de jadis, uniques dans le temps et irrem-
plaçables ; et l'on se rappelle la mélancolique parole de Bran-
tôme au sujet de Diane de Poitiers : « c'est dommage que la
terre couvre un si beau corps !... ».

Il y a, dans cette collection pathétique, des figures d'hommes
aussi, Rousseau, d'Alembert, Chardin, des peintres, des écrivains, des princes, des rois, des abbés, des fermiers généraux.
C'est merveille de voir à chacun d'eux l'air du métier qu'il
fit... Parmi les propos de La Tour qu'enregistre Diderot,
ces lignes encore méritent d'être citées et admirées : « Il n'y
a dans la nature, ni par conséquent dans l'art, aucun être oisif.
Mais tout être a dû souffrir plus ou moins de la fatigue de son
état. Il en porte une empreinte plus ou moins marquée. Le
premier point est de bien saisir cette empreinte, en sorte que,
s'il s'agit de peindre un roi, un général d'armée, un ministre,
un magistrat, un prêtre, un philosophe, un portefaix, ces personnages soient le plus de leur condition qu'il est possible ; mais,
comme toute altération d'une partie a plus ou moins d'influence sur les autres, le second point est de donner à chacun
la juste position d'altération qui lui convient, en sorte que
le roi, le magistrat, le prêtre ne soient pas seulement roi,
magistrat, prêtre, de la tête ou du caractère, mais soient de
leur état depuis la tête jusqu'aux pieds ! »

Les peintres que La Tour a portraiturés, on devinerait,

même ignorant leurs noms et leur qualité, qu'ils furent des peintres en effet. Cela se voit à l'acuité de leur regard, à leur façon d'observer des couleurs et des formes évidemment. Voyez les yeux de Chardin, — non certes des yeux de philosophe, tournés vers le dedans, si l'on peut dire, voilés au dehors et emplis de méditation, — mais des yeux de curiosité, qui sortent des paupières, avides de vision variée ; et les yeux de Restout, si voluptueux et enchantés du spectacle dont ils se divertissent... Les gens de cour? Le beau marquis d'Argenson n'en est-il pas un type excellent? Son orgueil distingué, le dédain de ses lèvres fines et son affabilité cependant, son air de supériorité satisfaite, de réussite avantageuse et, en dépit du succès, l'inquiétude qui se dissimule de son mieux sous la sérénité savamment obtenue du visage, le trahissent pour ce qu'il est. Le moine de cour? Ah ! le voici en cet extraordinaire P. Emmanuel, humble professionnellement, humble jusqu'à la bassesse et indulgent jusqu'à la complaisance un peu vile. Et moqueur, pourtant, au fond de lui-même, comme qui connaît toutes les turpitudes. Il a le teint et la chair et la graisse des vieux chastes qui, depuis longtemps, n'ont plus à lutter. Puisque l'occasion s'en présente ici, admirez que la facture de cette épaisse et molle figure soit aussi ferme et nette que le dessin de traits délicats dans un visage vigoureux et sain... Les fermiers généraux? Ce La Reynière est superbe dans son habit rouge à broderie d'or; c'est l'heureux épicurien, le jouisseur content : béatitude suave, sensualité sans fièvre, égoïsme tranquille et claire philosophie qui réclame un large bonheur plutôt qu'un rapide et passionnant plaisir.

Mais ce ne sont pas des « types » humains que peint La Tour. S'il est attentif à l'empreinte dont tel genre de vie marque un visage, c'est afin de caractériser mieux un être. Il peint des personnes, des individus, et même à un moment précis de leur devenir. Il n'y a, pour lui, de réalité que particulière :

et sans doute on peut tirer de son œuvre une philosophie de
l'humanité, mais il n'est point parti d'idées abstraites : il copie
la nature, il note des physionomies.

Qu'elles sont différentes les unes des autres, les petites
femmes que voici, nombreuses, sur les murs de ce musée de
Saint-Quentin ! Peu d'entre elles évidemment se signalèrent
ici-bas par de très spéciales facultés et de très singuliers
mérites. Mais Pascal l'a dit : « A mesure qu'on a plus d'esprit,
on trouve qu'il y a plus d'hommes originaux ». La Tour eut
cet « esprit », de savoir discerner dans les âmes ce qui les
individualise, la nuance de pensée ou de sentiment, le goût,
la passion, l'habitude, le désir, par quoi telle âme, même
ordinaire et sans beauté superfine, justifie sa prétention d'être
une âme particulière.

La physionomie révèle les âmes et plutôt encore les trahit.
Non à chaque instant : une individualité n'est pas sans cesse
elle-même avec plénitude ; elle a ses heures de sacrifice que
les circonstances exigent, ses heures d'absence, ses heures
d'hypocrisie, ses heures d'atonie. Et puis, c'est un éclair sur
le visage, l'intime secret se dévoile, et la voici, cette âme,
essentiellement!... On imagine La Tour aux aguets, qui sur son
modèle épie la subite révélation. Ses yeux perçants surveillent
la perpétuelle métamorphose ; ils ne sont pas dupes des sem-
blants de vérité, des mouvements d'apparente franchise : ils
attendent l'involontaire aveu.

Ses pastels prestigieux ont vite fait de le noter, cet aveu.

Dans les petites salles du musée de Saint-Quentin, quelle
étonnante collection d'âmes mises à nu ! Cette gentille femme,
avec sa bouche à baisers, frivole et qui rira, c'est l'incons-
tance, la molle ardeur, l'occasion voluptueuse[1]. Celle-ci, au

1. N° 76 du musée de Saint-Quentin.

L'Art de regarder les tableaux. — BEAUNIER. 7

teint délicieux, sera coquette avec des arguments de devoir ;
ensuite, toujours un peu guindée et distinguée hors de propos [1]. Et celle-là, qui volontiers plaisante, n'est pas sensuelle
du tout : c'est sa défense [2]. Cette autre, un peu garçon, rit aux
propos vifs, les provoque et, quant à elle, n'y met pas grand
chose, s'offre et se refuse [3]. Cette autre encore est un peu
sotte et gnangnan, cédera faute d'énergie et alors pourra bien
s'éprendre et, si elle le veut, garder celui qu'elle aura pris,
par l'attrait de sa langueur douce et câline [4]. Il y a plus de
charme captivant en cette désenchantée qui sourit, qui s'applique à composer avec grâce son intime tristesse [5]. Et il faut
que l'on se méfie de cette brune si jolie et dont les yeux, sous
les beaux sourcils noirs, sourient si délicieusement qu'elle
fait illusion, car un petit esprit médiocre se dissimule
ainsi [6]... Est-ce que La Tour les a calomniées ? Elles sont
toutes bien légères et futiles ; sans le vouloir, on s'inter-
roge sur leurs qualités d'amoureuses, comme si elles ne se
distinguaient les unes des autres que par leur entente de la
volupté. Est-ce qu'il n'y avait en elles que cela ? Qui sait ?
Elles sont nettement caractérisées de cette façon ; et La Tour
n'a pas commis cette erreur habituelle aux psychologues trop
subtils, qui est de compliquer de simples âmes : « le plus
grand défaut de la pénétration, dit La Rochefoucauld, n'est
pas de n'aller point jusqu'au but, c'est de le passer. »

Du reste, son observation n'est pas limitée à ces nuances de
la galanterie. Il a peint aussi des jeunes filles et quelquefois
exquises de pureté, de petites pensionnaires qui sortent à
peine du couvent [7]. En quelques-unes, toutes fraîches, il aperçoit la naissance presque ingénue de la coquetterie [8] ; et telle

_____

1. N° 45, du musée Saint-Quentin — 2. N° 67. — 3. N° 61. — 4. N° 72. — 5.
N° 46. — 6. N° 54. — 7. N° 43. — 8. N° 62.

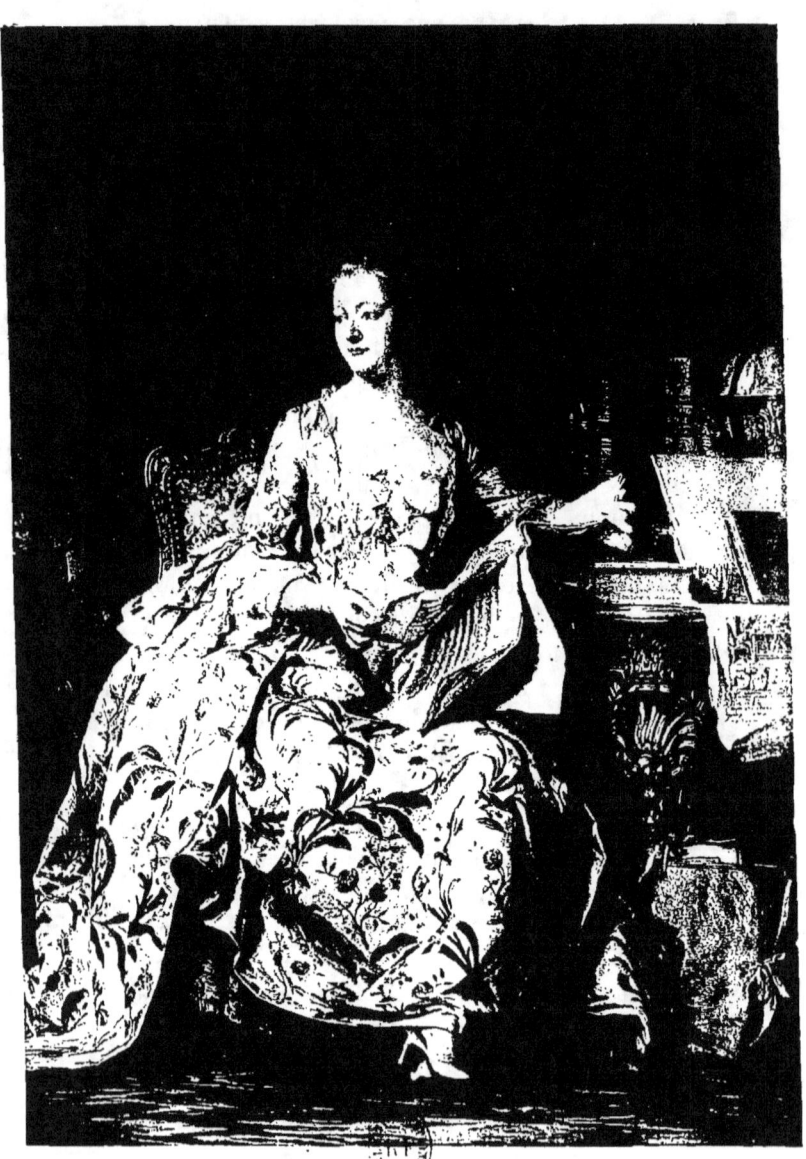

LA TOUR. — LA POMPADOUR.

autre, penchée, émeut par son extrême délicatesse, ses tempes
bleutées, son air de devoir mourir bientôt [1].

Mais voici de plus mémorables personnes. Parmi elles,
plaçons, bien qu'elle soit tout à fait inconnue par ailleurs,
cette dame Massé, dont le visage est inoubliable. Certes, elle
eut, n'en doutons pas, sa philosophie de l'existence et ne se
laissa point aller au hasard de velléités irréfléchies. On n'a
pas vu de plus ironiques lèvres que les siennes. Les ailes de
son nez, infiniment mobiles, se relèvent avec les joues quand
elle se moque ; et elle se moque de tout. Du moins, elle
l'affecte. Car ses yeux de velours sont câlins et doux. Elle
est exquise et un peu agaçante, par sa volonté manifeste de
dissimuler sa tendresse sous la drôlerie de son humour.

C'est encore la volonté, mais motivée autrement, que
l'on voit, dominant tout le reste, sur la physionomie de la
belle Camargo, plus pratique que romanesque, et sur celle de
Puvigny, la danseuse, jolie poupée qui sait la valeur de son
petit corps, et sur celle de la du Barry, l'effrontée.

Mais la merveille, à cet égard, c'est la marquise de Pompadour. Il y a deux esquisses d'elle au musée de Saint-
Quentin. Elles sont singulièrement réalistes. La Tour n'a pas
flatté la favorite. Même, on s'étonne que telle soit la Pompadour. Pas plus jolie, en vérité ? Alors ?... Blanche sans doute,
mais de traits quelconque. Les yeux trop à fleur de tête, le
nez lourd et la bouche épaisse, le visage rond... Certainement, elle n'est pas laide, ni belle non plus, — insignifiante !...
Voilà comment La Tour l'a vue. Avant de peindre le grand
tableau définitif qui est au Louvre, il a fait ces rigoureuses
études, il a enregistré ce fait : La Pompadour, au naturel,
dépourvue de charmes extraordinaires. Document essentiel,

1. Nº 32, du musée de Saint-Quentin.

pour qui la voulait bien connaître et expliquer. Admirable
indiscrétion, superbe hardiesse, l'avoir été surprendre ainsi
derrière l'artifice de sa fortune et de ses prestiges !... Maintenant, voyez le tableau du Louvre. L'artiste l'a réintégrée
parmi ses prestiges. La voici telle qu'elle fut pour plaire,
séduire et captiver. Est-ce que, cette fois, travaillant sur
commande, La Tour a idéalisé son modèle ? Nullement.
Même ainsi, certes charmante, nous la retrouvons identique au
témoignage du musée de Saint-Quentin ; mais, habile, comme
elle s'est bien mise en valeur ! comme elle tire parti de tous ses
avantages ! Parée avec goût, placée dans le décor qui lui convenait le mieux, spirituelle et surtout intelligente, volontaire et
avec un tact infini, elle règne, elle est elle-même, et non
seulement cette petite femme que la nature avait en vue,
mais cette reine qu'elle décida de devenir, sachant qu'elle y
réussirait.

Elle sourit. Tous les portraits de La Tour sourient. Après
que l'on a longuement regardé les esquisses nombreuses
de Saint-Quentin, ces visages si différents et qui révèlent de
si divers esprits, on s'étonne soudain de ce sourire universel. Mais il n'est point fade, ce sourire. La Tour ne l'a pas
dessiné sur les lèvres de ses modèles pour leur donner un air
aimable et gentil. Réalisme encore : tout le monde sourit
sans cesse, sauf à part soi peut-être, sourit vainement, on ne
sait pourquoi. Elles sourient, ces jeunes femmes de La Tour,
comme si la vie n'était pas très sérieuse ; elles sourient de
leur propre ambition, de leur richesse, de leur esprit, de leur
sensualité, elles sourient d'elles-mêmes autant que du reste,
et pour se moquer autant que pour plaire...

Sarcastique La Tour !... Comme Dante eut le terrible visage
de celui qui revient de l'enfer, il a, lui, l'air narquois et
attristé de qui est allé très avant à la découverte de l'âme

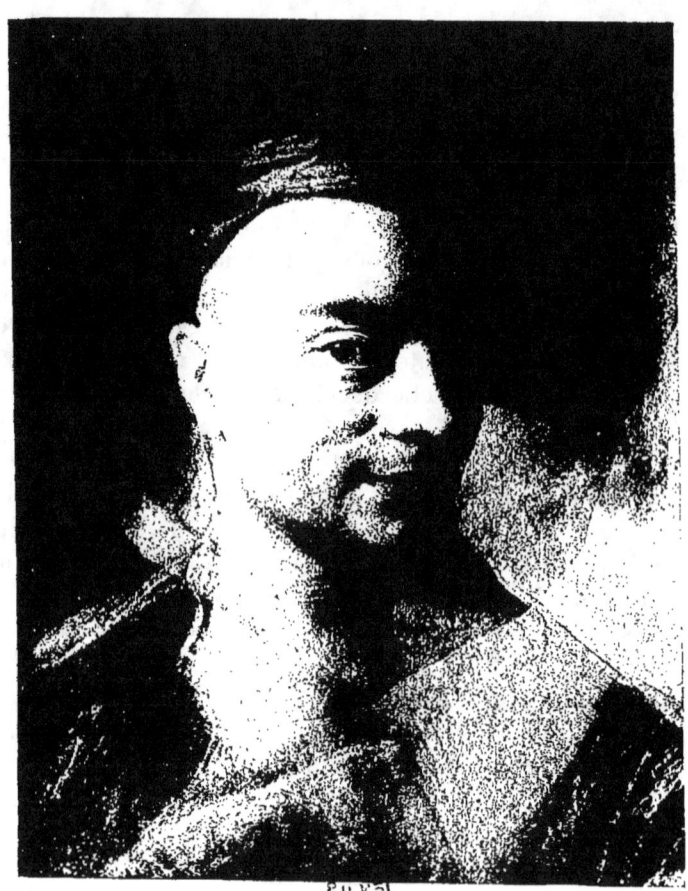

LA TOUR. — LA TOUR.

humaine ; il a vu le fond de la petite âme humaine : il n'y a
rien trouvé de magnifique et de sublime. Et c'est pourquoi il
se moque. Regardez son portrait par lui-même. Y a-t-il une
physionomie plus mobile et inquiète, un œil scrutateur avec
plus d'acuité, plus de curiosité perpétuelle ? Il se raille, mais
sa raillerie est douloureuse plutôt que méchante : on devine
dans son regard autant de pessimisme que d'humour ; il ressemble, par le genre d'esprit et par la philosophie, à Cham-
fort.

La tension nerveuse des traits signifie l'intense effort de
l'observateur qui ne laissera point échapper la révélatrice
minute où le modèle se livre involontairement. Le souci de
son art le tient.

Et, dans l'exécution, que d'adresse magistrale et de subite
justesse ! Ses doigts sont aussi prestes à noter la vision que
l'œil est rapide à discerner, parmi l'incessante métamorphose,
l'essentiel. Jamais artiste ne fut mieux doué pour être véridique avec une telle précision souveraine.

Mais ce n'est pas là le tout de son esthétique. « Imiter la
nature dans un beau choix », disait-il. En effet, le soin de
l'exactitude ne l'empêche pas d'être attentif à la beauté.
L'harmonie des couleurs est son triomphe, soit qu'il combine
les tons divers du gris ou les nuances nombreuses du bleu et
les oppose si heureusement que l'ensemble émerveille par sa
fine variété, soit qu'il se joue avec audace de toutes difficultés
et associe les effets les plus disparates. Il aime les solutions
franches ; il n'atténue pas les couleurs ; il leur donne un
superbe éclat et se réjouit de leur claire vivacité. Le tissu des
étoffes, le grain de la peau, l'éclairage, les reflets modifient
les colorations ; il tient compte de toutes les circonstances.
La touche de son pastel est, à la fois, subtile et vigoureuse ;
elle n'est jamais confuse ni embrouillée. Elle donne aux

cheveux poudrés une légèreté presque vaporeuse, aux chairs
leur fraîcheur veloutée, aux yeux leur transparence humide
et lumineuse.

*
* *

On rapporte que Sir Josuah Reynolds ne faisait pas grand
cas de la ressemblance. Il se vantait d'enseigner, en six mois,
au premier venu la façon d'exécuter une frappante image.

C'est à merveille ; et, depuis lors, la photographie a bien
démontré que la ressemblance ne suffit pas à justifier une
œuvre d'art. Toutefois, il y a ressemblance et ressemblance.
Foin d'un réalisme sommaire !... mais un portrait de Holbein ou
de La Tour prétendait à une sorte de ressemblance qui survit
au modèle disparu.

Holbein et La Tour, l'un par l'expression synthétique du
caractère et l'autre par la notation d'un jeu de physionomie
bien choisie, réalisèrent des individualités véritables. Ce sont
de vifs échantillons d'humanité qu'ils ont fixés précisément. Et
la vie est là, dans ces particulières figures, dont l'une se distingue des autres, chacune de toutes.

Sir Josuah Reynolds, quand il négligea la ressemblance,
négligea aussi le caractère et l'individualité de son modèle.
Son modèle : prétexte à de belle peinture, occasion de beaux
exploits techniques. Certes, il fut un artiste extraordinaire.
Des Italiens, de Véronèse et de Corrège, il apprit le stratagème
des « glacis » ; sa couleur est grasse et sa touche large, sa
manière désinvolte et magistrale. Soigneux, adroit, il a
quelque chose de spontané, de hardi qui corrige l'excès du
métier. Il joue magnifiquement de la lumière, et ses clairs-obs-
curs l'ont fait comparer quelquefois, — avouons-le : c'est trop !
— à Rembrandt. Oui, quand il recourait aux Vénitiens, il

transformait l'art de son pays, jusque-là maigre et sec. Il eut le
sens du pittoresque, et ses arrangements sont ingénieux,
habiles. Disons même que ses tableaux luxueux donnent une
saisissante idée de l'opulence, de l'orgueil et de la santé qui
signalent glorieusement l'aristocratie anglaise d'alors. Ces
belles femmes ont de beaux enfants : reconnaissons cette
suprématie anglo-saxonne.

Mais le portrait ? Ah ! que ces individualités sont chétives !
De la duchesse de Rutland, de la comtesse Harrington et de
lady Smyth, qu'a peintes Reynolds, nous ne savons, par Reynolds, pas grand'chose. Holbein ou La Tour nous les eussent
autrement révélées !...

Cette façon de traiter le portrait s'est généralisée. Que de
peintres, aujourd'hui, semblent s'autoriser de l'exemple de
Reynolds pour n'être des portraitistes qu'à peine. S'ils n'ont
pas sa prodigieuse main, c'est dommage : ils ne rachètent pas
ce qu'a de superficiel et d'insignifiant leur fabrication.

Ces gens ont l'air de se procurer des modèles à très bon
compte ; et l'on dirait qu'ils abusent de la complaisance de
quelque grande dame, qui pose devant eux et, patiente, se
prête à leur étude. D'ailleurs, la grande dame, ne la plaignons
pas, si le maître à la mode veut bien l'utiliser : elle en rece-
vra des compliments ; et l'on vantera les étoffes de prix que le
maître a sur elles drapées, riches velours, satins miroitants,
incrustations de dentelles, fameuses broderies, et n'omettons
pas les bijoux, diamants énormes, perles sans défauts. Une
dame qui resplendit, ainsi parée, signée d'un nom de l'Institut, dans un cadre considérable, n'a point perdu ses heures
de pose ; elle a prouvé que son mari n'est point un pauvre
homme.

La plupart des portraits modernes, innombrables, ne four-
niront aucun renseignement à l'historien de l'avenir qui

essayera de pénétrer l'âme de notre temps et d'en connaître le secret. Si l'on se fie à ce document, quelle idée aura-t-on de nous ? Mannequins, poupées !... Mais l'historien de l'avenir, qui sera curieux de savoir comment s'habillèrent les clientes de nos plus fameux couturiers, ne l'ignoreront mie, pourvu que dure à travers les âges l'œuvre de nos chers portraitistes, — ah ! portraitistes du vêtement et chromo-lithographes des soieries.

Voilà tout.

Un admirable principe d'art est en train de se perdre. Celui-ci : soumission de l'artiste à l'œuvre. A mesure que les peintres, pour ne parler que d'eux, s'éloignent de cette honnête et noble esthétique, ils ne font plus que peindre en pure perte ; et leur talent n'importe guère. Mais ils sont misérables surtout dans le portrait. Ils croient indignes d'eux, probablement, d'asservir leur génie à la ressemblance de leur clientèle : les pauvres gens !

II

La Peinture de genre

La peinture dite « de genre » s'est dégagée de la peinture
religieuse à peu près comme le théâtre profane est issu de la
liturgie.

Parmi les « motifs » que l'on trouvait dans les livres
sacrés, il y en a, et de nombreux, qui, indépendamment de
leur qualité religieuse, valent encore par le dramatique, le
pittoresque ou l'agrément de la scène. L'Évangile abonde
en paraboles et en anecdotes. La simple histoire de l'Enfant
prodigue a fourni de très jolis thèmes. Les peintres verriers
du XIIIe siècle, dont l'art est austère, se plaisent à figurer
cet adolescent que festoient et couronnent d'aimables filles
souriantes et souples: ils le représentent aussi parmi les
pourceaux et ensuite à la table de famille, toute en liesse. Les
vies des Saints foisonnent de sujets variés et attrayants : saint
Hubert donne les chasses, saint Nicolas les écoles. Et même
on admit bientôt l'héroïque aventure de Roland, neveu de
Charlemagne.

La Renaissance acheva de « laïciser », comme la vie
humaine, la peinture. En même temps que la pensée des philosophes descend du ciel sur la terre, les peintres en viennent à
préférer aux légendes sacrées le spectacle quotidien des événements d'ici-bas. Ils acquièrent peu à peu le sentiment de
l'intérêt qu'ont ces petites choses, familières et poignantes.

*
* *

La peinture de genre a pris des formes diverses, au cours de son évolution. D'ailleurs, elle n'a point terminé ses avatars et, aujourd'hui encore, elle se modifie, elle cherche sa formule. Choisissons les époques que voici : — les Flamands et David Teniers; — Greuze et le xviiie siècle français; — Hogarth et les « illustrateurs » anglais; — les peintres russes contemporains ; — enfin, les nouveautés de l'heure présente.

*
* *

Riche, plantureuse, gourmande, sensuelle, la Flandre était toute disposée à ne pas négliger la vie matérielle.

Apercevant, à Versailles, quelques tableaux de Teniers: « Qu'on enlève tous ces magots! » s'écria notre Louis XIV.

L'art de Teniers manque de noblesse. Ah! des ivrognes, des fumeurs, des filles qu'on lutine et qu'on renverse, des tavernes tumultueuses, des kermesses désordonnées, — Louis XIV avait une autre notion de l'art!... Il le concevait plus somptueux et plus digne. Ces magots de Teniers, il les trouvait bons pour la canaille populaire, sans doute, et, quant à lui, leur préférait des généraux en bataille ou de belles femmes en allégorie.

Pourtant, ce Teniers ne fut point un homme de basse condition. Ses personnages ne lui ressemblent pas.

Il n'avait pas hérité de son père une grosse fortune. Teniers le vieux, paysagiste, était lui-même fils d'un mercier qui ne fit pas de grosses affaires. Teniers junior s'enrichit et fut un élégant. Il possédait un château à tourelles, avec un parc égayé de pièces d'eau. Des princes l'y vinrent voir, moins dégoûtés

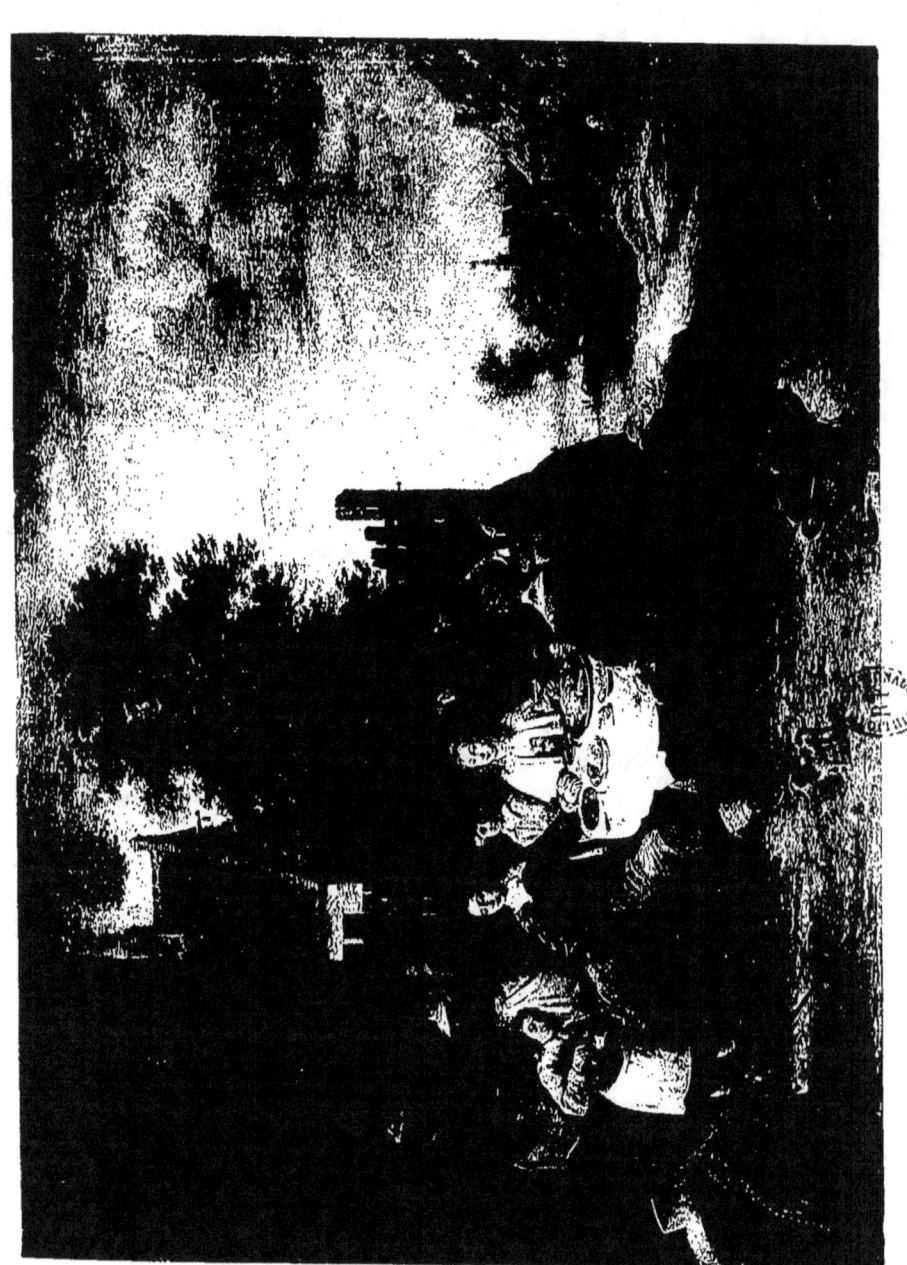

TENIERS. — L'Enfant Prodigue.

que le roi de France ; et don Juan d'Autriche, gouverneur des Pays-Bas, s'y essaya dans l'art de peindre. Vêtu de satin, de dentelles, et cavalièrement botté, David Teniers recevait avec aisance l'hommage universel. Il avait épousé la fille de ce Jean Brueghel que l'on appelait, à cause de ses opulents costumes [1], Brueghel de Velours. Rubens fut le témoin du mariage.

Les honneurs, la célébrité lui vinrent tôt. Son visage nous est connu par un portrait de lui-même. C'est le visage d'un délicat, d'un raffiné. Certains critiques s'étonnèrent de constater qu'avec des goûts aristocratiques, exquis, il ait passé toute son existence à peindre des maroufles pris de vin, de bière ou de désir amoureux.

L'art qu'il adopta de prime abord et conduisit à la perfection, il ne l'avait pas inventé, spontanément créé selon ses préférences. Cet art populaire était, en Flandre, depuis nombre d'années, à la mode. Parmi ses promoteurs, il y a certes des buveurs analogues à ceux qu'on voit en leurs tableaux : bons drilles vivant mal, et d'humeur grossière.

Pour peindre la vie populaire, qu'il observait sans y participer, Teniers était peut-être en meilleure posture. L'art réclame une sorte de détachement. On manque de perspective pour examiner les choses auxquelles on est mêlé ; il est difficile d'apprécier le pittoresque des mœurs que l'on a faites siennes. Les paysans ne connaissent pas la campagne ; du moins, ils ne la peuvent juger autrement que comme productrice : la beauté des aspects, qu'un paysagiste y découvre, leur échappe. Virgile, s'il n'avait point quitté Mantoue, n'eût pas compris la nature aussi bien qu'après de longs séjours à Rome il la comprit. Ce désintéressement, qui est l'essence même de l'art, exige que l'artiste soit, en quelque manière, étranger aux

---

1. « A cause de ses opulents costumes », — je n'en suis pas sûr, à vrai dire.

objets de son attention ; l'art résulte des différences aperçues.

Ainsi, David Teniers, qui menait la vie d'un grand seigneur, réalisa l'œuvre la plus objective qui soit, comme aussi la plus représentative, quand il peignit le crapuleux peuple de Flandre tout occupé de ses ribotes.

Crapuleux, n'est-ce beaucoup dire? Grossier, certes ! Ces gens ne semblent pas avoir d'autre idée que de boire, manger, fumer, faire l'amour. Cela n'est point abominable. Seulement, ils s'adonnent à ces divertissements avec tant de cœur, on les en voit si accaparés, qu'en vérité l'on doute que tel ne soit pas le tout de leur âme, — de leur âme, si l'on peut dire !... Les voilà bien enfoncés dans la matière. Leur joie est un peu plus animale qu'il ne sied à l'homme, — ce « dieu tombé », n'est-ce pas?... S'ils se souviennent des cieux, on ne le dirait point.

De l'idéal, de la spiritualité? Non, il faut y renoncer ; il n'y en a pas trace, dans cette œuvre. Du sentiment? Pas davantage. De grosses sensations ; et le mot de volupté n'est-il pas lui-même trop subtil pour caractériser ces jouissances?...

Ah ! qu'irions-nous faire les renchéris? Cette savoureuse joie de la chair, comment la dénigrer sans orgueil? Vaniteux, — et bientôt dupe, — qui hiérarchise les plaisirs, boude à son ventre et s'exténue en des idéologies vaines!

Est-ce cela qu'a voulu dire Teniers?

Non. Ni cela ni autre chose. Ses jouisseurs, il ne les approuve pas plus qu'il ne les blâme. Il s'abstient de toute opinion, de tout commentaire. Il ne célèbre pas la chair triomphante. Il ne se moque pas non plus. Son œuvre n'est aucunement lyrique ou satirique.

Il constate ; et il peint ce qu'il a constaté. Il est absent de son œuvre. Certes, sa manière est bien caractérisée ; elle l'est déjà par ce fait, et Greuze disait : « Montrez-moi une pipe et je vous dirai si elle appartient à une figure de Teniers! » Mais

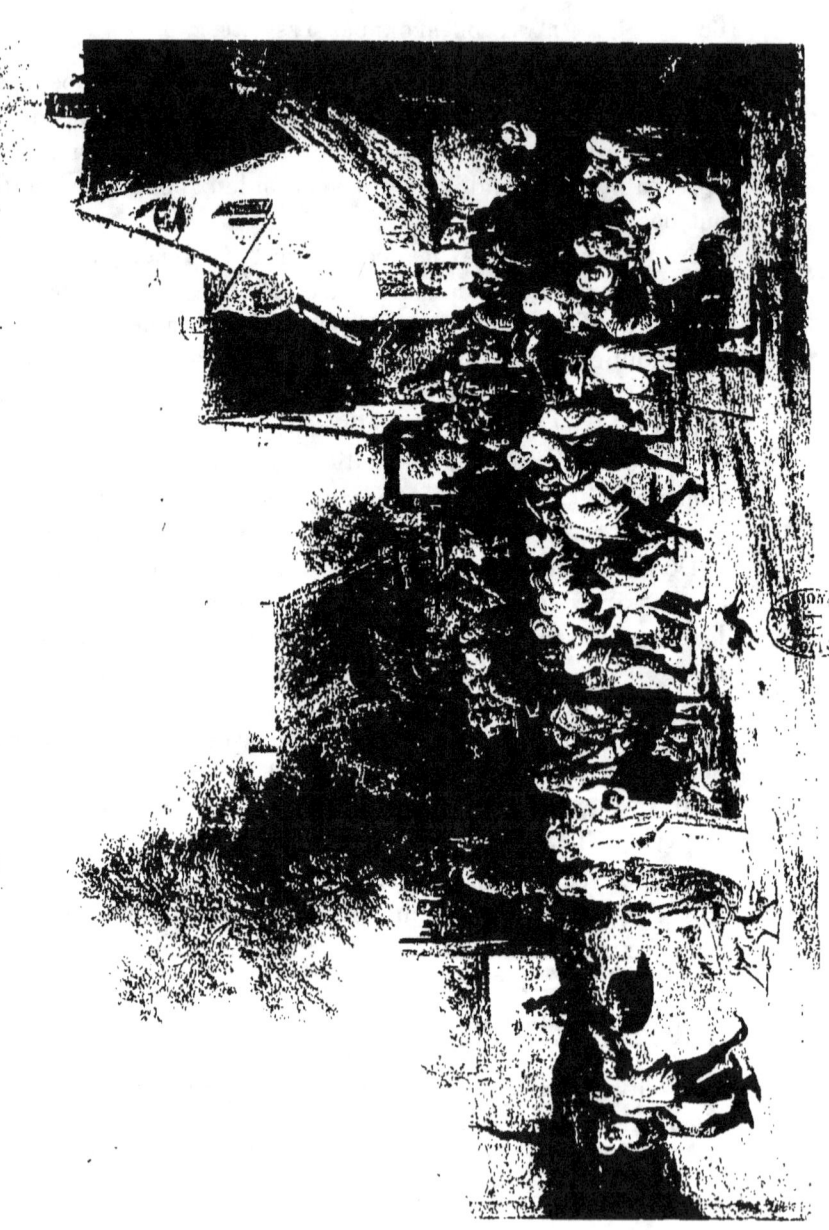

TENIERS. — La Kermesse.

peu d'artistes furent à ce point objectifs, surtout avec cette
jolie aisance. Il ne s'efforce pas, comme d'autres, de se dissimuler. Il lui est naturel de peindre ce qu'il voit et de n'y rien
mêler d'adventice.

« La simple vérité », — cette épigraphe que mit à l'un de
ses romans Guy de Maupassant conviendrait à ces tableaux
de vie quotidienne que Teniers multiplia.

Il eut au plus haut point le sens du réel, le souci de ne
le pas altérer, l'art d'être exact et rigoureux facilement.

Que l'on veuille bien comparer ces deux *Kermesses* du
Louvre. L'une est de Rubens, l'autre de Teniers.

Celle de Rubens est forcenée. On n'imagine pas un plus
formidable déchaînement d'instincts et d'appétits, une bac-
chanale plus ivre, une plus véhémente et folle exaltation de la
sensualité. Quelle danse! Hommes et femmes enlacés,
embrassés, ne semblent mûs que par le désir. La musique ne
compte guère, et ce n'est pas la mesure qui règle leurs mouvements. Ils se trémoussent en furie, s'étreignent, se caressent
et se bousculent afin de se toucher, de saisir plus de chair et
de se posséder, l'un l'autre, plus étroitement. Les lèvres se
collent aux lèvres et les genoux s'avancent, se lèvent pour
frôler des cuisses ardentes. Cette fougue désordonnée chavire,
trousse les robes et fouille les corsages... Les ivrognes sont
malades, boivent encore. Les femmes qui allaitent leurs nourrissons étalent au grand jour leurs mamelles énormes : saoû-
lerie pour les nourrissons !

Cette kermesse, on dirait d'une belliqueuse mêlée. Des énergies prodigieuses s'y ruent; et n'est-ce pas des ennemis qui s'em-
poignent avec ce redoutable acharnement? Gestes héroïques!
les corps se contournent, se ramassent pour des élans extravagants ; les muscles se tendent, et les mâles soulèvent loin du
sol les femelles lourdes.

Quel symbole plus grandiose de l'émoi charnel ? Ici, la réalité s'agrandit jusqu'aux dimensions de l'emblème ; l'anecdote se multiplie et l'image se magnifie, au delà d'elle-même, devient un absolu.

Telle n'est point, telle n'est aucunement une kermesse de Teniers. Les danseurs de Teniers dansent pour soi, pour le plaisir d'être mobiles et légers : ils n'ont cure de célébrer la farouche religion de la chair lubrique. Ses buveurs boivent : c'est leur goût ; et même, ils causent et bavardent. Ils ne sont pas des brutes tout à fait ; ni des symboles, par la même occasion.

Le réalisme de Teniers est charmant, par le naturel, la simplicité, la justesse. Il n'y a rien en lui d'outré, de méticuleux. On n'y cherche pas, on sent qu'il n'y faut pas chercher d'intentions secrètes. Ce qu'il veut dire, il le dit, et son langage est clair, loyal. Il ne fait pas de sous-entendus ; mais il évite aussi l'exubérance. Il n'est ni ostentatoire ni prétentieux. Ce qu'il note, il ne le met pas en valeur avec l'insistance de qui souligne : « regardez, j'ai noté ceci ». Ses richesses d'observation, très abondantes, lui permettent de ne pas se vanter ainsi pour un détail. Il a tout vu, tout enregistré ; il indique tout, il ne laisse rien au hasard ; — et voici de la vie réelle, prise sur le vif, présentée, non interprétée, avec une souveraine adresse.

Un fumeur. Il est assis sur une chaise. Il a les jambes étendues, de longues jambes minces. Il flâne et il fume et ne souhaite pas autre chose que de flâner en fumant. Il est admirable de nonchalance. Il s'abandonne, mais sans fatigue accablée. Ses membres svelts se contentent de ne point agir et, dans le repos, gardent leur élasticité. La pipe finie, ils retrouveront leur vive ardeur ; ils bondiront allégrement.

Les personnages de Teniers sont indulgents à leur corps ;

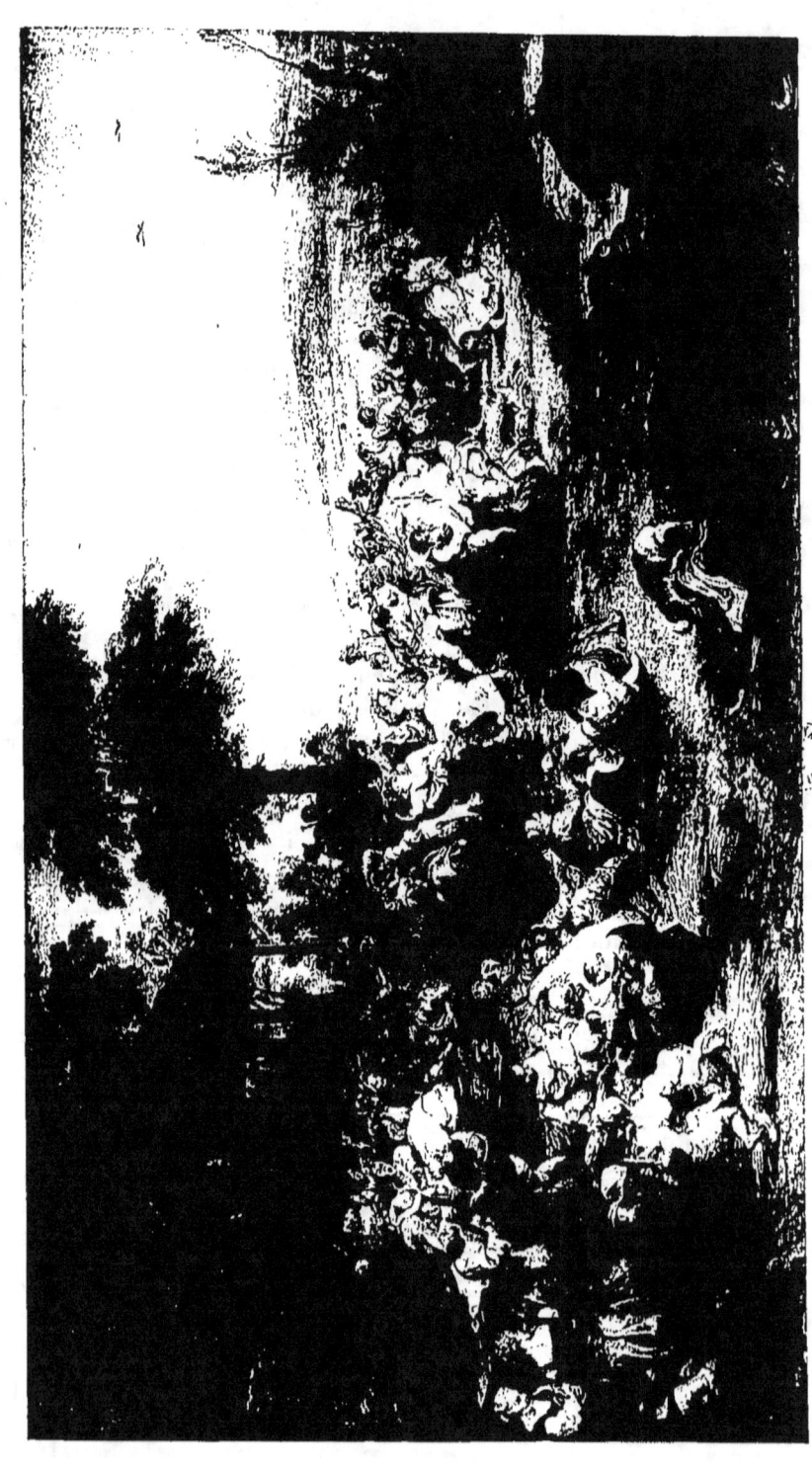

RUBENS. — La Kermesse.

ils le soignent, le favorisent de toutes façons. En échange de quoi, ce corps leur est affable et bienveillant. La belle santé ! Conséquemment : l'optimisme. Voici de la gaieté pure et sans mélange de philosophie. Ces bons vivants ne sont même pas cyniques : effrontés, oui ; mais avec innocence.

Le brave peuple de Flandre se reposait d'avoir été sublime. Ces gueux des bois, des marais et des villes, soulevés par un fier élan d'orgueil national, venaient de chasser l'Espagnol. Ils avaient accompli de rudes exploits, de formidables prouesses. Maintenant, ils profitaient de l'indépendance conquise, ils jouissaient de la prospérité bien gagnée.

Ce sont les héros d'hier, que peint Teniers. Des héros exempts de fatuité, d'arrogance et d'emphase. Leur victoire ne les a pas exaltés ; mais ils savourent le résultat heureux de leur victoire. Leurs muscles, exercés longuement, restent forts, souples, prompts et prestes. Ils ont de l'appétit et mangent ; ils sont en belle humeur et dansent. Jamais on ne vit de héros plus simples et meilleurs drilles.

Teniers les a peints comme cela ; il ne les a pas magnifiés, couronnés de laurier, transformés en demi-dieux.

Leur conception de la vie est épicurienne. L'aimable matérialisme et que n'altère nulle idéologie !

Teniers a fait aussi de la peinture religieuse. Oui, nous avons au Louvre, par exemple, un *Reniement de saint Pierre*, les *Œuvres de miséricorde*, un *Enfant prodigue*... Évangéliques épisodes, mais qui ont perdu leur caractère évangélique absolument. L'Enfant prodigue n'en est point au repentir. Certes, plus tard, il retournera, contrit, à la maison de son père et sera, pour les jeunes gens, un exemple recommandable. Provisoirement, il s'amuse ; de belles filles l'accompagnent : il prend plaisir à caresser la main de l'une d'elles, à leur offrir un joli repas, vin frais et suaves nour-

ritures, dans un paysage que baigne une agréable lumière.
Teniers le représente au clair moment qu'il fait la fête et n'est
point un enseignement moral. Les *Œuvres de miséricorde*,
c'est un tableau de genre qui ne prêche ni la charité, ni la
piété, ni la solidarité, ni rien au monde : une distribution de
vêtements et de victuailles à des pauvres qui seront fort
satisfaits et ne réclameront pas davantage. Et, quant au *Reniement de saint Pierre*, des bonshommes jouent aux cartes : un
cabaret flamand, somme toute.

Il y a bien encore les *Tentations de saint Antoine*. Teniers
se plut à ce thème et sans cesse le reprit. C'est, dans son œuvre,
une série assez particulière. Ce réaliste, cette fois, s'abandonne
à sa fantaisie, qui est inventive, audacieuse et gaie. Sa joie
est de composer d'extravagants animaux et de déraisonnables
monstres, d'organiser autour du pauvre saint la plus folle des
fantasmagories, de combiner, comme la nature n'a point
songé à le faire, les éléments les plus disparates, de susciter
une faune de cauchemar, absurde et comique, terrifiante. Les
lézards, les crapauds, les chauves-souris, les porcs, tous les
reptiles, tous les batraciens, donnent à cette ménagerie qui
une tête et qui des pattes, qui une visqueuse peau et qui
de palpitantes ailes. De laids insectes, grandis aux dimensions de fortes bêtes, menacent. Des quadrupèdes, dont la
gueule est réduite à l'état de squelette, portent sur l'épaule leur
derme trop large, comme un manteau. Des grenouilles fument
des pipes. Des poulets narquois conservent, cuirasse ridicule,
sur leur plumage, la coquille de l'œuf originel : la coquille a
les trous qu'il faut. Comment décrire tout cela, qui grouille,
rampe, danse, volète, fait des farces et de mauvaises, tourmente
l'ermite et le nargue? L'ermite, lui, mains jointes, à genoux
devant le crucifix témoin d'un tel scandale, se veut confiner
dans sa pieuse lecture. Il ne lève pas les yeux et il tâche de ne

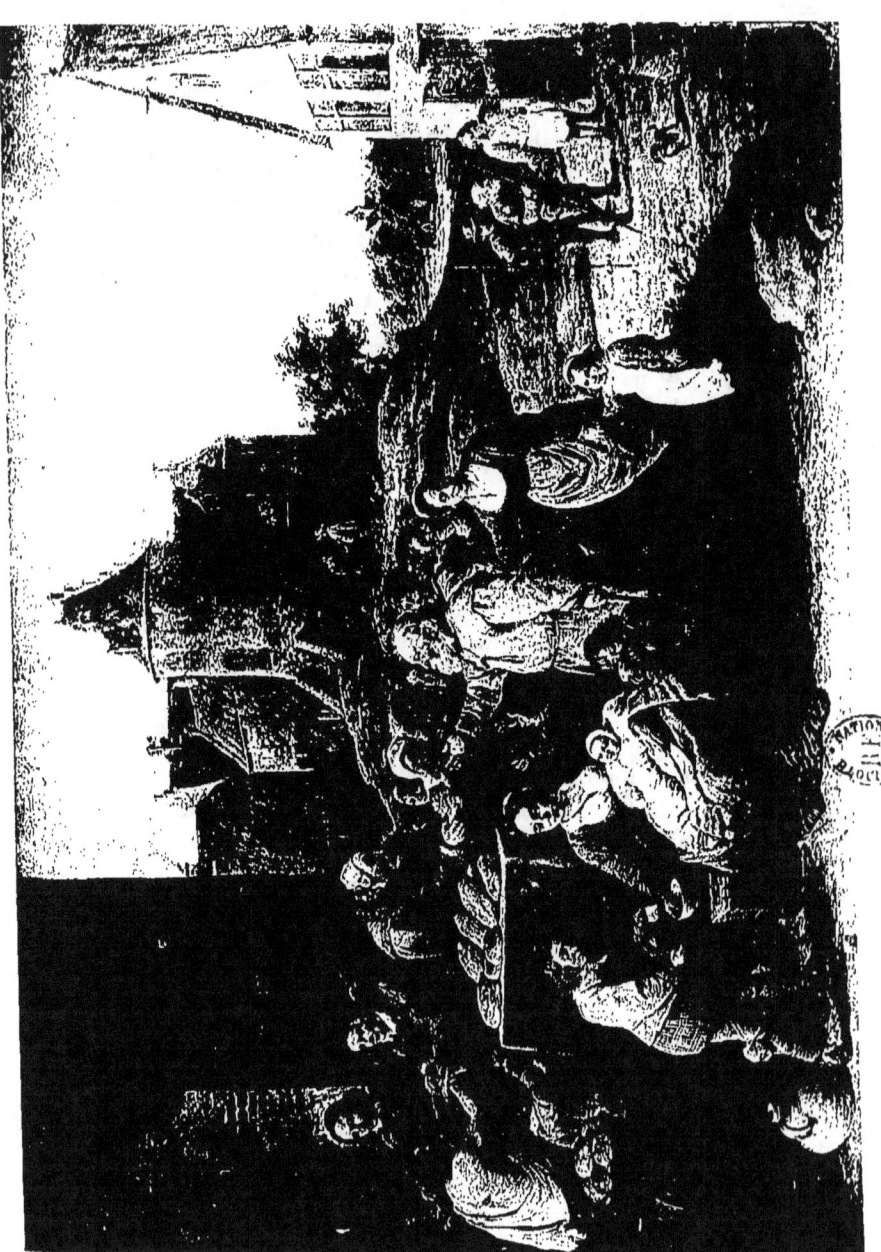

TENIERS. — Les Œuvres de Miséricorde.

point apercevoir la formidable sarabande. Il prie ; sa ferveur est à l'épreuve.

Teniers s'amuse. Il s'amuse aux dépens de l'obstiné rêveur.

Ces *Tentations de saint Antoine* ne sont-elles pas une immense et prodigieuse raillerie de la spiritualité ? L'ermite que voici moqué terriblement, c'est la paradoxale tentative de l'homme qui rêve au delà des conditions humaines. Il prétend omettre la chair, nier ses appétits et ne vivre que par l'esprit. Tandis que, dans les cabarets ou à l'ombre indulgente des arbres, les braves gueux se livrent au plaisir de boire et de caresser les filles, il s'est, lui, consacré à de méditatives attitudes. Vers l'idéal !... Chauves-souris, lézards et poulets mi-plumés lui font la nique.

Les *Tentations de saint Antoine* illustrent à merveille l'idée matérialiste de Teniers.

Je ne fais pas de ce peintre un philosophe ; je ne compte pas réduire en un système son matérialisme. Il est sommaire ; il ne s'appuie aucunement sur des syllogismes ou sur d'irréductibles axiomes. Bref, Teniers crut à ce qu'il voyait et s'en contenta. Il lui parut que ce spectacle se suffisait à lui-même, sans que l'on dût chercher ailleurs du mystère et de l'étrangeté.

C'est une bonne conception des choses, pour les peintres, que le matérialisme. Elle ne leur est pas indispensable, sans doute ; mais elle les rassure, leur donne confiance et les invite à n'être pas négligents. Il leur sied assez bien de croire en la réalité de ce qu'ils voient : réalité fondamentale et digne de leurs soins. Ils sont ainsi persuadés de l'importance de leur office. Si le spectacle que le monde leur fournit n'était qu'apparence, illusion, s'ils se figuraient que l'essentiel n'est pas là, ils concluraient peut-être que — comme on dit — le jeu n'en vaut pas la chandelle. Alors, ils en prendraient à leur aise, avec cette réalité frivole.

L'Art de regarder les tableaux. — BRAUNIER. 8

A moins que, touchés d'une si poignante philosophie, ils n'aiment davantage le trompeur manteau de Maïa, sa fragile beauté, son délicat prestige ! Mais ils sont rares, ceux qu'émeuvent ces idéologies.

Il est plus prudent que les peintres soient succinctement matérialistes et accordent toute créance à l'absolue réalité des choses. Cette hygiène convient à leur talent.

L'art de Teniers, qui est en son genre parfait, a ses limites aussi. Serait-il, autrement, parfait?... Et ses limites sont restreintes, disons-le. Ce qu'a vu Teniers, il l'a très bien vu et peint avec une excellente habileté. Mais il n'a vu que cela !... Et cela n'est pas grand'chose, en définitive. Ces gens qui fument, dansent, boivent et s'entrecaressent, ne tiennent dans le monde et dans la vie qu'une petite place. Evitons l'emphase : pourtant, il faut le reconnaître, que cet art est vulgaire. Evitons les grands mots : pourtant, un peu de poésie est la dignité de l'art, un peu d'inquiétude est son charme, un peu de pensée est sa beauté passionnante.

Un peu de pensée, — mais gare ! Une certaine sorte de pensée. D'un mot, méfions-nous de la littérature... Car, en voici le danger : Greuze !...

*
* *

L'*Accordée de village* (« un père qui vient de payer la dot de sa fille »), la *Jeune fille qui pleure son oiseau mort*, la *Mère bien-aimée*, le *Fils ingrat* ou la *Malédiction paternelle*, le *Mauvais fils puni*, *Septime Sévère reprochant à son fils Caracalla d'avoir attenté à sa vie dans les défilés d'Ecosse*, — voilà le titre et voilà le « sujet » de quelques tableaux de Greuze.

Et Diderot de s'écrier : « Voici votre peintre et le mien, le premier qui se soit avisé, parmi nous, de donner des mœurs à l'art et d'enchaîner des événements d'après lesquels il serait facile de faire un roman... »

Je le crois bien : il est tout fait, le roman. Et même, que ne l'est-il un peu moins !...

A propos de la Jeune fille qui pleure son oiseau mort, Diderot note : « La jolie élégie ! le charmant poème ! la belle idylle que Gessner en ferait !... »

Certes. Et c'est justement pourquoi l'idée n'eût pas été mauvaise, de laisser à Gessner ce sujet-là.

Je ne sais pas si Greuze était pourvu de quelque talent d'écrire. S'il l'était, quelle déraison de n'avoir pas écrit plutôt ce qu'il peignait !... En tout cas, avec de l'abnégation, il pouvait fournir de sujets et d'idées tous les littérateurs de son temps. Et ceux-là eussent bien agi en lui indiquant des paysages, par exemple, qu'il se fût exercé à peindre.

Pauvre Greuze, qui eut le métier d'un peintre et l'âme d'un romancier ! C'est un homme qui s'est trompé d'instrument : au lieu d'un porte-plume, il a, par mégarde, pris un pinceau.

Par mégarde, non. L'erreur qu'il a commise est plus grave : une faute d'esthétique ! Et ses contemporains la firent avec lui. Conséquemment, il eut d'abord un immense succès. Et puis, on s'aperçut de la méprise ; alors, ce fut fini de cette vogue. Greuze eut le tort de vivre près de quatre-vingts ans ; il vieillissait à peine, qu'il parut déjà suranné : on était à d'autres erreurs.

M. Brunetière expliquait un jour à l'auditoire académique les dangers de « l'art pour l'art ». Il ne parlait que littérature et, en particulier, roman. Mais enfin il exigeait que l'art ne fût pas un vain amusement ; il lui voulait assigner une plus importante et grave destination. L'art, disait-il, doit être « social ».

Au temps de Greuze, on préconisait l'art « moral ». La littérature de cette époque était employée surtout à promulguer les opinions des philosophes. Greuze pervertit la peinture, comme d'autres s'occupaient de sacrifier diversement la littérature. Et cela plut, puisque telle était la mode. Mais la peinture « morale » est une erreur plus choquante encore que la littérature utilitaire.

On conçoit sans peine le goût que put avoir, pour l'auteur du *Mauvais fils puni*, l'auteur du *Père de famille*. Greuze « illustre » Diderot. Une partie, au moins, de l'œuvre de Diderot — son drame bourgeois, par exemple — est tout à fait analogue à l'œuvre de Greuze. On peut comparer ces deux hommes ; — si ce n'est que Diderot dépasse Greuze, évidemment : esprit plus riche, âme plus abondante et quelle intelligence plus variée ! en outre, il s'agissait d'exprimer des idées auxquelles convient beaucoup mieux l'art de l'écrivain ; le peintre n'y pouvait suffire.

Mais voyez comme Diderot décrit un tableau de son peintre préféré. C'est le *Mauvais fils puni*, du Louvre.

« Il a fait la campagne. Il revient ; et dans quel moment ? Au moment où son père vient d'expirer. Tout a bien changé dans la maison. C'était la demeure de l'indigence. C'est celle de la douleur et de la misère. Le lit est mauvais et sans matelas. Le vieillard mort est étendu sur ce lit. Une lumière qui tombe d'une fenêtre n'éclaire que son visage, le reste est dans l'ombre. On voit à ses pieds, sur une escabelle de paille, le cierge qui brûle, et le bénitier. La fille aînée, assise dans le vieux confessional de cuir, a le corps renversé en arrière, dans l'attitude du désespoir, une main portée à sa tempe, et l'autre élevée et tenant encore le crucifix qu'elle a fait baiser à son père. Un de ses petits enfants, effrayé, s'est caché le visage dans son sein. L'autre, les bras en l'air et les doigts écartés, semble con-

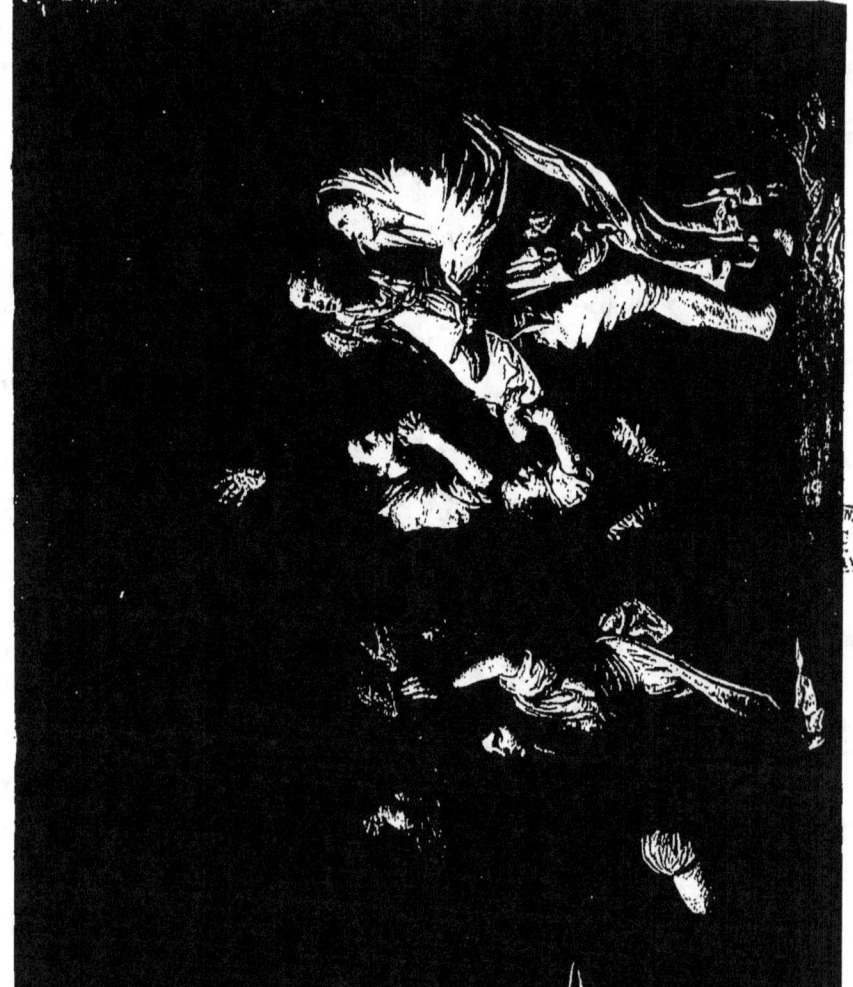

GREUZE — LE Fils Ingrat.

cevoir les premières idées de la mort. La cadette, placée entre
la fenêtre et le lit, ne saurait se persuader qu'elle n'a plus de
père : elle est penchée vers lui ; elle semble chercher ses derniers regards ; elle soulève un de ses bras, et sa bouche entr'ouverte crie : « Mon père, mon père ! est ce que vous ne m'en-
» tendez plus ? » La pauvre mère est debout, vers la porte,
le dos contre le mur, désolée, et ses genoux se dérobant sous
elle. Voilà le spectacle qui attend le fils ingrat. Il s'avance.
Le voilà sur le pas de la porte. Il a perdu la jambe dont il a
repoussé sa mère ; et il est perclus du bras dont il a menacé
son père... »

Cette jambe et ce bras, nous les voyons en bon état dans
le *Fils ingrat ou la Malédiction paternelle*, qui est le tome premier de ce roman fort simple. Les deux tableaux se font pendant ; et à qui donc échapperait la moralité de cette œuvre ?
C'est didactique, démonstratif et péremptoire.

«... Il entre. C'est sa mère qui le reçoit. Elle se tait ; mais
ses bras tendus vers le cadavre lui disent : « Tiens, vois,
» regarde ; voilà l'état où tu l'as mis. » Le fils ingrat paraît
consterné ; la tête lui tombe en devant, et il se frappe le front
avec le poing. Quelle leçon pour les pères et pour les enfants !
Ce n'est pas tout ; celui-ci (Greuze) médite ses accessoires
aussi sérieusement que le fond de son sujet. A ce livre placé
sur une table, devant cette fille aînée, je devine qu'elle a été
chargée, la pauvre malheureuse ! de la fonction douloureuse
de réciter la prière des agonisants. Cette fiole qui est à côté du
livre contient apparemment les restes d'un cordial. Et cette
bassinoire qui est à terre, on l'avait apportée pour réchauffer
les pieds du moribond. Et puis, voici le même chien... »

Oui, c'est le même chien qui, dans le tumulte de la *Malédiction paternelle*, aboie si lamentablement que Diderot en a
l'âme fendue, le cœur bouleversé...

«... le même chien qui est incertain s'il reconnaîtra cet éclopé pour le fils de la maison, ou s'il le prendra pour un gueux. »

Et Diderot ajoute :

« Je ne sais quel effet cette courte et simple description d'une esquisse de tableau fera sur les autres ; pour moi, j'avoue que je ne l'ai point faite sans émotion. »

En vérité ?... Quel trésor de candeur, en ce Diderot qui n'était pas du tout candide ! Le surprenant mélange de rouerie et de naïveté ! On était alors « sensible » avec délices. Cette mode dura quelque temps. Elle nous semble un peu ridicule aujourd'hui ; mais enfin, l'on venait de découvrir — du moins, on se le figurait et c'est la même chose — la noble beauté des larmes. Jamais on n'a tant pleuré, d'attendrissement général et facile et altruiste volontiers : il est plus doux de pleurer sur autrui que sur soi-même ; on souffre moins, somme toute, et le pathétique n'en est pas diminué. Après une longue période d'art impassible et qui s'adressait à la raison principalement, on voulut un art trempé de larmes suaves, animé de sentimentalités poignantes.

La peinture de Greuze enchanta les âmes sensibles qui aimaient tant Nivelle de la Chaussée et qui, dans le drame bourgeois des Sedaine et des Diderot, trouvaient une source d'émotions délicieuses. Elle nous paraît un peu niaise. C'est que la mode a changé : le cœur lui-même a ses modes qui l'affectent jusqu'en sa plus évidente sincérité, comme le goût a les siennes dont il est dupe.

L'étude que fait Diderot des tableaux de Greuze, dans les *Salons*, ressemble beaucoup à l'analyse d'un poème ou d'un roman. Certes, on le lui a reproché. C'est la faute aussi du peintre ; et c'est la faute surtout de l'esthétique alors régnante. Le peintre et l'écrivain furent complices ; et complices tous les amis de l'art, à cette époque.

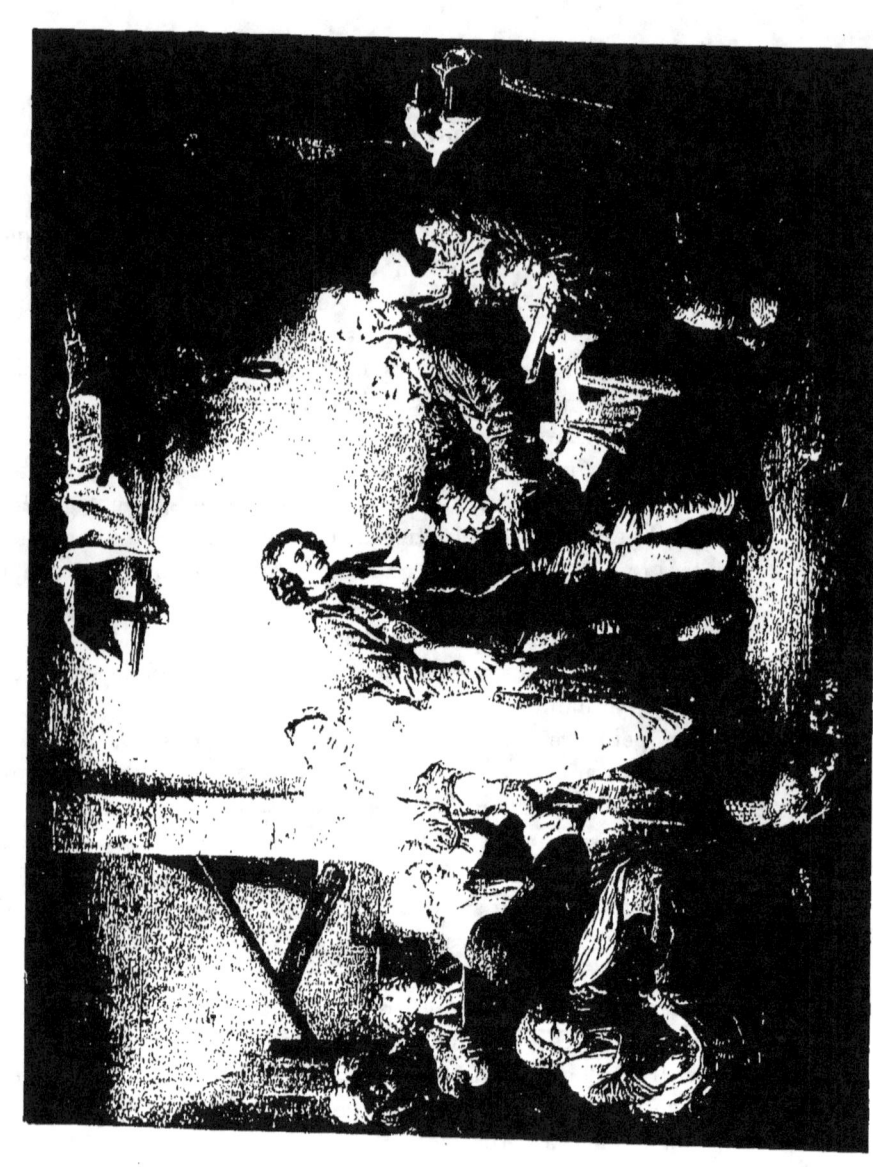

GREUZE. — L'Accordée de Village.

Du reste, il ne faut point exagérer non plus. Diderot ne néglige pas l'exécution. Le métier ne lui est pas indifférent. Mais il tient davantage à l'idée. Et l'idée est, pour lui, d'ordre littéraire.

En présence de l'*Accordée de village*, il note d'abord que « le sujet est pathétique » et qu'il se sent « gagner d'une émotion douce en le regardant ». Il examine chacun des personnages et raconte l'histoire de chacun d'eux. C'est un drame à douze acteurs. Il y a une sœur aînée, qui reste fille et qui est jalouse, envieuse. Le père « a un air de bonhomie qui plaît » ; et il « semble dire » : « Jeannette est douce et sage ; elle fera ton bonheur, songe à faire le sien ». Car elle s'appelle Jeannette, si vous n'y trouvez pas d'inconvénient. Et Jeannette a justement l'attitude la plus convenable : « plus à son fiancé, et elle n'eût pas été assez décente ; plus à sa mère ou à son père, et elle eût été fausse ».

Diderot conclut : « C'est la chose comme elle a dû se passer. » Du réalisme ? du vrai réalisme ? Entendons-nous. Diderot le sait bien, que par exemple Teniers « peint des mœurs plus vraies ». Oui, en cherchant un peu dans la réalité quotidienne, on rencontrerait plus aisément « les scènes et les personnages » de Teniers que les tableaux de Greuze. Diderot ne refuse pas de constater cela ; mais il est satisfait de trouver, chez Greuze, « une nature plus agréable ». Ce n'est pas qu'il préconise les paysans trop « chimériques » de Boucher. Greuze a, pour lui, excellemment concilié les agréments de l'art et les scrupules de la vérité. Avant tout, il le complimente de ceci : « le choix de ses sujets marque de la sensibilité et de bonnes mœurs ».

La *Jeune fille qui pleure son oiseau mort* le ravit. « Délicieux ! délicieux !… » C'est la « vignette » d'une idylle que Gessner eût composée. Et, comme Gessner n'y songea point,

Diderot prend sur lui de la composer, cette idylle charmante :
« Mais, petite, votre douleur est bien profonde, bien réfléchie !
Que signifie cet air rêveur et mélancolique? Quoi ! pour un
oiseau?... Ça, petite, ouvrez-moi votre cœur : parlez-moi vrai :
est-ce bien la mort de cet oiseau qui vous retire si fortement
et si tristement en vous-même?... Eh bien, je le conçois, il
vous aimait, il vous le jurait et vous le jurait depuis longtemps.
Il souffrait tant : le moyen de voir souffrir ce qu'on aime?
Eh ! laissez-moi continuer : pourquoi me fermer la bouche, de
votre main? Ce matin-là, par malheur, votre mère était absente.
Il vint; vous étiez seule : il était si beau, si passionné, si
tendre, si charmant! il avait tant d'amour dans les yeux ! tant
de vérité dans les expressions! il disait de ces mots qui vont
droit à l'âme! et, en les disant, il était à vos genoux : cela se
conçoit encore. Il tenait une de vos mains ; de temps en temps,
vous y sentiez la chaleur de quelques larmes qui tombaient de
ses yeux et qui coulaient le long de vos bras. Votre mère ne
revenait toujours point... »

L'oiseau, dans la chambre voisine, pépiait, appelait. La
jeune fille, tout à l'extase de son amour, n'entendait pas.
Le bel amoureux s'en fut et la laissa troublée. La mère rentra
et la trouva rêveuse. Oh ! le doux et fervent émoi!... Cependant, l'oiseau, dont la graine ni l'eau n'avaient été renou-
velées, s'égosillait, battait de l'aile, se plaignait d'être oublié.
Bref, il est mort ce matin...

« Ah ! j'entends, petite ; cet oiseau, c'est lui qui vous l'avait
donné : eh! bien, il en retrouvera un autre aussi beau... Ce
n'est pas tout encore : vos yeux se fixent sur moi et se rem-
plissent de nouveau de larmes; qu'y a-t-il donc encore? Parlez,
je ne saurais vous deviner... — Et si la mort de cet oiseau
n'était que le présage !... Que ferais-je? que deviendrais-je? S'il
était ingrat... — Quelle folie ! Ne craignez rien, pauvre petite :
cela ne se peut, cela ne sera pas ! »

Là-dessus, Diderot s'arrête. Il a, sans doute, peur de consoler par trop cette petite dont la mélancolie gracieuse est si intéressante. Et voilà tout le compliqué poème qu'il aperçoit dans un tableau : il lui est impossible d'admettre que cette jeune fille s'afflige sur la perte d'un oiseau simplement ; — « cette enfant pleure autre chose, vous dis-je ! » Et il avoue que le sujet, si fin, de « ce petit poème », beaucoup de personnes ne l'ont pas entendu... C'est bien possible ; et, si Greuze en fut étonné, il comptait par trop sur l'ingéniosité du public, il exigeait de son public une collaboration trop attentive.

Il a soin, cependant, de n'être point elliptique. Il assemble, dans son tableau, de son mieux, tout ce qu'il faudra comprendre pour être ému. C'est à quoi lui servent les accessoires, les attitudes, les expressions des personnages, le détail nombreux et varié de l'agencement. Il y est, disons-le, fort habile. Son délicat pinceau ne donne pas une touche au hasard ; il est toujours soucieux de dire quelque chose et il le dit avec adresse. Pas un sourire des personnages qui ne résume un sentiment et même qui ne raconte une histoire ; pas un geste qui ne signifie une réplique. C'est du théâtre, ce sont des « tableaux » de théâtre. Et, comme il convient, à la scène, d'exagérer, de recourir à des moyens frappants, le naturel n'est point ici absolu : comment voulez-vous que soit tout à fait naturel un geste qui doit résumer tant d'incidents et de sentiments ?... Il y a bien, en tout cela, de la surcharge, un fâcheux excès d'intentions et de sous-entendus. On est en peine ; on craint d'omettre un bout d'épisode joli.

Ensuite, quand on fut très attentif et quand on a compris toute l'anecdote, quand Diderot vous l'a expliquée par le menu, eh ! bien, alors, on est déçu du peu que ce subtil rébus contient. Nous le savions, qu'il est sage de ne pas

encourir la malédiction paternelle ; et qu'il est triste, au
retour de la désobéissance, de trouver son père défunt, sa
mère affligée, son chien oublieux; et que les jeunes filles
pleurent volontiers sur un oiseau mort, prétexte parfois d'une
autre alarme. Oui, nous savions tout cela et le considérions
comme acquis définitivement.

Mais, dit-on, c'est le rôle de l'art : il nous émeut sur des
propos évidents et qui, grâce à l'émotion, perdent cette bana-
lité première... Certes! Pourtant, il sied de choisir; l'âme
sensible et bonne et honnête de Greuze ne s'est pas montrée
fort exigeante quant au sujet de son attendrissement. Sommes-
nous blasés? Je ne sais. Peut-être avons-nous tort d'économi-
ser nos larmes, aujourd'hui; toujours est-il que l'émotion de
Diderot nous surprend : nos pères ont accordé trop de larmes
au fils maudit, au fils ingrat, à la jeune fille, à l'oiseau. Et nous
pleurons sur d'autres aventures, que nos petits neveux dédai-
gneront, comme surannées et médiocres. *Sunt lacrimae
rerum* : oui, chaque chose à son tour.

Et puis, les tableaux de Greuze ont encore l'inconvénient
de nécessiter, de la part de qui les contemple, un travail
ennuyeux. Ils ne suscitent pas une impression directe. Il faut,
pour essayer d'en être émus, que nous les traduisions ; et que
nous les traduisions en style littéraire, — comme fait Diderot.

Or, ils ont l'air d'avoir eux-mêmes été traduits, d'un morceau littéraire, en peinture.

Besogne fastidieuse donc, et vaine ! Ce qu'avait à dire ce
Greuze, pourquoi ne l'a-t-il pas dit comme ça lui venait
d'abord ? Il suffisait qu'il nous racontât sa petite histoire tout
bonnement. Cet intermédiaire inutile et gênant de l'image
nous irrite plus qu'il ne nous aide... J'exagère, mais à dessein ; et moins qu'on ne le pourrait croire : — dans le sens,
en tout cas, de la vérité.

Voilà le défaut essentiel de la peinture à « sujets », quand
l'artiste n'a pas eu soin de choisir des sujets picturaux, c'est-
à-dire de tels sujets qu'ils gagnent à être figurés plutôt qu'à
être racontés. Et voilà le grave motif pour lequel Greuze, en
dépit de ses qualités de peintre, n'est pas un grand peintre.
Il manie bien le pinceau ; et sa couleur, sans avoir beaucoup
d'éclat, n'est ni terne ni commune ; il dessine bien, connaît la
physiologie, ne la dissimule pas lourdement sous l'étoffe ; il a
de la grâce, du charme et souvent de la virtuosité ; sa lumière
est jolie. Mais il a douté des ressources de son art ; il n'a pas
compris que son art devait se suffire à lui-même ; il l'a perverti
en le mettant au service d'un autre art : la littérature.

Eugène Fromentin, dans ses *Maîtres d'autrefois*, étudiant
l'art des Flamands et des Hollandais, y constate « l'absence
totale de ce que nous appelons aujourd'hui *un sujet* ». Et il
ajoute : « En France, toute toile qui n'a pas son titre et qui,
par conséquent, ne contient pas un sujet, risque fort de ne
pas être comptée pour une œuvre ni conçue ni sérieuse. Et
cela n'est pas d'aujourd'hui, il y a cent ans que cela dure… »
Cela, dit-il, date du jour où Greuze « imagina la peinture sen-
timentale ».

C'est bien caractériser l'invention de Greuze ; et c'est justice que d'attribuer à ce peintre une invention. Certes, dans
l'histoire de la peinture française, il occupe une place importante. Son influence fut considérable. Considérable, mais
fâcheuse. Elle sévit encore. Nos salons annuels abondent en
petits tableaux où l'on voit qu'un monsieur très sage a travaillé des mois sur la plus niaise et pauvre anecdote : ce qui
ne vaudrait pas la peine d'être conté en cinq minutes, on vous
le peint avec un zèle opiniâtre et désolant…

*
* *

Si l'on veut bien connaître les inconvénients derniers de la peinture à sujets, de la peinture littéraire, il suffit de parcourir, à Londres, les salles du Musée Kensington et de la National Gallery où sont exposées les œuvres anglaises du XIXᵉ siècle commençant.

Mulready, Wilkie, Leslie, Maclise, Webster, Ward, Egg, Frith et les autres... les déplorables peintres !

La couleur est médiocre, chargée de bitume ; ils font les ombres en noir, puérilement, — en sale. Et que l'opposition de la lumière à l'ombre est naïve, sommaire, obtenue par des moyens vulgaires, truquée !... Les personnages ne sont que de petits bonshommes, soigneusement dessinés en général, mais dépourvus de vérité ; leurs gestes convenus, leurs attitudes guindées ou emphatiques, leur essai laborieux de dire quelque chose et la pauvreté de leur signification rebutent, découragent, affligent. Et tout cela est travaillé, consciencieux : on plaint tant d'efforts inutiles !

Quelques-uns de ces peintres ont subi l'influence des Hollandais ; et c'est ce qui pouvait leur arriver de mieux. Wilkie a de tolérables croquis de l'existence villageoise, certes arrangés, peu naturels, mais enfin qu'anime un petit sentiment de réalité.

Les autres font de l'illustration. Le sujet de leurs tableaux, c'est une scène — et telle scène particulière — d'un roman (page tant), d'une comédie ou d'un drame. Ils font leurs emprunts à Shakespeare, à Molière, à Cervantès, à Duncan Grey, à Goldsmith. Et, si l'on désire comprendre ces tableaux, il faut que l'on se rappelle les pages des livres qui les ont inspirés ; il faut avoir les livres en main : car ils n'empruntent pas seulement une idée, mais tout le détail d'une anecdote, les personnages, le décor, les accessoires.

Leslie a peint les *Joyeuses commères de Windsor* et *Sancho Pança chez la duchesse*. Il a peint l'épisode connu de *l'Oncle Tobie et la veuve Wadman* : veuillez vous bien souvenir de Tristram Shandy... L'oncle Tobie dit à la veuve Wadman : « Je proteste, madame, que je ne vois rien du tout dans votre œil ! » A quoi, la veuve Wadman réplique : « Ne serait-ce pas dans le blanc ? » Conséquemment l'oncle Tobie regarde, de toutes ses forces, dans la pupille de la veuve [1]...

Maclise a pris à Shakespeare le sujet de plusieurs images : la scène du banquet de *Macbeth*, la scène des comédiens d'*Hamlet*. Egg a pris au *Diable boiteux* l'aventure de Patricio qui fit avec les camarades bombance à la taverne et, quand le quart d'heure fut de payer, dut laisser en gage au tavernier son chapelet. Ward, une fois, choisit une scène plus grave : *Le Dr Johnson dans l'antichambre de Lord Chesterfield*. Mais il convient de savoir que l'illustre écrivain Johnson, alors inconnu, se vit un jour repousser par l'orgueilleux lord ; et que, plus tard, l'orgueilleux lord tint à honneur de se constituer le patron de l'écrivain ; et que celui-ci, qui alors n'avait plus besoin de protecteur, envoya promener le lord en ces termes : « Sept ans, monsieur, ont passé depuis que j'attendais dans votre antichambre ou que j'étais mis à la porte de chez vous. Je me suis tiré d'affaire cependant et sans aide... Je ne m'attendais pas à être traité ainsi, car je n'avais pas encore eu de patron ! » Ne voilà-t-il pas un attrayant sujet de tableau ? Quelle meilleure occasion

---

1. Ces indications se trouvent assemblées, avec d'autres, dans le premier appendice de la *Peinture anglaise contemporaine*, par Robert de Sizeranne. (Paris, 1895).

de peindre des physionomies, des sentiments et des phrases ?
Ward n'y a point manqué.

William-Powell Frith dénicha dans Goldsmith ce dialogue
et le mit sur la toile. *Honeywood présente à Miss Richland
des huissiers comme ses amis* ; et il dit : « Deux de mes bons
amis, M. Twitch et M. Flanigan. Veuillez, messieurs, vous
asseoir sans cérémonie ». Soupçonneuse, Miss Richland fait, à
part soi, cette réflexion : « Qui peuvent être ces gens singuliers ? J'ai peur que ce ne soit ce qu'on m'a annoncé...» Cependant, l'un des huissiers, qui a de la conversation, commence :
« Beau temps, très beau temps pour la saison, madame ! ... »
Et après ? on est en panne ; on demande la suite. Après ?
Voyez-le livre, lisez-le, s'il vous agrée. William-Powell Frith
s'est contenté de vous mettre en goût par la peinture de ce petit
bout d'un épisode.

Évidemment, les pièces de théâtre et les romans d'où sont
tirés les sujets de ces tableaux étaient très familiers au public
anglais de l'époque. C'est ce qui explique que les peintres aient
pu, sans être tout à fait insupportables, en détacher ainsi
quelques scènes presque au hasard. Et même, on conçoit que
des gens à qui le souvenir de ces lectures était très présent
aient pris plaisir, un plaisir un peu sot, un peu pédantesque,
d'ailleurs, à retrouver sur la toile des choses qu'ils avaient lues
volontiers et relues et racontées souvent. Le père de famille
qui conduit sa bande au musée triomphe dans le commentaire :
— Ceci, c'est Mr Honeywood et voici Miss Richland ; et l'huis-
sier dit... Etc...

Pareillement, les beaux esprits des foules dominicales se
procurent un fin succès à distinguer, dans un tableau commémo-
ratif, les personnages officiels, députés, membres de l'Institut,
littérateurs éminents, dont ils savent les noms et peut-être les
aventures.

Mais que nous sommes loin de la véritable peinture !... les tableaux de Frith ou de Leslie, on les voudrait — plus petits et de moindre épaisseur — introduire dans les tomes de Goldsmith ou de Tristram Shandy à la page correspondante.

Ces peintres sont des illustrateurs, et qui ont le tort d'agrandir jusqu'au tableau la simple décoration d'un feuillet. Il leur plut de peindre des sujets bien déterminés et précis : l'asservissement de la peinture à la littérature n'a guère été poussé plus loin ; la confusion de deux arts n'a jamais été plus choquante.

Est-ce une règle trop impérieuse que celle-ci ? Une œuvre d'art — et, par exemple, un tableau — doit se suffire à elle-même. Il faut qu'elle se passe de commentaires, du secours des littérateurs ; il faut qu'elle produise directement tout son effet. Ou bien c'est un aveu trop manifeste d'infériorité, d'impuissance.

Tel n'est-il pas le défaut de ce qu'on nomme illustration ? Je ne dis pas seulement de celle des Leslie, des Wilkie et des Frith, qui a cette absurdité spéciale de n'accompagner point le texte ; mais de cette illustration même dont on agrémente ou veut agrémenter de luxueux volumes.

La littérature est un art et la peinture en est un autre. Et le littérateur a mal choisi le sujet de son œuvre, si le dessinateur ou le peintre réussit mieux que lui. Cela se voit ; en général, c'est le contraire qui arrive, et le malheureux illustrateur tâche en vain de figurer ce que dit beaucoup plus aisément et complètement le simple récit de l'écrivain. En tout cas, il est bien rare que l'illustrateur et l'écrivain aillent ensemble, que l'œuvre de ces deux personnes coïncide, que l'un des deux ne trahisse pas l'autre, n'exagère pas ou ne diminue pas l'idée de l'autre ou, du moins, ne la définisse pas de manière imprévue.

Le librettiste et le musicien ne sont pas mieux faits pour

s'entendre. Il est vrai que, dans cette association, le librettiste a toutes complaisances ; son rôle consiste à s'effacer autant que possible ; mais que de livrets sont l'irrémédiable tare de beaux opéras ! Imaginez le livret admirable et la musique aussi : double emploi, l'idée est deux fois exprimée.

Lamartine écrivait, à propos du *Lac* : « On a essayé mille fois d'ajouter la mélodie plaintive de la musique au gémissement de ces strophes. On a réussi une seule fois. Niedermayer a fait de cette ode une touchante traduction en notes. J'ai entendu chanter cette romance, et j'ai vu les larmes qu'elle faisait répandre. Néanmoins, j'ai toujours pensé que la musique et la poésie se nuisaient en s'associant. Elles sont l'une et l'autre des arts complets : la musique porte en elle son sentiment ; de beaux vers portent en eux leur mélodie. »

Cette formule est excellente. Elle caractérise à merveille la sorte d'autonomie qu'il appartient à chaque forme d'art de maintenir, et, en même temps, le lien qui unit les arts divers. Car, si la musique et la poésie doivent rester indépendantes, il n'en résulte pas que la musique n'ait pas en elle sa poésie et la poésie sa musique.

Tels sont, à peu près, les rapports de la littérature et de la peinture. Il serait abusif de vouloir réserver à la littérature, ainsi qu'un monopole, l'expression des idées : ce serait réduire les autres arts — et, en particulier, la peinture — à peu de chose, à rien. Mais il y a des idées auxquelles convient mieux l'expression littéraire, comme à d'autres convient mieux l'expression picturale. Surtout il sied que, littérature et peinture, chacun de ces deux arts exprime ses idées *à sa manière*, absolument et sans aide étrangère, sans mélange importun.

Voilà ce que permettent de bien comprendre les « illustrateurs » anglais. Ils ont poussé si loin l'erreur qu'il est aisé, grâce à eux, d'en apercevoir les inconvénients. Leur rôle, dans l'histoire de la peinture, est instructif. De même que les parents spartiates, pour détourner les adolescents de trop boire, leur donnaient le hideux spectacle d'esclaves ivres, il serait bon que nos jeunes peintres connussent les Wilkie, Leslie, Maclise et Frith, afin de se dégoûter une fois pour toutes de la peinture littéraire. Un subtil pédagogue devrait seulement veiller à ce qu'ils ne chussent point dans l'excès contraire et, par crainte de la littérature, ne commissent pas l'erreur de n'exprimer plus aucune idée.

* *
*

Les peintres russes contemporains n'ont pas toujours évité les périls de la peinture à sujets. Hélas non!... Mais ils rachètent leurs défauts par des qualités spéciales et qui méritent d'être signalées. Leur école est assurément l'une des plus originales que ces derniers temps aient produites.

Par « peintres russes », je n'entends pas les médiocres imitateurs qu'a, sur les bords de la Néva ou du Dniéper, l'art d' « occident ». Les imitateurs ne valent jamais rien, même s'ils sont habiles : et ceux de là-bas ne le sont guère. Négligeons aussi ces mystiques qui ont la vogue dans la bonne société de Kiev ou de Pétersbourg : préraphaélites de chez eux, les Waznetsov et autres font de l'archaïsme byzantin et prêtent à d'hiératiques madones les traits de légères dames, vivantes et qui sont l'orgueil de l'aristocratie locale.

L'art russe est indépendant de cette pauvre esthétique.

Il date de Wladimir Makovsky, lequel n'est pas un admirable artiste mais déjà un réaliste intéressant. Ce qu'il peint? La *Faillite d'une maison de banque*, l'*Antichambre d'un juge de paix*, la *Salle d'attente d'un médecin*, la *Visite d'une grande dame chez des indigents*, etc. Il ressemble un peu aux Leslie

aux Wilkie, aux Mulready de Londres ; seulement, il n'a pas
d'esprit ni de gaieté ; son humour est triste, amer. Il ressemble
à Greuze, quoiqu'il ne peigne pas si bien ; seulement, s'il est
préoccupé de morale, comme Greuze, on aperçoit encore
dans son œuvre des intentions sociales : c'est à ce titre qu'on
peut le donner pour le précurseur des peintres russes contemporains.

L'essai d'une peinture sociale, voilà ce qu'ont à leur actif
les Miassoïédov, Pérov, Iarochenko, Répine, Kassatkine.

Grands artistes? Je n'ose le dire. Ils ne dessinent pas à
merveille ; et, si plusieurs d'entre eux dessinent à peu près
suffisamment, voilà tout. Austères et quasi puritains, ils
semblent s'interdire la joie voluptueuse de la belle couleur. Les
tons gris, ternes, leur suffisent. Ce n'est pas timidité : car ils
ont, là même, de l'audace et quelquefois naïve. Mais ils ne
prennent, du « métier », que ce qu'il faut pour exprimer une
idée avec justesse. Des maladresses qu'un peintre occidental
éviterait d'abord ne les gênent pas. Ils manquent de sensualité. Si quelques artistes, chez nous, pêchent par trop de rouerie
et d'habileté vaine, les Russes ont le défaut contraire. Leur
négligence peut choquer. Et pourtant!...

Une éclaircie, dans un bois. Des paysans sont accroupis.
L'un d'eux lit à haute voix l'édit d'abolition du servage. Une
lueur glisse à travers les broussailles ; et, dans l'obscur esprit
de ces pauvres gens, se fait-il un peu de lumière? Ils rêvent
lourdement ; ils ne comprennent pas ; ils écoutent et n'entendent pas la parole libératrice. Le séculaire esclavage les
tient ; et les édits impériaux n'affranchissent pas ces pensées
mornes.

C'est un tableau de Miassoïédov, émouvant, lugubre !

Le servage a duré, en Russie, jusqu'à l'année 1861. Du
jour au lendemain, les paysans ont acquis le nom d'hommes

libres... Oui ; seulement, leur misère s'est accrue. On leur a fait payer le prix de leur rachat. Le Tsar, qui les rachetait à leurs possesseurs, a voulu rentrer dans son argent. Il a fallu qu'on levât sur les campagnes libérées d'énormes impôts, qui parfois ont pris au travailleur du sol quatre-vingts pour cent de ce qu'il gagnait. Un personnage de Tchékhov, le vieil Ossip, déclare avec amertume : « On vivait mieux, du temps des seigneurs. Et on ne se tuait pas de travail comme à présent ; on mangeait à sa faim, on dormait son soûl. La soupe aux choux et de la bouillie de sarrasin à midi et le soir, et des concombres à discrétion. Dame, par exemple, on était tenu au doigt et à l'œil ; mais, ça encore, ça valait mieux !... [1] »

Pauvres êtres, à qui l'on n'a donné une indépendance illusoire que pour leur faire regretter le temps de la servitude !...

Prianichnikov, Maksimov, Orlov ont peint la monotone et la désolante existence des paysans, confinée dans les cabanes étroites où la famille pullule et que dévaste le percepteur d'impôts : ici, des agonies sous les images saintes ; là, des cris, des révoltes forcenées ; plus souvent, la longue patience désespérée de ceux que nul bonheur n'a réjouis.

Les historiens qui voudront étudier les origines de la révolution russe trouveront des documents précieux dans l'œuvre des peintres comme dans celle des romanciers.

Professeurs, lettrés, écrivains, artistes, — l'« Intelligence », dit-on là-bas avec autant de frayeur que de respect, — furent d'accord pour entrer en lutte efficace contre l'« Autorité ». Ils allèrent souvent aux mines.

Le duel tragique et acharné de ces deux puissances, c'est toute l'histoire morale de la Russie contemporaine. Farouche

---

1. Tchékhov, *Paysans*, dans Un Meurtre, traduction de Mlle Claire Ducreux; Paris, 1902.

aventure, et que les peintres russes ont illustrée de terribles images !

L'*Étudiant pauvre*, de Prianichnikov : — le pauvre diable, avec ses livres, s'est jeté sur un minable traîneau où la pitié d'un paysan l'accueillit ; il va vers la ville, travailler ; dans l'immense solitude de neige, sous le vent glacial, une pensée passe, une ardente pensée qui réchauffera des âmes, qui suscitera des idées.

Ensuite, l'*Arrestation*, de Répine. Ce garçon de vingt ans, la police l'a pris. Sa faute ? Il transportait dans une sacoche des imprimés défendus. On lui tient les bras, on fouille dans ses papiers ; ses yeux flambent. On l'empêchera de nuire, de réagir contre l'indispensable ignorance des gouvernés ; on ligotera sa force vive.

Ensuite, le *Prisonnier*, d'Iarochenko. Une cellule étroite et obscure. Le captif grimpe sur une table, se hisse et tâche d'apercevoir, à travers le soupirail, la lumière du dehors, la belle lumière vivifiante, qu'il a rêvé de verser à grands flots sur l'humanité tout entière et pour l'amour de laquelle, à présent, il est rayé de la vie.

Ensuite, la Sibérie, la forteresse, la mort. Ou bien, chance rare, ce *Retour inattendu*, de Répine. Le martyr revient à la maison familiale, comme un étranger, comme un intrus. A peine le reconnaît-on ; chien battu et bête orgueilleuse, un horrible effroi l'environne : il revient de la «. maison des Morts ».

Voilà quelques-unes des étapes de l'affreux calvaire. Il serait facile de multiplier les exemples de cet art douloureux et lugubre. Les tableaux de ce genre sont nombreux au musée Trétiakov de Moscou.

Tolstoï me disait, un jour : « Quand je visite avec mes amis autodidactes cette galerie, je n'ai rien à leur expliquer ; ils comprennent... »

Cet art est populaire et national. Inintelligible si l'on ignore
les circonstances qui l'ont suscité, il émeut profondément et
directement pour peu que l'on sache l'essentielle douleur de la
vie russe. C'est de l'art social et qui a des racines dans l'âme d'un
peuple. De l'art local, à vrai dire. Mais il dépasse les frontières
du morne empire. Cette farouche lutte de l'Intelligence et de
l'Autorité, qui aujourd'hui tourmente la Russie, n'est-ce pas
l'un des épisodes principaux de l'histoire humaine ?

Et l'on peut dire que cet art disparaîtra lorsque disparaîtront
aussi les circonstances qui l'ont motivé. Les optimistes qui
escomptent, pour l'avenir humain, des âges de félicité parfaite
conçoivent une époque, apparemment, où l'on aura tout oublié
des luttes et des douleurs fécondes. Alors, les tableaux des
Répine, des Prianichnikov et de Iarochenko seront lettre
morte.

Au nom de l'art éternel, voilà sans doute une objection !
Seulement, nous n'en sommes pas là, de l'histoire humaine.

Que l'on veuille bien comparer le *Mauvais fils puni* de
Greuze et le *Retour inattendu* de Répine. Greuze est un
meilleur peintre. Quant au « sujet », combien l'œuvre de
Répine est supérieure ? L'anecdote que Greuze interpréta
décourage par sa cruelle niaiserie ; Répine, lui, s'est inspiré
d'une idée moins « générale » peut-être, mais qui contient
plus de réalité, plus de vie vraie et de sincérité.

Du reste, je ne dis pas qu'il soit indifférent que ces peintres
russes manquent d'adresse et de science. Je ne dis pas que la
peinture de genre doive être révolutionnaire, sociale. Je ne
dissimule pas les défauts de ces peintres russes. Mais, en dépit
de leurs défauts, ils démontrent que la peinture n'est pas
impropre, comme d'autres le feraient croire, à l'expression
des idées. Et, s'il y a des formes d'art que je préfère à celle-là,
s'il y en a certes de plus agréables, de plus jolies et de plus
pures, celle-là n'en est pas moins digne d'estime, noble et

capable de donner aux artistes, gens volontiers frivoles, un bon
enseignement.

*
* *

Certains artistes français d'aujourd'hui ont donné à la peinture de genre son caractère le plus juste et le plus beau.

Certains !... Les autres, cependant, continuent à imaginer
— grand effort de leur chétive imagination ! — des anecdotes
spirituelles ou qui voudraient bien l'être, dramatiques ou
qui s'efforcent de l'être, piquantes, ah ! piquantes : et le public
aime cela... Greuze, à côté de ces gens, est un penseur.

Les meilleurs peintres d'aujourd'hui évitent d'abord l'anecdote. Les petites scènes qu'ils représentent ne sauraient se
conter. Ils choisissent des instants de la vie où l'aspect des
gens et des choses est révélateur et, par lui-même, significatif. Ils ne veulent pas agencer une intrigue et ils dédaignent
d'usurper sur les attributions du romancier, du dramaturge,
du poète.

Ils ne peignent pas des actes, mais des états; et, derrière
les apparences qu'ils évoquent, il n'y a point de paroles non
plus. Ce que les actes ne rendent pas, ce que les mots ne
disent pas, voilà justement ce qu'ils peignent. Ils sont des gens
pour qui la réalité, non seulement existe, mais encore est
toute pleine de sentiments et d'idées; de sentiments et d'idées
qu'il ne faut pas essayer de traduire en autre langage.

Voyez. C'est une table de famille, sous la lueur d'une
lampe. Que se passe-t-il ? Rien. La causerie même s'est
endormie, est morte. La soirée s'achève dans une langueur
douce et tranquille. Et voici des gens qui ne font que vivre et,
entre un jour et un autre jour, attendent, dociles à la lenteur
du temps.

C'est un seuil au bord d'une rue. Une servante lave la pierre du seuil, tandis que s'éveille, aux alentours, l'activité matinale. Son œuvre est humble et facile, de celles que l'on accomplit sans ardeur et sans peine. Pourtant, un charme grave d'évangile émane de la simple image : oui, l'évangile du labeur quotidien, de la besogne acceptée, est là, persuasif et solennel.

Les meilleurs peintres d'aujourd'hui ont assez de confiance dans l'efficace vertu de l'art qu'ils pratiquent pour ne point y mêler de littérature. Ils comptent sur les lignes et les couleurs expressives ; ils dédaignent d'avoir recours à d'autres arts : leur peinture est indemne de tout alliage. Diderot n'eût point décrit, n'eût point raconté leurs tableaux ; et voilà le bon signe !...

Les ressources de l'art de peindre sont infinies, comme est inépuisable en surprises touchantes le spectacle de la réalité. Le jeu fortuit de la lumière sur un visage en éclaire toute la gaieté, la tristesse ou détresse ; et toute la vie est dans un sourire, dans un regard, dans un geste las ou ardent ; et toute la philosophie est dans tout ; et les penseurs n'ont rien dit qu'ils n'aient aperçu dans le détail multiple et varié des phénomènes. Il faut peindre la réalité pleine d'idées, de rêves et d'illusoires symboles.

La peinture d'histoire

C'est une sorte de peinture bien redoutable. Quand on parcourt les galeries d'un musée, la plupart des tableaux hideux que l'on rencontre sont des tableaux d'histoire. Aucun genre ne se prête mieux à l'académisme; y triomphent souvent les plus médiocres peintres.

D'où vient la prédilection qu'eurent longtemps les artistes pour ce genre suranné? Plusieurs raisons l'expliquent et ne l'excusent pas.

D'abord, l'histoire, avec son imposant prestige et sa grandeur majestueuse, leur paraît digne d'occuper leur fier talent. Salluste, au début de son *Jugurtha*, pose en principe que, si l'honneur n'est pas tout à fait le même d'accomplir de fameux exploits ou de narrer les actes des héros, du moins la différence est minime. Les peintres d'histoire sont à peu près de cet avis : ils considèrent comme flatteur et glorieux de consacrer aux guerres illustres, aux couronnements de souverains, aux dynastiques forfaits le talent dont ils sont pourvus. Bref, ils s'accrochent de leur mieux à la célébrité des capitaines et des rois. Ce stratagème n'est pas sot. Voyez que de tableaux seraient bons à jeter, ou bien à remiser dans les combles de nos musées nationaux, s'ils n'avaient pas d'autre valeur que picturale. Horreurs, — oui, mais documentaires : un petit Napoléon s'y voit que les iconographes adorent, etc. Non, non, les peintres d'histoire ne sont pas si bêtes qu'on se le figure!...

Cette peinture qui vous peut valoir la faveur des grands hommes, la bienveillance des académies et quelquefois, si les circonstances s'y prêtent, l'immortalité même, a l'avantage encore de ne pas fatiguer l'imagination de l'artiste. D'autres se mettent à la torture pour trouver d'ingénieux sujets, de belles idées... A quoi bon, quand l'histoire est là, toute pleine de superbes épisodes qu'il est facile autant que profitable d'illustrer?...

Beaucoup de peintres d'histoire sont déterminés dans leur initiative par des motifs qui n'ont rien à démêler avec l'art. Ils font leur carrière cependant.

Mais il y a de grands et magnifiques peintres d'histoire. Il importe de ne pas les confondre avec ceux-là.

*
* *

Les inconvénients de la peinture historique, comment les dénombrer? Indiquons les principaux.

La peinture historique est rétrospective ou actuelle. Dans les deux cas, il lui arrive de fauter ; et voici les dangers qu'elle court : ils sont graves.

Peindre le passé ! Mais il faut alors connaître le passé parfaitement, savoir la façon qu'avaient les gens de s'habiller, de se loger, de vivre, être au courant de leurs étoffes, de leurs bijoux, de leur mobilier, de leurs maisons, de leurs palais, de leurs temples, etc., etc. Ce n'est pas une petite affaire !... Ah! les recherches que réclame le souci de la « couleur locale » !... Travail d'archéologie et d'antiquaire : on est à la merci d'une découverte qu'un savant fera, s'il plaît au hasard de le lui permettre. Or, le savant dit ce qu'il sait ; et rien ne l'empêche d'avouer les lacunes de son information. Mais le peintre, lui,

ne peut laisser en blanc sur la toile les coins pour lesquels lui
font défaut les documents.

Eh ! bien, malgré l'admirable zèle des historiens, notre
connaissance du passé demeure incomplète, insuffisante pour
que nous pensions tenir la vivante complexité des séculaires autrefois. Mille et mille détails sont acquis perpétuelle-
ment. Les livres anciens, grâce à de patientes études, ont été
mieux pénétrés et compris ; les doctrines des philosophes, les
croyances, les superstitions, analysées avec diligence, nous
invitent à concevoir un état d'esprit différent du nôtre ; les
travaux ethnologiques, géographiques, géologiques même
ajoutent aux données que les simples annales fournissent; des
fouilles bien conduites ont amené de précieuses découvertes :
des archéologues heureux pensèrent plus d'une fois avoir surpris au dépourvu, dans les tombeaux ou dans la poussière du
sol, le secret d'une existence oubliée et qui renaissait, toute
fraîche, sous les coups de leurs pioches attentives.

Oui, nous sommes mieux renseignés que nos pères ne le
furent sur les époques périmées, l'âme abolie des siècles morts.
Mais, à mesure que la science progresse, nous apercevons
mieux aussi le vaste champ de l'inconnu. Le résultat le plus
évident de ces recherches fructueuses fut de nous rendre plus
exigeants. Notre sens de l'histoire est assez exact désormais
pour que nous ne veuillons nous contenter ni d'à peu près ni
de conventions.

Au temps du « classicisme », par exemple, lorsque la critique historique n'avait pas encore accompli son œuvre minutieuse et précise, les artistes — peintres, sculpteurs, poètes
ou romanciers — étaient bien à leur aise. Et l'on sait de
quels casques et de quels péplums Corneille et Racine accou-
traient leurs Grecs et leurs Romains ; et l'on sait de quels
sentiments inauthentiques ils les animaient... Personne n'en

souffrit alors. Fénelon, plus tard, émit de bien neuves idées quand il reprochait à Corneille ses Romains de fantaisie, préconisait une vérité scrupuleuse et le soin de la couleur locale, — *il costume*, disait-il, selon le mot des Italiens.

Certes, je ne prétends pas que l'histoire soit une science absolument moderne, que le siècle de Racine n'ait vécu que de légendes, n'ait connu de l'antiquité que les Grecs et les Romains, de faux Grecs et de faux Romains. Toujours est-il qu'il y a bien un peu de cela, cependant. Athènes et Rome ont été, par le xviie siècle, envisagées avec une sorte de superstition respectueuse. Le temps de Périclès et celui d'Auguste s'étaient transformés, dans les imaginations, en des âges privilégiés et moins réels, en somme, qu'emblématiques où l'on situait un rêve admirable. Les humanistes de la Renaissance avaient réalisé cette transfiguration.

Racine n'a pas représenté l'antiquité réelle. Il n'est pas exact non plus de dire qu'il a représenté, sous le travestissement de l'antique, la société de son temps. Il ne s'est pas soucié de couleur locale ni de vérité historique. Il ne se préoccupait que de vérité humaine, en quelque sorte, générale, universelle, indépendante du caractère particulier des époques. Ce n'est ni le Grec, ni le Romain, ni le sujet de Louis XIV qu'il représentait, mais l'homme même.

Pour les artistes du siècle appelé « classique », l'antiquité fut l'époque la moins caractérisée, la moins spécifiée, — et la plus belle. Donc, il était loisible aux peintres d'y placer les types humains les moins réels, les plus conformes à leur idéal de noblesse, de dignité, de majesté souveraine.

Voyez la *Mort de Caton* de Le Brun, voyez ses Alexandre, ses Porus. Les beaux hommes! les parfaites physiologies!... Leurs gestes sont harmonieux et vigoureux; et, s'ils manquent un peu de simplicité, qu'importe? Un Caton ne meurt pas

comme vous et moi ; un Alexandre n'a pas les façons d'un
quelconque petit lieutenant.

Voyez encore le *Pyrrhus* de Nicolas Poussin ; voyez son
Enlèvement des Sabines... Ah ! quand les Sabines furent en-
levées, ce dut être une aventure assez sauvage. Cette peuplade
du Latium qui s'en allait chercher des femmes chez le voisin
donnait la preuve d'une désinvolte hardiesse plutôt que d'une
civilisation très affinée. Il y eut assurément du désordre et de
la brutalité dans l'affaire. Mais Poussin, lui, n'a cure de ces
choses ; l'enlèvement des Sabines lui est une occasion d'arran-
ger une scène élégante et gracieuse où de belles poses sont
prises par des corps jeunes et robustes.

L'*Entrée d'Alexandre à Babylone*, de Le Brun, ne représente vraiment ni Babylone ni Alexandre, ni, sans doute, nulle
entrée de conquérant en nulle ville... Que nous sommes loin
de la réalité, — de la réalité historique et de toute réalité !
Voilà bien de l'apprêt et de l'emphase et de la beauté conve-
nue... Mais enfin, cette peinture, avec tous ses défauts, est
décorative et superbement. Le Brun ne manque ni d'habileté
ni d'invention. Ses groupes sont bien agencés ; il trouve pour
ses héros des attitudes variées, de magnifiques déploiements
de muscles ; il n'y a dans ses tableaux ni entassements ni trous
et, pour toute la surface de sa toile, les ressources de son
imagination lui fournissent de très agréables morceaux de
peinture. Reconnaissons-lui de la verve et de la fantaisie.

Seulement, il traite l'histoire avec familiarité.

Le Moyen-Age avait conçu Alexandre de Macédoine comme
un baron féodal. Le Grand Siècle en fit un Louis XIV. Du
reste, on accoutrait volontiers Louis XIV à l'antique ; on lui
donnait l'allure et le costume, la cuirasse, le casque et la
solennité que l'on croyait antiques.

Mieux étudiées aujourd'hui, la civilisation grecque et la latine

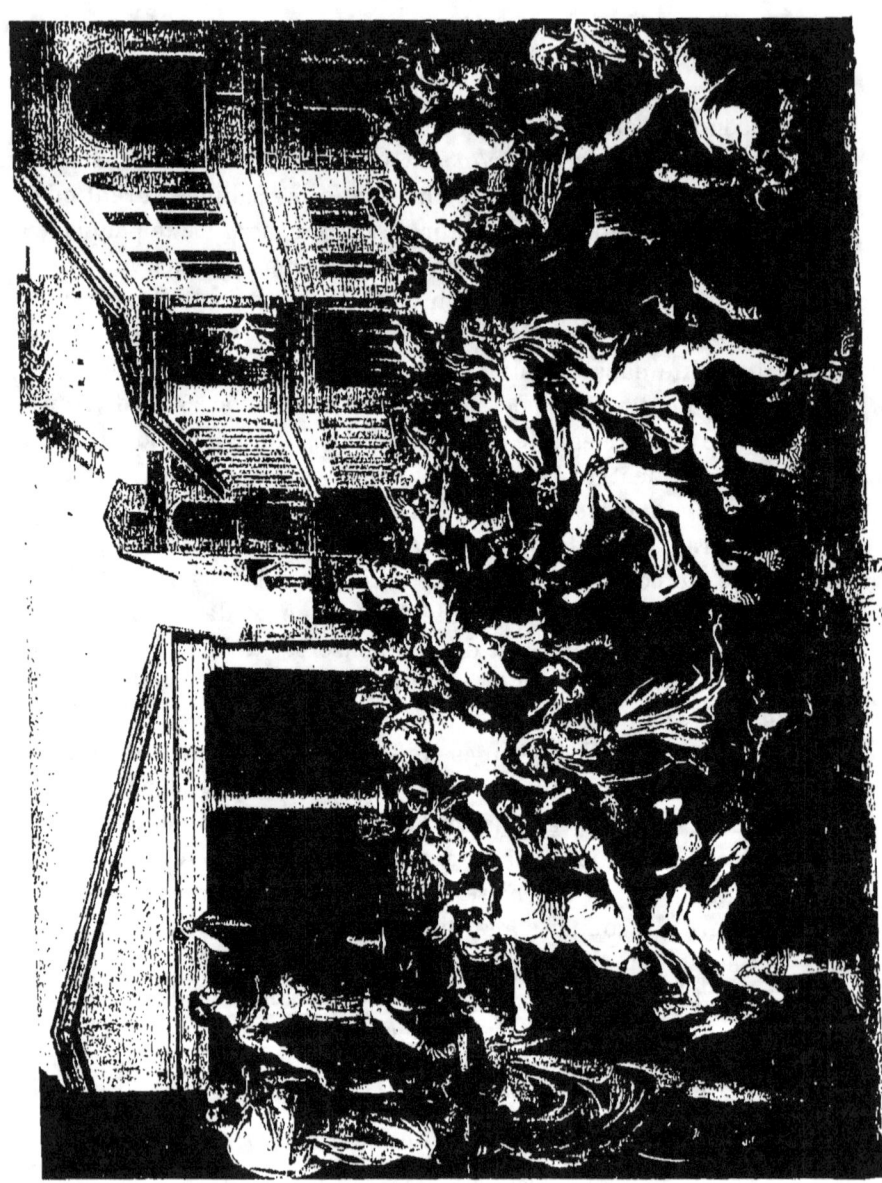

POUSSIN. — L'Enlèvement des Sabines.

sont pour nous des épisodes bien déterminés du développement humain. Beaucoup de peuples anciens nous sont connus,
parmi lesquels les Grecs et les Romains nous apparaissent
comme des types, entre tant d'autres, de l'humanité ancienne.
Ainsi, la notion de l'antiquité s'est, en notre temps, élargie
et précisée. Les Grecs et les Romains y occupent une place
importante ; mais ils ont perdu quelque chose de leur prestige,
à ne plus se profiler seuls sur l'horizon de l'histoire.

La peinture historique est désormais soumise à des exigences
que Le Brun ne connut pas. Elle n'est plus libre comme elle
le fut. Elle doit tenir compte des vérités acquises. Elle est
devenue tributaire de l'archéologie et des autres sciences qui
déterminent l'exacte image du passé.

Conclusion : c'est fini, — ce devrait être fini de la peinture
historique !... Du moment que l'artiste a perdu la liberté nécessaire et du moment qu'il lui faut collaborer avec les érudits,
— avec des érudits qui, d'ailleurs, le laisseront bientôt en
panne, s'il les questionne un peu trop, — que fera-t-il ? Des
« restitutions » pédantesques et insignifiantes. Certains tableaux
modernes semblent n'être que les « planches » agrandies et
coloriées d'un savant ouvrage d'archéologie. Si le peintre, dans
un accès d'indépendance, s'est écarté du livre ennuyeux, son
œuvre composite a les insupportables défauts de ces « romans
historiques » où se mêlent l'histoire et la fiction de telle sorte
que l'une nuise à l'autre et l'autre à l'une, inévitablement.

Que faire ? *Pulvis veterum renovabitur*... Oui, la poussière
des ancêtres va revivre : les érudits s'occupent, avec un méri-
toire zèle, de cette résurrection... Mais, prenez garde ! Ils n'ont
point achevé leur tâche ; eux-mêmes l'avouent : ils travaillent
et ils nous avertiront, je crois, quand ce sera fait. Nous
verrons !...

En attendant, si les romanciers et les peintres voulaient

bien demeurer dans une sage expectative, ils agiraient congrument.

Quand les érudits seront prêts, alors les peintres et les romanciers seront comme chez eux dans l'histoire. Aujourd'hui, c'est prématuré, c'est indiscret de frapper à cette porte. Patience !... Et pour longtemps !... Pour jamais ? Tant pis !...

Il est vrai que l'histoire, l'archéologie et le reste peuvent fournir aux artistes, — romanciers ou peintres, — de jolies idées : scènes pittoresques, étoffes charmantes, merveilleuses architectures, etc... Aussi bien n'y a-t-il pas d'inconvénient à ce que l'artiste s'inspire de ces détails, à ce qu'il prenne ici ou là les éléments de son œuvre. Qu'il fasse son profit de tout ! Seulement, qu'il reste libre et qu'on le sache ! que l'on soit averti qu'il n'a pas de prétentions à l'exactitude, qu'il ne rêve pas de ressusciter la poussière des siècles morts. Ce n'est pas l'entrée d'Alexandre à Babylone qu'il devra représenter ; mais un cortège, une cavalcade quelconque ; avec des éléphants, s'il lui plaît, et des accoutrements splendides. Si les archéologues ont déterré de beaux casques macédoniens, qu'il les utilise ; — et qu'il utilise encore des étoffes italiennes, des armes espagnoles, des architectures gothiques, des horizons égyptiens : pourquoi pas ? Seulement, il aura soin de dire : — Mesdames et Messieurs, ceci se passe dans la Lune ou ailleurs ; et c'est l'entrée d'un roi de fantaisie dans un royaume de fantasmagorie.

Les personnes qui seraient choquées de cette désinvolture doivent songer à ce que font de rétrospectif et d'historique les peintres modernes, afin de préférer tout à ces maladroites pédanteries.

*
* *

Une autre sorte de peinture historique est celle qui enregistre

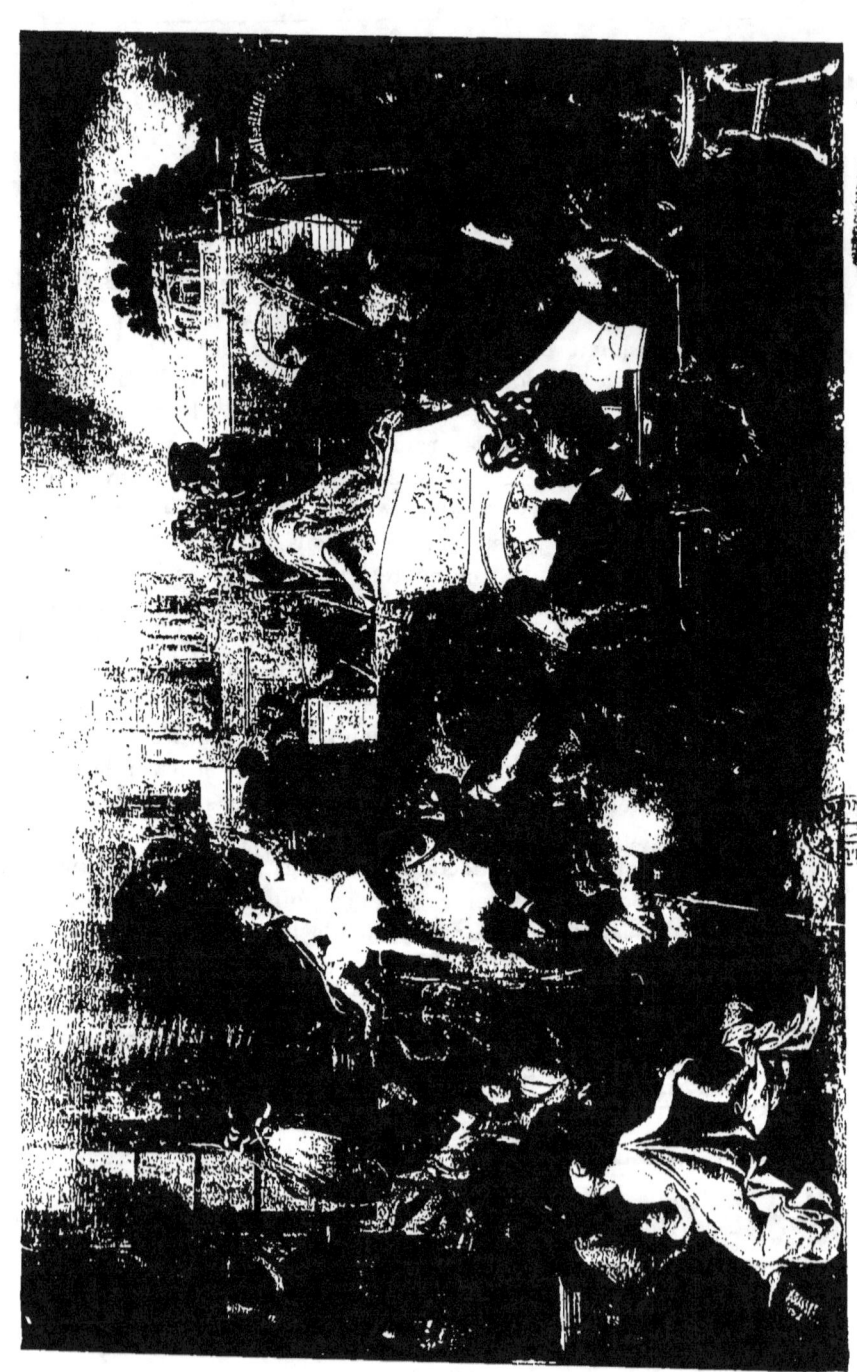

LE BRUN. — Entrée d'Alexandre a Babylone.

les grands événements contemporains. Elle évite, oui, les dangers de l'autre : elle a les siens, qui lui suffisent.

Les grands événements contemporains, c'est bientôt dit ! Mais il y a des époques qui ne sont pas riches de grands événements : la nôtre, par exemple. Ce n'est point à dire que notre temps soit médiocre ; seulement, les grandes choses qu'il fait ne sont point ostentatoires. Elles se préparent au fond des laboratoires silencieux, dans la retraite des penseurs, dans l'inviolable secret des esprits individuels. Cela ne se révèle pas au regard des foules — ou des peintres — par des pompes magnifiques, par de superbes déploiements de peuple, de militaires ou de dignitaires. Les peintres à tempérament d'historiographes chôment un peu, de nos jours.

Ou, du moins, ils devraient chômer ; ils chômeraient, s'ils étaient raisonnables. Ils ne chôment pas autant qu'ils le devraient. Je conjecture qu'en leur for intérieur ils le comprennent... Mais une commande de l'État n'est point une chose qu'ils aient l'entrain de refuser. Une commande de l'État, c'est une somme, et c'est une décoration flatteuse, et c'est encore une place dans un musée.

Alors on peint ce que l'État commande.

Quoi ? N'importe quoi !... Ce que l'État a de mieux à enregistrer dans ses fastes contemporains. Le *Banquet des maires* !.. Un jour, le gouvernement de la République eut cette idée appétissante d'inviter à déjeuner les maires de France. Notre pays abonde en maires. Nulle salle de sociétés ou de réunions n'étant assez vaste pour contenir tant d'écharpes, on banqueta dans le jardin des Tuileries. Une tente gigantesque fut dressée ; des plats innombrables furent préparés : et l'alimentation des maires de France commença. Des milliers de mâchoires mâchèrent ; des milliers d'estomacs digérèrent ; des milliers d'oreilles ouïrent, ou tâchèrent d'ouïr, les harangues qu'on prononça. Voilà : c'est tout !

Cet événement n'était pas de nature à susciter un enthousiasme prodigieux dans l'âme d'un peintre. Et le peintre qui fut chargé de cette commémoration ne paraît pas avoir frémi jusqu'en ses moëlles. Il désira surtout éviter l'aria de peindre tant de maires. Il consacra tout son génie à la recherche du stratagème qui le dispenserait d'en peindre tant. Son génie trouva. Au lieu de peindre la foule mastiquante, il représenta l'arrivée des personnages officiels : ce n'était pas plus difficile que cela. Son tableau n'a pas d'autre intérêt que la trouvaille de ce malin stratagème. Il plut beaucoup. Au Salon, les visiteurs désœuvrés ne se lassaient point de reconnaître ces messieurs dont on avait soigné la ressemblance.

Est-ce que, pour la commémoration de telles solennités, la photographie ne suffirait pas? Est-ce que, même, elle ne serait pas infiniment préférable? Puisqu'il s'agit de documents, est-ce que la vérité stricte de l'image ne serait pas mieux garantie par la photographie que par la peinture? Mais oui! Le peintre, si dépourvu de personnalité qu'on le suppose, — et la supposition, certes, est légitime, — le peintre risque de transformer un peu la scène, soit désir de faire plus beau que le réel, soit pauvreté de génie tout simplement. Il arrange, il combine, il a des camarades dans l'assistance ou des patrons à contenter. La photographie est plus sincère ; la réaction chimique de la lumière sur la plaque sensible est à l'abri de tout soupçon. Voilà le document par excellence, auprès duquel le tableau du mieux officiel des peintres semble interlope et frauduleux.

Et notez que la fine industrie de nos contemporains met encore à la disposition des gouvernements et des fauteurs de galas le précieux cinématographe. Ainsi, les hauts personnages de l'époque seront livrés mouvants à l'avenir. Les historiens de plus tard connaîtront jusqu'aux gestes et jusqu'aux tics de ces messieurs. Au cinématographe on peut joindre l'artifice du phonographe. Si les deux instruments sont bien réglés et vont d'une pareille allure, voilà, pour les banquets de maires, accueils de souverains et inaugurations de monuments, assurée l'intégrale immortalité. Dans ces conditions, je ne vois plus du tout à quoi servirait désormais l'œuvre des peintres officiels. Quel débarras pour nos Salons, si lesdits peintres consentaient à se rendre compte de ces choses!...

*
* *

En vérité, la peinture historique ne vaut que par les idées qu'elle exprime. Et ce n'est point exprimer une idée que peindre, même avec exactitude, les cérémonies qu'organise le protocole. C'est perdre son temps et de la toile.

Si l'artiste est ému le moins du monde, en présence du spectacle que l'histoire contemporaine lui fournit, et s'il est capable de mettre dans son œuvre cette émotion, de telle sorte que l'œuvre en soit animée, élargie, — alors, bien ! j'admets que le photographe ne le remplacerait pas. Et, par exemple, ce banquet où des milliers de maires s'alimentèrent pouvait devenir, interprété congrument, une pantagruélique aventure, de populaires et triviales noces de Gamache. La caricature eût donné de l'ampleur et même une sorte de beauté magistrale à ces mangeailles. Ou bien encore, si quelque peintre avait eu l'heur d'apercevoir dans la prodigieuse réunion de tous ces magistrats municipaux, venus des plus diverses provinces, un peu de sublime, alors parfait!...

Seulement, il n'était pas très facile sans doute d'éprouver de tels sentiments : la fête ne s'y prêtait point.

Certaines époques sont plus capables que d'autres d'inspirer les artistes. Il s'y passe des choses qui valent la peine d'être

L'art de regarder les tableaux. — BEAUNIER.   10

peintes. Telle fut l'époque napoléonienne : Antoine-Jean Gros
en témoigne.

Je ne l'appelle pas « le baron Gros », parce que c'est de
Charles X qu'il a reçu le titre de baron ; or, il n'était plus un
grand peintre alors : la Restauration, qui ruinait l'épopée
impériale, avait anéanti l'impérial génie de Gros.

Antoine-Jean Gros n'exista que de par Napoléon. Avant
que l'Empereur intervînt dans sa destinée, il n'était rien ;
il ne fut rien quand disparut l'Empereur. Il dépendait du
conquérant.

Sur ses vingt ans, il concourut pour le prix de Rome. Il
échoua : c'est bien ! Le sujet qu'il fallait traiter était *Antio-
chus voulant contraindre Éléazar à manger d'un mets impur* :
c'est bien, de l'avoir traité mal !... Gros a du goût pour le
dessin ; depuis longtemps, il travaille chez David. Mais que
tirer de ces académiques anecdotes? Il ne sait que faire. Il
quitte Paris, à destination de Rome. Il n'a pas le sou ; il
gagne au jour le jour l'argent d'une étape.

A Rome, ne va-t-il pas se perdre, sous l'influence des
Renaissants? La Ville Éternelle est une grande corruptrice des
talents primesautiers et fiers... Mais Gros était encore à
Gênes quand il fit une rencontre décisive. Il fréquentait chez
le citoyen Faitpoult, envoyé de la République française à
Gênes, qui l'accueillait aimablement. C'était en 1794. La
citoyenne Bonaparte, femme du général en chef de l'armée
d'Italie, passait par Gênes, allant rejoindre à Milan le général.
Gros a lui-même raconté l'aventure dans une lettre du 16
frimaire an V. Il rêvait « de parvenir à faire le portrait du
général, dont la gloire et les détails qu'on me donnait de sa
physionomie ne faisaient qu'irriter ce désir ». La « citoyenne
épouse du général » connut par Mme Faitpoult le jeune peintre ;
elle sut qu'il souhaitait aller à Milan pour s'y renseigner de

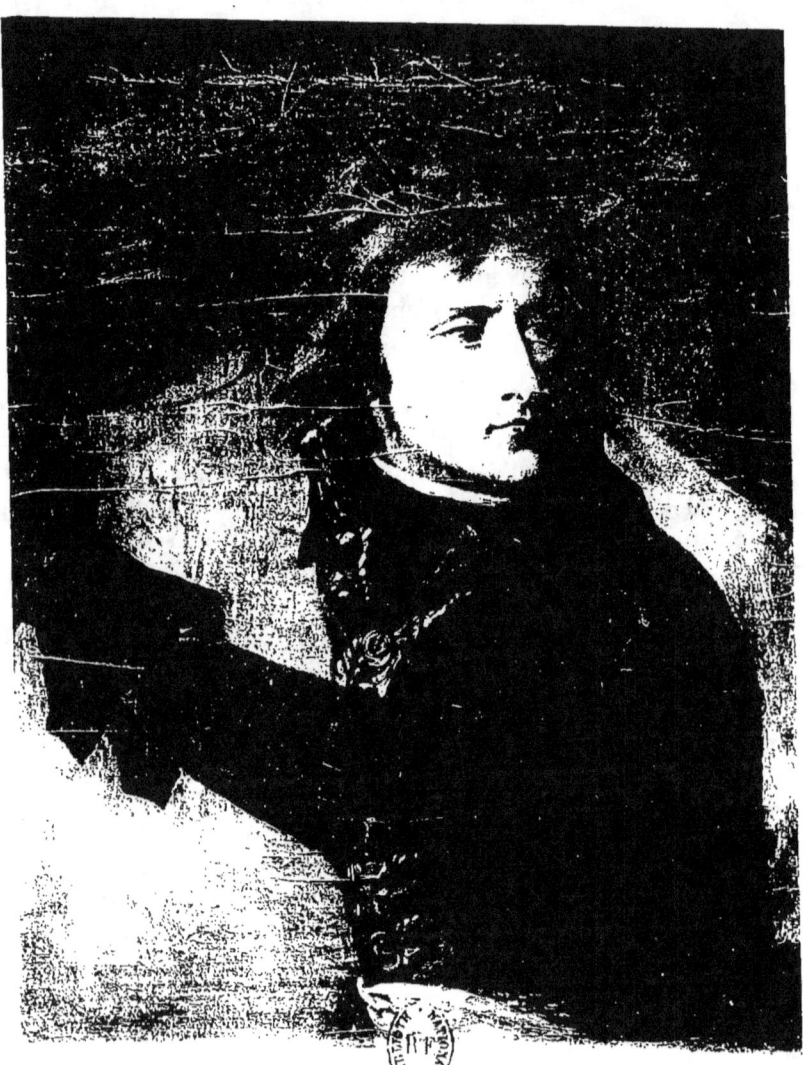

GROS. — BONAPARTE A ARCOLE.

manière à « composer quelques-unes des victoires de son mari ». Gros ajoute : « ce dont j'avais bien parlé à la citoyenne Faitpoult, il est vrai, mais pour faire à part moi, comme aimant et ayant quelque facilité pour peindre les chevaux, mais mon idée se bornait au portrait de Bonaparte ». La citoyenne Bonaparte, gracieuse, offrit à Gros une place dans sa voiture, quand elle partirait. Une autre fois, Gros lui montra les portraits qu'il avait achevés de la famille Faitpoult : « Ces deux tableaux lui firent infiniment plus de plaisir que je n'osais l'espérer ; et elle me dit aussitôt, d'un ton spontané de satisfaction : « Je vous emmène à Milan, je vous emmène » partout ! » La première offre était par honnêteté et sur rapport, mais cette dernière assurance, comme de persuasion sur mon compte. »

Voilà donc Gros en route pour Milan avec la citoyenne Bonaparte. La présentation de l'enthousiaste peintre au glorieux général est jolie : « Arrivé ici, elle me présenta le lendemain à son illustre époux, qui, bien que froid et sévère, me fit un accueil plus digne des arts que de moi. « Voilà ce » jeune artiste dont je t'ai parlé, » dit-elle. — « Ah ! je suis » charmé de le voir. Vous êtes élève de David ? » etc. Après quelques mots sur son talent : « Il a fait demander ce dessin, » dit-il, me montrant ce que faisait un officier d'artillerie qui dessinait très véridiquement et assez spirituellement la prise du pont de Lodi. « Il veut le peindre, mais j'ai quelques » autres beaux sujets que je vous ferai communiquer. — Ils » appartiennent tous », repartis-je, « à mon maître David, par » ses grands talents » ; et, lui rappelant ses divers chefs-d'œuvre : « Mais », lui dis-je, en coupant une conversation où je me trouvais trop haut placé, puisqu'on parlait du célèbre David, « en ce moment plus près que lui de vous, j'ai un grand sujet » à traiter, ou du moins c'est mon ardent désir. — Comment ?

» — Votre portrait... » dis-je. Il fit une inclination de la tête, légèrement et modestement... »

Antoine-Jean Gros venait de recevoir la grâce initiatrice. Le général venait de susciter le génie de son peintre. A partir de ce jour, et jusqu'à Waterloo, — pas plus! — Gros fut animé de l'esprit de Bonaparte. Peintre officiel? Si l'on veut; mais alors, il faut débarrasser l'épithète de toute la froideur et de la médiocrité qu'elle signifie. Les peintres officiels, pour la plupart, s'acquittent d'une corvée peu excitante, qui satisfait leur cupidité ou leur ambition mais n'éveille en eux aucune passion. Gros fut hanté de l'âme épique et mit à peindre la prodigieuse histoire contemporaine la même magnifique ardeur que les héros à l'accomplir.

L'artiste que Bonaparte adoptait fut, avec d'autres, chargé de recueillir, dans les villes que conquérait le général, les œuvres d'art que l'on dirigeait, de façon désinvolte, sur le Louvre.

Le général, à Milan, lui avait accordé quelques séances ; oh! bien courtes... Gros se désole de si brèves apparitions : « Je ne puis avoir le temps de choisir mes couleurs, écrit-il; il faut que je me résigne à ne peindre que le caractère de sa physionomie et, après cela, de mon mieux, à y donner la tournure d'un portrait!... »

C'est le *Bonaparte à Arcole*, du Louvre. L'héroïque et la belle figure! Jeune, hardie, glorieuse... On n'ose dire que le peintre idéalise son modèle : un juste discrédit pèse sur les portraitistes flagorneurs. Mais Gros a vu le général d'Arcole pareil à un jeune dieu. La lucidité du regard, l'énergie mâle de la bouche, la mâchoire puissante et d'un si fier dessin, la netteté des traits et, dans la physionomie, cette gravité sereine, cette sécurité de l'homme qui, discernant avec justesse les conjonctures, sait ce qu'il veut et n'hésite pas, voilà le

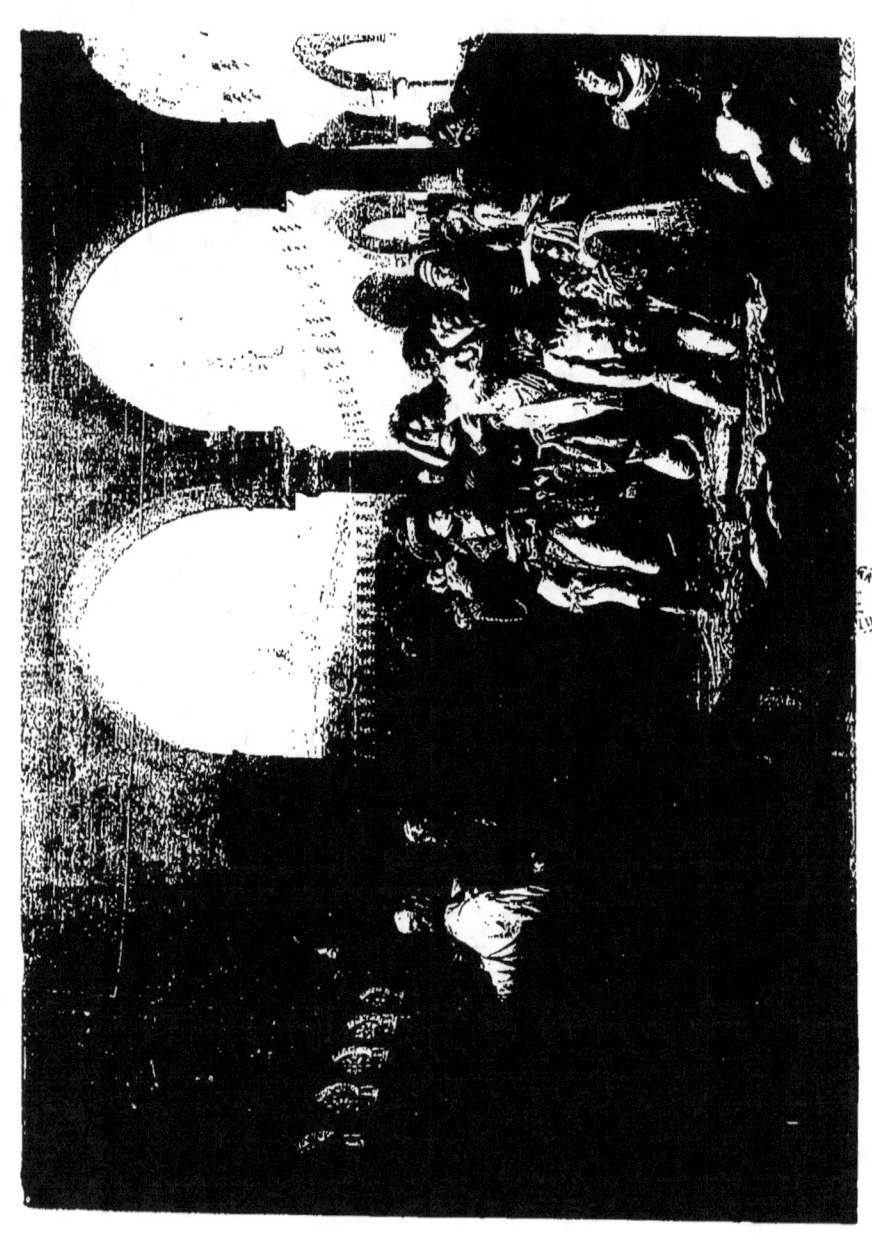

GROS. — LES PESTIFÉRÉS DE JAFFA.

héros d'Arcole. Il passe ; un drapeau dont il tient, haut levée, la hampe, se déploie noblement ; et la géniale tête se détache sur l'étoffe glorieuse. Du reste, ni tumulte ni vaine exubérance ; le caractère martial de l'œuvre est dans le sublime visage du calme et clairvoyant guerrier.

Jaffa, Aboukir, Eylau, les Pyramides... L'Empereur fournissait d'héroïsme son peintre ; et la variété des épisodes est embellie par la variété du décor.

La grandeur des compositions de Gros leur vient de ce mélange qu'elles font, de la légende et de la vérité. C'est la vérité, en effet, mais élargie jusqu'aux dimensions du poème épique. Le personnage de l'Empereur s'y transfigure et devient l'emblème de ce qu'il fut.

Gros s'est toujours documenté avec soin sur le détail des prodigieuses scènes qu'il interprétait. Il recueillait de témoins oculaires les indications utiles ; et, s'il n'a point assisté lui-même à ces lointaines équipées, il évita peut-être aussi les défauts d'un réalisme médiocre. Ce qu'il a peint, c'est, avec un évident souci de l'exactitude, l'aventure napoléonienne telle que les contemporains l'évoquaient dans le prestige de la distance et de la renommée.

A Jaffa, Bonaparte apparaît, parmi les pestiférés auxquels il impose les mains, comme un saint miraculeux. Son visage rayonne de ferveur secourable et d'inspiration surhumaine. Guérisseur et quasi thaumaturge, indemne lui des contagions, il traverse les monstrueux entassements de maladie et de mort, sans inquiétude. Et ce n'est pas tant son courage qui étonne que sa sécurité : un dieu pitoyable se mêle aux souffrances humaines... L'œuvre est magnifique ; orientale, non seulement par le caractère de l'architecture et le costume, mais plus encore par la qualité de l'atmosphère, pure, limpide, lumineuse et chaude : cette chaleur accable ces

malades davantage, et l'horreur du lieu lugubre met en un
relief plus saisissant la sereine venue de l'Homme et son
évidente immunité. Au fond du tableau, sur la citadelle de
Jaffa, flottent les trois couleurs françaises.

Dans le rapport qu'il adressait, du quartier général
d'Alexandrie, le 9 thermidor an VII de la République, au
Directoire exécutif, Bonaparte, général en chef, racontant la
bataille d'Aboukir, écrit : « Le gain de la bataille est dû principalement au général Murat. Je vous demande pour ce général le grade de général de division ; sa brigade de cavalerie a
fait l'impossible ».

Gros a suivi de près ce rapport ; Murat domine, dans le
tableau d'Aboukir, l'ardente mêlée. Il est superbe sous le
panache abondant de son chapeau. Il tient glorieusement le
sabre courbe ; son cheval triomphal écrase morts et vifs.
Autour de lui, que d'anecdotes ! Un peu trop... Mais la fuite
éperdue des Orientaux vers la mer où ils seront refoulés et
noyés, l'impétueuse ruée des cavaliers de Murat, leur furie
déchaînée, — un mouvement splendide emporte ces masses
qu'anime un délire divers.

Le paysage d'Eylau, tragique et majestueux, écrasé d'un
ciel noir, à peine éclairé par la luminosité vague de la neige,
sinistre, ravagé, mortuaire et sublime par la présence auguste
de l'Empereur ! Ce champ de carnage est un lieu de bénédiction
pathétique. L'Empereur, blême et comme hanté de surna-
turelles idées, étend sa protectrice main sur l'imploration des
Lithuaniens agenouillés. On raconte que l'Empereur, quand il
parcourut, au lendemain de la bataille, cette funèbre plaine,
dit : « Si les rois voyaient ces choses, il n'y aurait plus de
guerres !... » Cependant, il recommença... Mais la majesté
de la mort emplit cette œuvre. Et la main tendue de l'Empereur,
devenue clémente et qui fut terrible, fait le geste à la fois du
pardon et du silence.

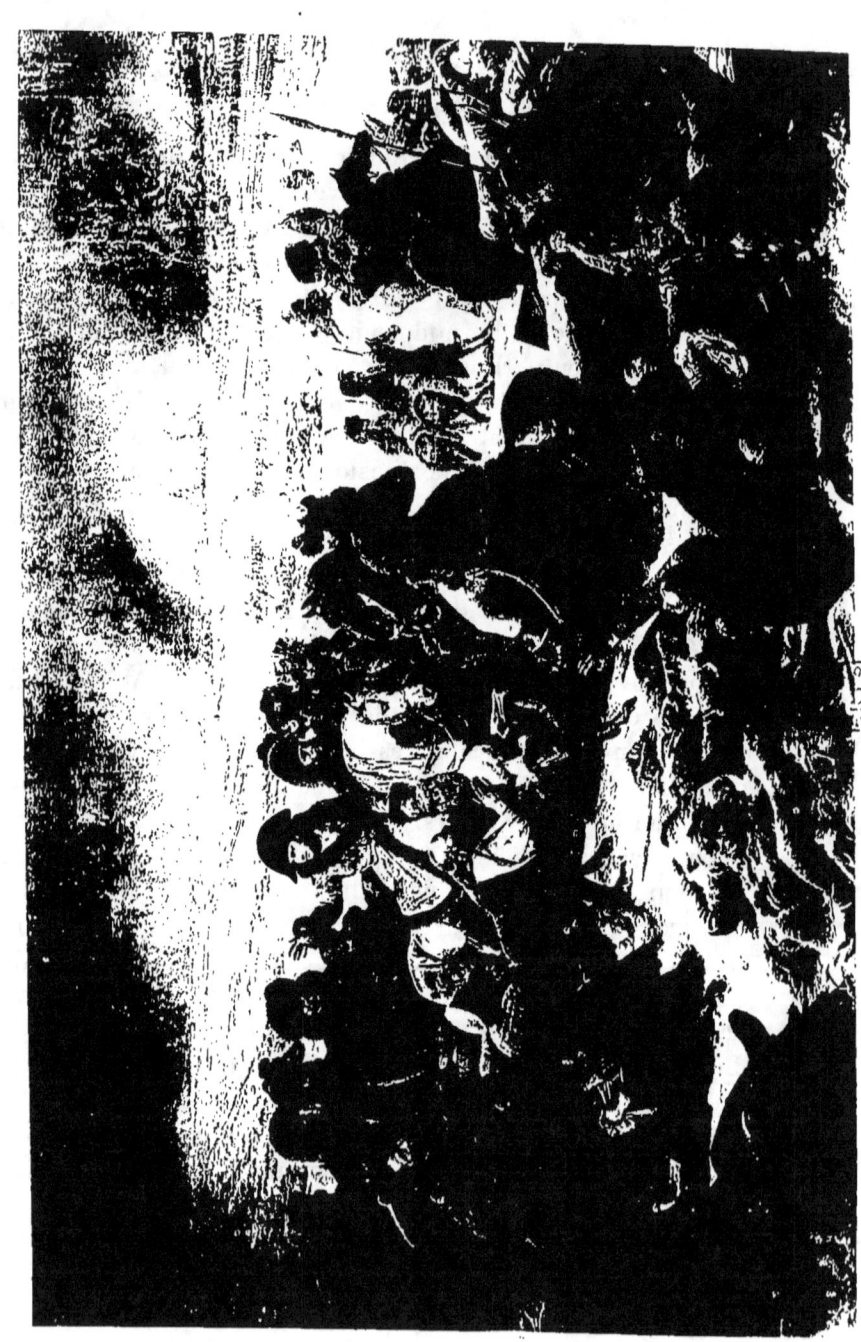

GROS. — EYLAU.

La légende napoléonienne s'est formée en même temps que l'histoire s'accomplissait ; il suffit de regarder les tableaux de Gros pour le vérifier.

Je ne nie pas leurs défauts. Ils sont visibles. Gros n'évite pas toujours les inconvénients de la hâte à laquelle sa fougue le contraignait ; il y a, dans ses compositions, des médiocrités, des pauvretés... Oui ; mais enfin, cette œuvre, telle quelle, vit : une forte passion l'anime, elle témoigne d'un enthousiasme vrai. Cette peinture officielle est magnifique et digne du temps qu'elle immortalise.

Tant que Napoléon fut là, Gros, dont il avait suscité le génie, eut l'âme d'un grand peintre. Ensuite, bonsoir !

Spiritus intus alit. L'esprit de Gros, c'était la vertu napoléonienne. Napoléon disparu, Gros n'est plus rien.

En 1811, le peintre de Jaffa, d'Eylau, des Pyramides reçut cette commande. Il s'agissait de décorer la coupole du Panthéon. L'Empereur lui-même indiquait le thème : quatre figures, symboliquement combinées, Clovis, Charlemagne, Louis IX, Napoléon. Gros se met à l'ouvrage, et traîne. Mil huit cent quatorze ! l'île d'Elbe : un ordre signé Neuville, avertit Gros de remplacer le Napoléon de la coupole par un Louis XVIII, et conséquemment la Marie-Louise qui devait se trouver auprès de l'Empereur par une duchesse d'Angoulême. Gros gratte et repeint. Mil huit cent quinze ! les cent jours : à peine ces cent jours avaient-ils commencé de se dérouler qu'arrive à Gros un ordre signé Neuville et disant : « Dans les groupes qui accompagnent l'*Apothéose de sainte Geneviève*, vous devez faire figurer Clovis, Charlemagne, saint Louis et l'empereur Napoléon » Gros regratte et, patient, esquisse un Napoléon derechef. Walerloo ! Décidément, c'est Louis XVIII qui tiendra compagnie à Clovis, Charlemagne et Louis IX.

Pauvre Antoine-Jean Gros, qui subit cette humiliation !
Sa fierté, je pense, en a souffert. Son talent, plus encore peut-
être. Ah ! c'est qu'il reniait, bon gré mal gré, l'enthousiasme
impérial, autant dire l'âme même de son talent.

Il va peindre bientôt un *Départ de Louis* XVIII, où ce
bourgeois porte sur son veston d'intérieur de vaines épaulettes
d'or et, sur ses gros mollets de podagre, des guêtres à plis. Et
il peindra le départ de la duchesse d'Angoulême ; puis le portrait de cette dame ; puis le portrait, en grand costume, de ce
roi Louis XVIII ; — et Charles X le fera baron.

David lui écrira, de l'exil bruxellois : « Êtes-vous toujours dans l'intention de faire un grand tableau d'histoire ? Je
pense que oui. Vous aimez trop votre art pour vous en tenir
à des sujets futiles, à des tableaux de circonstance... »

David écrit à Gros ces choses en 1820 ; et, certes, s'il juge
de cette façon méprisante les tableaux que commandait au
peintre d'Eylau la Restauration, il n'avait pas tort. Les tableaux
de circonstance valent ce que la circonstance vaut... Mais
David a bien d'autres idées en tête !

« La postérité, mon ami, continue-t-il, est plus sévère ; elle
exigera de Gros de beaux tableaux d'histoire. Quoi ! dira-t-elle,
qui devait plus que lui représenter Thémistocle faisant embarquer la valeureuse jeunesse d'Athènes se séparant de sa famille,
abandonnant ce qu'elle a de plus cher pour courir à la gloire,
animée par la présence de son chef ? Pourquoi Alexandre, âgé
de dix-huit ans, sauvant son père Philippe, n'a-t-il pas été
représenté par Gros ? A-t-il aussi oublié les mariages samnites,
où les plus belles filles, rangées avant le combat, étaient le
prix du vainqueur et de celui qui faisait la plus belle action ?
S'il voulait s'en tenir à Rome, que n'a-t-il peint Camille qui
punit l'arrogance de Brennus ; le courage de Clélie allant
trouver Porsenna dans son camp ; Mucius Scaevola ; Régulus

retournant à Carthage, bien convaincu des tourments qui l'y attendent, etc., etc? L'immortalité compte vos années ; n'attirez pas ses reproches ; saisissez vos pinceaux, produisez du grand pour vous mettre à votre juste place. Le temps s'avance et nous vieillissons, et vous n'avez pas encore fait ce qu'on appelle un vrai tableau d'histoire ; quand vous avez le talent et l'âge encore, vous convient-il d'attendre toujours ? Vite, vite, mon bon ami, feuilletez votre Plutarque... »

Gros obéit à ces représentations de son maître ; il avait pris, dès 1814 et 15, le pli de l'obéissance. Il feuilleta son Plutarque. Et David. lui accorda ce satisfecit : « Je suis content de vous voir tiré des habits brodés, des bottes, etc. Vous vous êtes assez fait voir dans ces sortes de tableaux où personne ne vous a égalé. Livrez-vous actuellement à ce qui constitue vraiment la peinture d'histoire... »

A quelque temps de là, Gros refusait la commande d'une *Bataille d'Iéna*. Sans doute fit-il bien, car il n'eût pas retrouvé l'inspiration de jadis. Les conseils lamentables que David lui donnait, n'était-ce point alors tout ce qu'il méritait, en somme?

On rapporte qu'il s'est écrié, un jour, aux approches du mois de juin 1835 : « Je ne connais pas de plus grand malheur que celui de se survivre ! » Il y avait, en effet, vingt ans qu'il survivait à son génie. Le 25 juin 1835, il se jetait à l'eau, en Seine, vers Meudon.

C'est ainsi qu'il mourut, du long désespoir de n'être plus lui-même. Il avait été lui-même et magnifiquement de l'année 1797 où, à Milan, la grâce le touchait ; il le fut jusqu'à la fin de l'Empire, non au delà. Cette poignante aventure d'Antoine-Jean Gros est excellemment démonstrative. Elle signifie qu'il y a, pour la peinture d'histoire, des époques merveilleuses et que, ces époques passées, la peinture d'histoire disparaît.

*
* *

Gros ne fut point à Jaffa, ni à Eylau, ni aux Pyramides. Est-ce dommage ? Je ne sais. Eût-il été plus véridique, plus exact ? Il travaillait sur de bons documents ; et, quant à l'esprit des batailles, il l'avait.

Et puis, on n'imagine pas beaucoup un peintre qui s'aviserait de vouloir peindre une vraie, une complète bataille d'Aboukir ou des Pyramides. Une bataille tout entière, cela ne tient pas dans les limites d'un tableau ! Une bataille ? Qu'est-ce, au juste, qu'une bataille ? Un groupement d'épisodes nombreux, hétérogènes... Le général en chef, lui, voit sans doute l'ensemble, s'il est placé sur l'éminence convenable, s'il avait un plan très bien défini, si les hasards de l'action ne sont pas venus contrarier ses projets. Les autres personnes ne voient et ne connaissent que l'épisode auquel les voici mêlées, un épisode plus ou moins vaste selon le grade. Elles se figurent la bataille à peu près comme ce personnage de Stendhal la bataille de Waterloo : un petit coin de la mêlée.

Le général en chef, s'il avait à portraiturer la bataille, tracerait un dessin fort strict, où les bataillons seraient représentés par des lignes et les mouvements tournants par des cercles, je suppose. Mais, une bataille, pour le peintre, c'est un épisode, l'épisode le plus significatif, glorieux ou décisif, pittoresque, émouvant. Admettez qu'il ait eu la conscience d'être là, c'est bien le diable s'il s'est trouvé juste à l'endroit propice ; et si, par hasard, il y fut, gageons qu'il n'eut pas le loisir de prendre des notes et de travailler.

Le plus scrupuleux des réalistes, Vassili Vereschaguine, éprouva toutes les mésaventures. Il ne travaillait pas de chic ; il n'était pas un artiste frivole. Il copiait, avec ponctualité. Quand éclata la guerre russo-turque, il se joignit à l'état-major de Skobeleff. Ce général avait de l'amitié pour lui ; et, de toutes manières, il lui facilita sa tâche d'observateur ubiquiste.

Vereschaguine était actif, remuant et courageux. Il avait la passion de voir ; et, pour mieux voir, il se plaçait volontiers à l'endroit du plus grand péril. Rien au monde ne l'aurait éloigné de cette « féerie ». Il raconte, dans ses *Souvenirs* [1], l'imprudence qu'il fit un jour, sur le Danube. Les Turcs bombardaient vivement des vaisseaux de commerce qu'ils croyaient destinés au transport des troupes russes... « Je montai sur le vaisseau qui était au centre, afin d'observer à la fois l'effarement qui régnait dans les maisons et la chute des bombes dans l'eau. » Quand les bombes tombaient dans l'eau, une grande gerbe blanche s'élevait. Quand elles tombaient sur le vaisseau, Vereschaguine croyait venue sa dernière heure. Ses amis lui reprochèrent cette « fanfaronnade inutile » ; cela l'étonne : il voulait voir tomber des bombes dans l'eau... Il ajoute : « Si j'avais eu ma boîte à couleurs, j'aurais peint quelques explosions. »

Une autre fois, il a sa boîte à couleurs. Il s'est installé dans les ruines d'un blockhaus turc, sur la pente méridionale des Balkans ; et, là, tandis que les Turcs prodiguent balles, obus et bombes, il esquisse la vallée de la Tunja balayée de mitraille. Plusieurs bombes le viennent déloger ; l'une d'elles projette sur le tableau et sur le peintre une quantité regrettable de terre et de débris : « les couleurs disposées sur ma palette avaient reçu un tel supplément de matières étrangères que je fus obligé de tout enlever ».

Il n'a peur de rien. S'il évite la mort avec plaisir, c'est que

---

1. Vassili Vereschaguine. *Souvenirs* (Enfance. voyages, guerres) illustrés par l'auteur. Paris, Savine, 1888.

la mort interrompait ses curiosités. Skobeleff, à Salvi, lui
disait : « Eh! bien, nous mourrons glorieusement !... »
« C'était la phrase favorite de Skobeleff. Mais ·je pensais bien
que la chose n'irait pas jusque-là, car j'éprouvais beaucoup
moins le besoin de mourir glorieusement que le désir d'assister au passage des troupes par-dessus les montagnes couvertes
de neige, et à la bataille décisive, qui paraissait désormais
inévitable. »

La guerre russo-japonaise lui fut une nouvelle occasion de
se mettre en campagne. Il était à bord du Pétropavlovsk avec
l'amiral Makharoff le jour que sombra ce cuirassé. Avait-il
sa boîte à couleurs et peignait-il « des explosions », comme
il regrettait de n'avoir pu le faire sur le Danube ? Au moment
où il fut englouti, je pense qu'il examinait avec plus d'intérêt
que d'effroi le prodigieux spectacle de la catastrophe.·

Cette curiosité de Vassili Vereschaguine et cette mort qu'il
a trouvée rappellent l'aventure du vieux Pline qui, voici dix-
neuf cents ans, périt pour avoir prétendu regarder de trop
près une éruption du Vésuve. Le vieux Pline est justement
compté parmi les nobles victimes de la science. Vassili Vereschaguine avait, lui, la curiosité du pittoresque : il l'eut jusqu'à
l'héroïsme.

Il paraît qu'une idée philosophique le hantait : oui, l'abomination de la guerre ; et qu'il rêvait, pacifiste, de révéler à
ses contemporains l'horreur des carnages ; et qu'il n'avait pas
d'autre but lorsqu'il parcourait le monde, à la recherche des
sanglantes anecdotes. Il avait assumé cette tâche d'aller voir
toutes les tueries, tous les supplices de la chair martyrisée,
tout le tracas de la barbarie vivace et qui s'évertue à toujours
tuer, d'observer avec bonne foi ces monstrueuses scènes,
de les copier et de dire à ceux qui ne savent pas : — Voyez,
c'est ainsi que l'homme torture l'homme !...

Bel apostolat, et que recommandait la vaillance même de l'apôtre. Tant de pacifistes ont l'air pusillanime un peu, qu'un pacifiste de ce genre, prompt aux combats, a de quoi plaire. Mais apostolat dangereux, semble-t-il : ne risque-t-on pas de prendre les contagions qu'on veut détruire? Vereschaguine détesta la guerre, en philosophe ; et, quand on regarde ses tableaux ou lit ses *Souvenirs*, on se demande s'il ne l'a point passionnément aimée, bien qu'il la réprouvât.

On raconte qu'un jour il pria Skobeleff d'avancer l'heure d'une pendaison, parce qu'il devait partir et souhaitait assister à la chose. Telle fut sa passion de l'authentique document! Et, sans doute, la pendaison ne pouvait manquer d'avoir lieu, Vereschaguine absent ou présent... L'amour du pittoresque fut le péché bien naturel de cet apôtre, qui était peintre, en outre.

Je ne sais pas trop l'impression que peuvent faire ses tableaux sur l'âme des foules qu'il prétendait persuader. La vue du sang et des supplices ne devrait inspirer certes qu'un sentiment d'horreur ; elle réveille quelquefois aussi les vieux instincts sauvages.

Vassili Vereschaguine s'en est-il rendu compte? L'une de ses dernières œuvres est dogmatique avec autant de netteté que de circonspection. Le titre : *Apothéose de la Guerre.* Ironie, et combien évidente! C'est une très hideuse pyramide de crânes au-dessus de laquelle des corbeaux tournoient. Ici, point de doute : un pareil symbole de la guerre n'a rien de séduisant ni de martial.

Mais ailleurs, si l'on est ému de la souffrance évoquée, est-on sûr de ne pas subir l'attrait des belliqueuses images, de ne se laisser point gagner à l'ivresse de la pathétique tuerie? Il en résulte, je crois, dans l'œuvre de Vassili Vereschaguine, de l'incertitude.

Aimer la guerre ou la détester, voilà de bonnes conditions

pour être un peintre de batailles intéressant. L'essentiel, ici comme ailleurs, est d'avoir une passion : laquelle ? il n'importe. L'essentiel est de ne peindre pas avec froideur, académiquement, officiellement. L'essentiel est enfin d'exprimer une idée : ah ! belliqueuse ou pacifiste, il n'importe, pourvu que l'artiste ne se contente pas du vain travail de peindre en pure perte, de mettre de la couleur sur de la toile comme trempe du fil dans l'eau le pêcheur nonchalant.

Une circonstance a tout gâté, pour Vassili Vereschaguine : il n'était pas un grand peintre. Que faire à cela ? Certes, il est adroit. Son pinceau lui obéit, et il copie fidèlement ce qu'il a sous les yeux. Mais le souci méticuleux de l'exactitude l'a perdu. Comme il se donnait beaucoup de mal pour ce document et affrontait tous les périls pour n'inventer jamais rien, il s'avisa d'en profiter. L'habileté dont il était pourvu, il la consacrait tout entière à peindre ce qu'il voyait, — ce qu'il voyait, sans négliger ni ajouter un seul détail !

Alors, ses œuvres ont la valeur et l'agrément de photographies prises au bon endroit, au bon moment. Mais il va jusqu'au trompe-l'œil, qui est le contraire de l'art. Sculpteur, il aurait travaillé pour le Musée Grévin. Dans les portes de ses palais, on est tenté de s'engouffrer ; devant ses charges de cavalerie, on est pris de panique : les mosaïques de ses mosquées semblent de vraies mosaïques, on en compterait aisément les petites pierres. Ses figures ont le relief de la réalité.

L'art et la réalité sont deux choses ! Et les personnes qui en douteraient n'ont, pour s'en persuader, qu'à examiner l'œuvre de Vassili Vereschaguine.

CHAPITRE III

LA NATURE

Quand il s'agit de dire ce qu'on appelle « la nature », d'abord on s'étonne d'avoir à le dire, et puis on s'aperçoit qu'on est bien en peine de le dire.

La campagne, les paysages, les arbres et l'eau, les objets? Oui, tout cela. Et l'homme et les idées de l'homme? Cela aussi. Mais on voudrait séparer l'homme de la nature ; il le faudrait, pour parler d'elle purement. Hélas ! les philosophes l'ont prouvé, et avant eux la spontanéité mélancolique des rêveurs le pressentait : il n'y a rien en dehors de notre pensée ; et, la nature, c'est encore un jeu fragile de notre pensée.

Je ne sais guère de réflexion plus triste !... Il serait aisé, cependant, de trouver là un excellent motif d'orgueil : l'esprit humain, tant créateur, se réjouirait de sa fière autonomie. Seulement, le voici désormais plus seul, et qui s'effare de son isolement splendide, et qui a peur de ses caprices, et qui, conscient d'être mobile, tremble de ne pouvoir plus compter sur la réelle évidence des choses.

Le *moi* exige le *non-moi*, ne fût-ce que pour le détester s'il le rencontre en désaccord avec lui. Vous êtes affligé, ce jour, et la gaieté de la nature vous offense : ne nargue-t-elle pas votre douleur? Il vous est loisible, du moins, de lui répondre,

de plaindre son indifférence et d'accuser son manque d'égards.
Ainsi s'épanchent les lyriques !

Socrate, lui, refusait de se promener. Il prétendait que les
paysages n'avaient rien à lui apprendre qu'il ne connût déjà
par l'unique étude de soi. Pareillement, l'auteur de l'*Imitation*
écrit : — Que t'en vas-tu chercher ailleurs qui ne soit ici
même où tu es ; tu ne rencontreras en tous lieux que terre,
eau, feu, air, les quatre éléments ou les composés de ces
quatre éléments : demeure en ta cellule.

Ce moine et ce philosophe ne crurent qu'aux vertus de la
méditation. Farouches, ils proscrivaient le reste.

Comment analyser cette tendresse qu'éprouve l'homme
pour la nature? Pourquoi Socrate et l'auteur de l'*Imitation*,
quand ils refusent de communier avec le *non-moi*, semblent-
ils férus d'un bizarre paradoxe? Pourquoi n'écartons-nous pas,
d'un geste, l'apparence ou la réalité, tout cela qui ne nous
est rien ?

Mais la nature, champs féconds, cieux de clair soleil ou de
bonne pluie, arbres ombreux et riches en fruits, c'est la
première utilité de notre vie ? L'utilité, certes ; et l'art est le
contraire de l'utilité.

La nature, en tant qu'elle s'offre à notre contemplation
désintéressée, en tant qu'elle nous charme et nous émeut de
belle joie, la nature vaut par son éloignement, son étrangeté,
ce caractère que nous lui attribuons, sans trop y songer, de
ne point dépendre de nous. Et nous l'aimons de n'être pas
nous, parce que nous sommes, au fond, las de nous-mêmes,
désireux de nous échapper de notre intime prison, curieux
d'autre chose.

Nos sentiments, nous les voudrions réaliser en dehors de
nous-mêmes. Nos pareils, qui souvent ont l'air de se prêter à
cette tentative illusoire et délicieuse, trompent aussi la con-

fiance que nous allions leur accorder ; faute de complaisance ou par trop de complaisance médiocre, ils nous ont bientôt déçus. Alors, il ne nous reste plus que la nature : elle ne se refuse pas ; généreuse, elle se donne.

L'art est le stratagème auquel nous recourons pour réaliser en dehors de nous notre rêve de la vie. La nature, à ce compte, est de l'art déjà. La pensée humaine, au cours des siècles, s'y est logée : le même accueil attend l'âme des jours à venir. Les passants qui regardent la nature et les artistes qui la prennent pour modèle l'aperçoivent et sont touchés de l'apercevoir, toute pleine des idées nombreuses et variées qu'ils reconnaissent, fraternelles et poignantes.

I

La nature morte

C'est une expression bizarre, celle de « nature morte », qu'on emploie sans trop songer à ce qu'elle signifie. Ingénieuse, d'ailleurs : morts, ces perdreaux, faisans, lièvres, gibier décoratif ; morts, ces beaux fruits, poires, pêches, raisins, détachés de la treille ou de l'arbre et recueillis dans cette coupe en vue de gourmandises ; et morte enfin, la matière même, bois, pierre ou métal, de ces objets divers, tables, vases, gobelets : cette matière que voici fixée en telle forme, arrêtée, immobilisée s'est dépourvue de toutes les possibilités nombreuses qui autrefois, dans la forêt, dans la carrière ou dans la mine, étaient l'incertitude et l'attente de sa destinée, sa vie.

Nature morte, oui. Seulement, il ne faudrait pas que le mot fît illusion. Ce mot, il me plaît dans la mesure où, par la mention seule de la mort, il évoque la vie. Ces choses ont vécu : c'est toujours cela ; le pathétique *d'être* ou *d'avoir été*, c'est l'âme même de la nature morte. Mais, comme Spinoza disait qu'il n'y a rien de vil dans la maison de Jupiter, on peut dire aussi qu'il n'y a rien de mort.

Laissons l'accident de chasse où succombèrent lièvre, faisan, perdreau. Cette plume et ce poil ne folâtreront plus à l'aventure. Mais le bon gibier qu'ils sont devenus ! Et croire que les choses ne vivent pas, c'est méjuger de l'universelle vie. Les philosophes cartésiens, à cause de leur système exigeant, ne

voulaient pas que les animaux fussent vivants ; ils les appe-
laient des machines : quel orgueil et quelle vanité ! Le panthéisme, plus accueillant, suscite les animaux, les arbres et
jusqu'à la matière, qui semble inerte et qu'animent les
formidables forces du Tout.

Les objets fabriqués, eux-mêmes, sont vivants. Si la nature y
est morte, une autre vie a commencé pour eux, celle de leur
forme nouvelle et de l'être qu'ils sont devenus.

Le poète Francis Jammes a très bien indiqué cette vie
obscure et profonde des choses[1]. « C'est avec légèreté, dit-il,
que, la plupart du temps, nous touchons aux choses. Mais elles
sont pareilles à nous, souffrantes ou heureuses. Et, lorsque je
remarque un épi malade parmi des épis sains, et que j'ai vu
la tache livide qui est sur ses grains, j'ai très nettement l'intui-
tion de la douleur de cette chose... Une belle rose, au contraire,
me communique sa joie de vivre. Et, sur sa tige, on la sent bien
heureuse, tellement que par ces simples mots : « Il est dom-
» mage de la couper », un homme quelconque affirme et conserve le plaisir de cette fleur... J'ai souvent considéré des objets
qui dépérissaient. Leur désagrégation est identique à la nôtre. Il
est pour eux des caries, des ruptures, des tumeurs, des folies.
Un meuble que rongent les vers, un fusil dont se casse le res-
sort, un tiroir qui a gonflé, ou l'âme soudain faussée d'un violon,
voilà des mots dont je suis profondément ému... Les choses
sont douces. D'elles-mêmes jamais elles ne font de mal. Elles
sont les sœurs des esprits. Elles nous accueillent, et nous posons
sur elles nos pensées qui ont besoin d'elles comme, pour s'y
poser, les parfums ont besoin des fleurs... Il est des heures,
des saisons où l'on entend mieux les mille voix des choses. A

---

1. Francis JAMMES. « Des choses », dans *Clara d'Ellébeuse*. Paris, 1899.

la fin d'août, vers minuit, quand la journée a été chaude, un bourdonnement indistinct, qui n'est pas celui des rivières ni des sources, ni du vent, ni des animaux froissant l'herbe, ni des bestiaux qui secouent leurs chaînes sur les crèches, ni des chiens veilleurs inquiets, ni des oiseaux, ni du retombement des métiers des tisserandes, s'élève autour des villages agenouillés... Il est des objets qui m'ont consolé dans telles circonstances douloureuses de ma vie. Il en est qui, dans ces moments, attiraient particulièrement mes regards. Moi qui ne savais faire que mon âme pliât devant les hommes, j'ai parfois pleuré en contemplant des choses. Un rayonnement émanait d'elles, en dehors des souvenirs que j'y attachais, pareil au frisson d'une amitié. Je les sentais, je les sens vivre autour de moi. Je sentais quelle fraternité m'unissait à ces humbles choses, et que c'est enfantillage de classer les règnes de la nature, alors qu'il n'est qu'un règne de Dieu... »

*
* *

Le bonhomme Chardin n'était aucunement dédaigneux. Il fut exempt de cet orgueil qui fait qu'on établit des hiérarchies parmi les sortes différentes de ce qui est. Il n'a pas cru que la figure humaine méritât seule d'attirer l'attention de l'artiste, ni qu'il fallût de grands spectacles merveilleux pour que le peintre voulût bien se déranger.

Et, là-dessus, on pourrait croire qu'il se plaisait seulement au jeu divers de la couleur, qui est éparse à la surface de toutes choses. Car la lumière se répand sans choix sur la réalité universelle. Oui, sans doute, Chardin fut attentif à ces prodiga lités de la lumière : peintre, comment aurait-il méconnu cette abondante joie ? Mais il n'est pas de ceux pour qui le monde extérieur n'est qu'un décor aux nombreuses nuances, un

prétexte à de riches combinaisons de couleurs. Il n'oublie pas,
quand il regarde cet ensemble merveilleux, les éléments qui le
composent, et l'individualité de chacun de ces éléments. Il
aperçoit, dans l'immense nature, autant d'êtres qu'on y peut
distinguer d'objets.

Pascal écrivait : « A mesure qu'on a plus d'esprit, on trouve
qu'il y a plus d'hommes originaux. Les gens du commun ne
trouvent pas de différence entre les hommes ». Cette pensée,
je la voudrais, à propos de Chardin, modifier sans la détourner du sens qu'elle a. Au lieu des hommes, mettons les choses.
A mesure qu'on a plus d'esprit, on voit mieux les différences
des choses et que chacune d'elles est spéciale. Et que chacune
d'elles est une personne, si par ce mot nous entendons le fait
de n'être identique à rien, de réunir en soi des quantités et
qualités qu'on ne saurait ailleurs rencontrer telles.

On l'a dit souvent, qu'il n'existe pas, dans la forêt, deux
feuilles semblables. Il ne suffit pas de le dire du bout des
lèvres, comme qui constate un fait parmi tant d'autres, si
l'on n'en a point encore le véritable sentiment. Si vous songez, avec toute la sincérité de l'esprit, qu'il n'existe pas, dans
la forêt, deux feuilles semblables, combien vous sera précieuse chacune de ces feuilles : et, quand le vent d'automne
les balayera, quelle aventure pathétique ! Mais il n'est pas
besoin de ce drame pour vous émouvoir : la nature quotidienne est divinisée par l'incessante présence de ces petites
âmes que sont toutes les choses.

Rappelez-vous le vers du poète : « Aimons ce que jamais
on ne verra deux fois !... » Il n'est rien que l'on puisse voir
deux fois. Chaque chose est ; et il faut donc aimer tout.

Chardin fut admirable pour cela : il ne semble pas avoir
aimé seulement chaque chose, mais encore avoir préféré
chacune d'elles, tant il a mis de soin scrupuleux à distinguer

des autres objets analogues celui qu'il s'appliquait à peindre.

Cette anecdote pourrait bien être authentique. Elle est, en tout cas, pleine de sens et de vérité. Chardin, jusqu'à ce jour, eut pour maître un peintre Cazes qui ne lui enseignait rien du tout, si ce n'est les poncifs, les trucs et le reste de ce qu'il faudrait ne point enseigner ; mais Coypel recourt à l'aide du jeune homme. Il le charge d'exécuter, dans le portrait d'un chasseur, un accessoire : le fusil. Voilà. Il lui recommande l'exactitude : il lui met sous les yeux ce fusil et l'engage à copier ce qu'il voit, sans plus, tout simplement. On rapporte que ce fut une révélation pour Chardin. Tandis que Cazes lui apprenait des manigances, une esthétique nouvelle lui est offerte : suivre la réalité. Alors, Chardin regarde et, plus il regarde, plus il aperçoit d'effets à rendre : le métal, le bois, la substance et l'éclairage et l'atmosphère, etc. Depuis ce jour, Chardin fut attentif à ce qui est. Il a découvert la réalité : c'est-à-dire qu'il n'a plus besoin de maître, ni de Cazes, ni de Coypel, ni de personne.

S'il a travaillé pour Coypel, c'est faute d'argent. Car il n'était pas du tout riche, premièrement. L'humilité de sa condition lui procura ce bon hasard, qui préparait toute sa destinée. Et peut-être a-t-on le droit, sans abuser des conjectures, de penser que l'humilité de sa condition favorisa le goût qu'il eut pour les plus modestes objets : s'il n'eut pas de morgue à leur égard, c'est que toute son âme était dépourvue du sot orgueil que donne aisément la très haute fortune. Il fut un homme simple, en sympathie amicale avec les choses.

D'ailleurs, une sensibilité très fine l'avertit de ne rien omettre. Le portrait que La Tour a fait de lui, c'est le portrait de ses yeux : qu'ils sont avides de voir, ses yeux, et d'aller au-devant des choses, pour en surprendre tout le détail ! Je me figure Chardin facilement ému, tendre à part lui, mais au dehors volontiers bourru, par une sorte de pudeur qu'ont souvent les âmes sensibles.

La Tour n'a pas un plus vif souci de noter le propre d'un visage, que Chardin de marquer le caractère d'un fruit; et La Tour ne distingue pas une variété plus nombreuse des physionomies que Chardin des aspects qu'ont les choses.

Les prunes ou les pêches de Chardin ne sont pas toutes au même point de maturité; le soleil ne les a pas traitées pareillement toutes. Leur couleur varie, leur tissu et leur chair. Qu'il fût gourmand, je n'en serais pas étonné. Son amitié pour ces beaux fruits va jusqu'à les trouver appétissants. A la façon dont il peint leur humidité savoureuse, on devine qu'il les guignait.

On croit en sentir l'odeur sucrée. Ses raisins, on n'en voit pas seulement la peau mate ou luisante que la lumière touche avec précaution, mais l'épaisseur, la transparence et le jus. Ses pêches encore, aux tons d'ivoire et de vin, duveteuses, sont abondamment gonflées de suc; et parfois, il les coupe en deux, afin qu'apparaisse le délice de la pulpe fraîche et nacrée, le noyau mouillé où subsistent des lambeaux frais-arrachés. Une grenade ouverte laisse voir la merveille de ses réserves liquides, le cloisonnement délicat de ses molles cellules.

Semblablement, la bonne viande, sur les tables de cuisines, saigne et l'on imagine qu'en cuisant elle saignera davantage; et la raie est bien admirable, avec le foie qui pend.

Ses poissons, on dirait qu'on les peut toucher et qu'alors ils seraient gluants aux doigts. Certains ont l'écaille épaisse et rude; d'autres, plus gras et lisses, semblent une opaque et tremblante gélatine; d'autres sont encore trempés de l'eau où prestes ils fuyaient.

Le pinceau de Chardin modifie ses touches selon la matière qu'il veut représenter. Et il ne donne pas seulement une sensation visuelle ; mais le cuivre de ses chaudrons est froid ; la faïence d'un sucrier, le cristal d'un flacon, l'argent d'une timbale, l'étoffe d'une nappe, autant de substances dont notre tact serait diversement affecté. Celle-ci est souple, telle autre dure, telle autre mince ; et telle autre est d'une fragilité manifeste. Elles ne reçoivent pas de même la lumière : telle l'absorbe, et telle autre la casse, la brise, et telle autre l'augmente, la multiplie, et telle autre la réfléchit.

Chardin est l'un des premiers peintres qui surent qu'un objet n'a pas de couleur propre. La couleur d'un objet résulte de l'éclairage et de l'entourage. Ses timbales d'argent prennent des reflets à tout ce qui les environne, attrapent ici du rose, ailleurs du rouge ou du bleu ; et ces images fragmentaires qui s'y viennent répercuter se déforment, se mêlent, se combinent : c'est une fantasmagorie bizarre et charmante où l'on ne distingue plus les silhouettes composantes, mais où se mire la diversité totale des entours.

Les choses ne sont pas, les unes à l'égard des autres, inertes et inactives. Il ne faut pas qu'on se les figure, les unes à côté des autres, comme de petits mondes fermés et hermétiques, qui ne communiquent pas et se cantonnent en eux-mêmes. Il se fait entre elles un perpétuel échange. Aucune d'elles n'est isolée ; chacune d'elles subit l'influence de toutes celles qui l'avoisinent ; et l'atmosphère est peuplée de ces mystérieux messages qui vont de-ci de-là incessamment.

L'atmosphère, dans les tableaux de Chardin, se révèle en vérité, subtile, diaphane et réelle. Il n'en donne pas l'illusion par la seule perspective et par la juste valeur des colorations. Il la peint telle que les objets y soient trempés et subissent son contact immédiat, son contact lumineux, doux, aigre, colorant.

Bref, l'art de la « nature morte » fut par Chardin porté jusqu'à sa perfection la plus imprévue. On ne conçoit pas plus d'habileté ; et notons aussi que, de cette habileté souveraine, Chardin n'abuse jamais pour de vaines prouesses : il la soumet à
son dessein, qui est de peindre avec exactitude ce que lui
apprennent de la réalité ses sens très subtils.

*
* *

Voilà donc un réaliste excellent ; cet art ne se propose
pas d'exprimer plus que l'on ne voit !...

A quoi bon? demandera-t-on peut-être. A quoi bon copier
ce qu'on voit, puisqu'on le voit, si le spectacle n'est pas de ceux
qu'il importe de fixer, parce qu'ils sont fugitifs, rares et introu-
vables? Les prunes, les pêches, les raisins ne semblent pas
menacés de disparaître, et la pomologie ne subit pas une crise,
présentement. Alors, il serait facile, n'est-ce pas? de se procurer avec quelques-uns de ces fruits le plaisir que donne un
tableau de Chardin, — dira-t-on. En somme, l'art de la « nature
morte » n'aurait-il d'autre aboutissement et, si l'on veut,
d'autre idéal, dans sa perfection, que le trompe-l'œil ?

Qui objecterait cela n'aurait rien compris à l'œuvre de
Chardin. Son réalisme n'est pas une copie, un double du réel.
Les Goncourt ont écrit que, dans les tableaux de Chardin
Chardin lui-même apparaît. Sans doute, ils songent à l'œuvre
entier de ce maître et à ces compositions charmantes où il interprète si joliment les épisodes familiers de la vie bourgeoise. On
peut dire la même chose à ne considérer que les « natures
mortes » de Chardin. Ce qu'on aperçoit alors, ce n'est pas seulement quelques traits de son caractère : à cet égard, la
moindre touche d'un grand peintre est déjà révélatrice. Mais la
soumission volontaire de l'artiste à son modèle est un signe
émouvant de son individualité. L'effort qu'il fait pour rester à

l'écart de ce qu'il peint le manifeste mieux et plus fortement qu'un lyrique abandon. Un Flaubert, qui refuse de se raconter et s'acharne dans sa résolution d'être objectif, pose un personnage plus puissant que ne fait nul mémorialiste : à la lutte, sa personnalité se marque, au lieu de se diluer dans les complaisances d'un facile épanchement.

D'ailleurs, j'accorde sans difficulté que « la nature morte » n'est pas un genre très étendu. Les choses ont leur signification; mais enfin, ce qu'elles signifient n'est pas innombrable. Les divers artistes qui les interprètent les entendent à leur façon : encore ce qu'ils entendent n'est-il pas infini.

Chardin ne s'est pas tenu aux « natures mortes ». Il a bien fait. Et, le jour qu'il se mit à des compositions « vivantes », il profita de l'exercice que les « natures mortes » lui avaient été : exercice de son pinceau, exercice surtout de son esprit, qui s'était accoutumé à peindre ce qui est, ce qu'on voit, dans des sujets où est moins forte la tentation d'intervenir parmi les réalités que l'on peint : il avait pris l'habitude de l'objectivité.

II

Le paysage

La peinture du paysage est à peu près aussi ancienne que l'art de peindre. Le sentiment de la nature a dû s'éveiller chez les premiers hommes dès qu'un peu de loisir leur fut donné.

Les paysans ne le connaissent pas beaucoup. Le touriste qui vient chez eux et contemple les sites ou simplement se plaît au décor de collines, de champs étagés et de rivières sinueuses, les étonne. Ils ne comprennent pas que l'on vienne de loin, que l'on vienne des villes pour regarder les environs d'un si pauvre village. Ils se figurent que vous avez probablement la tête un peu dérangée ; votre manie provoque leur narquois sourire...

C'est que, pour eux, la campagne n'est pas un objet de pure contemplation, mais la terre qu'il faut labourer : travail opiniâtre et grave. S'ils examinent l'horizon, c'est afin d'y chercher le temps qu'il fera, les chances de pluie fécondante ou d'orage meurtrier, de vent, de grêle : autant de redoutables hasards, d'où dépend la nourriture de la saison prochaine. Convient-il de rentrer en hâte le blé, le foin ? peut-on compter sur de beaux jours où la moisson se dorera ? faut-il craindre les grands ravages qui ruinent vite l'espérance des longs mois ? Ces inquiétudes ne laissent pas l'homme de la terre songer à la beauté des lointains verts et bleus. Parmi les plus admirables visages du ciel, il y en a qui présagent la dévastation.

L'idée de l'art suppose plus de détachement.

Et puis, aux paysans, qui sont nés, ont grandi et vieilli dans le même petit coin de campagne, le paysage est devenu trop familier pour qu'ils le voient. L'habitude émousse et bientôt anéantit l'impression. C'est un fait connu, que l'oreille cesse de percevoir les sons qui longtemps se répètent avec fréquence et régularité. L'œil, lui aussi, néglige la vision qui a trop duré. Il lui faut, pour que son attention soit excitée, du nouveau, de l'imprévu, de la différence. Il lui faut de l'étonnement : alors, il est averti et regarde. Car l'étonnement est l'origine de tout travail spirituel ; la science en procède, et l'art aussi. Sans l'étonnement, notre vie mentale s'écoulerait dans l'incon- science : l'habitude provient du ressassage d'un même état psy- chologique et elle aboutit à l'ataraxie. *Nil mirari,* — c'est la formule de l'engourdissement de l'âme.

Eh ! bien, le paysan, qui n'a pas vu d'autre horizon que l'ho- rizon de son petit village, ne le voit pas. Le jeune Virgile, tan- dis qu'il était à Mantoue, ignorait probablement la nature. Elle lui est devenue sensible quand il fut à Rome et regretta, dans le tumulte citadin, la paix immobile des champs. Rome lui avait donné la notion de la différence. Il put s'émerveiller ; et, dès lors, attentif à son souvenir, il suscita l'image, endormie en lui jusque-là, de la campagne et des entours de son enfance distraite...

L'idée de l'art a besoin d'une certaine étrangeté.

C'est pour cela que des artistes, écrivains ou peintres, ont recours à l'exotisme. Le paysage de chez nous ne les émeut plus. Ils ont vu trop longtemps ces prairies, ces coteaux et ce ciel gris perle ; trop longtemps le village natal et ses chemins et ses chaumières et son activité toujours la même. Ils s'en vont ailleurs chercher d'autres végétations, des fleurs inespé- rées, des animaux très singuliers et des lumières surprenantes.

Les voici qui se réjouissent du beau spectacle, et ils le célèbrent éperdument.

Mais ensuite, ils se sont adaptés à tant de merveilles qui d'abord leur semblaient capables d'enchanter toute leur existence. L'accoutumance peu à peu leur gâte le plaisir. Et ils s'ennuient du second paysage, comme naguère ils se sont lassés de l'autre. Le second paysage ne les étonne plus; ils ne le voient plus.

En souhaiteront-ils un troisième?... Ah! le monde est petit, et quelle déception!... Ils s'en reviendront au village natal, qu'a dédaigné leur folie adolescente. Pierre Loti, après avoir vécu dans les pays lointains qui l'amusaient, revient à l'humble coin de terre où il naquit, d'où il partit, un jour, en quête de divertissement. Et il écrit à son ami de Stamboul : « Me voici dans mon pays, bien différent du vôtre ! sous les vieux tilleuls qui m'ont abrité enfant, au milieu de mes bois de chênes-verts. C'est le printemps, mais un pâle printemps : de la pluie et de la brume, un peu comme est chez vous l'hiver. J'ai repris l'uniforme d'occident, chapeau et paletot gris ; il me semble, par instants, que mon costume c'est le vôtre, et que c'est à présent que je suis déguisé...[1] »

Désormais, l'orient n'est plus pour lui la bonne occasion d'une émotion d'art. Il s'y est trop accoutumé. Mais le paysage familier de jadis, où maintenant il se croit déguisé, lui redevient nouveau, nouveau par l'oubli, nouveau dans la retrouvaille. La Bretagne d'autrefois a pris un aspect d'exotisme...

Il y a, en toute forme d'art, de l'exotisme, — primaire ou secondaire, si l'on peut dire ; — et, quand tu regardes avec des yeux émerveillés le champ de ton père, c'est probablement

---

1. Pierre Loti. *Aziyadé*, p. 201.

que tu y es revenu de très loin, après avoir beaucoup vagabondé dans la nature ou dans le rêve !...

Il serait facile et profitable, sans doute, de comparer l'aventure d'un Pierre Loti, celle d'un Bernardin de Saint-Pierre ou d'un Châteaubriand. *Paul et Virginie* explique les *Études de la nature* et les évocations américaines, par exemple, ce début des *Mémoires d'Outre-tombe* où l'enfance bretonne et le château de Combourg sont peints de si émouvante manière...

Tel est, si je ne me trompe, le processus spirituel qui aboutit à l'art des grands descriptifs et des paysagistes. C'est en de telles profondeurs de la subconscience que naît leur sentiment d'art et leur sincère notion du pittoresque. Ce dépaysement nécessaire que l'exotisme fournit à quelques-uns, d'autres l'acquièrent sans beaucoup s'éloigner ; et les voyages de la pensée, le long séjour dans les secrets de la méditation, qui clôt les yeux du corps aux phénomènes du monde, peuvent valoir le divertissement des pays étranges. Mais il y a toujours retour et découverte, à l'origine de cet art.

On l'a compris par ces commentaires, j'imagine ; un paysage vaut un autre paysage. La magnificence ou la bizarrerie des sites et des horizons n'est pas indispensable. Toute la beauté de la nature est dans le moindre village. Il suffit que l'on regarde, avec des yeux qui sachent s'étonner, les pudiques prairies se voiler, à l'aube, de nuées blanches, et courir dans les bois le doux visage de la lune. Il suffit d'un arbre qui se mire sur l'eau ; il suffit des chaumières qui, le soir, s'endorment ; il suffit des labours qui boivent la pluie...

On regarde un paysage ; on y loge un détail nombreux de pensées, de rêves, d'imaginations et de mélancolies ; on y réalise l'âme qu'à cette heure on a. Et puis, en s'en allant, on se dit que tout ce paysage disparaît. Il n'était que par vous, il n'était qu'une palpable image de vous ; et, comme vous le

suscitiez, vous l'anéantissez en vous éloignant. Ou bien, l'aban-
donnez-vous seulement et le laissez-vous tel derrière vous ?

Orgueilleuses méditations, les unes et les autres ! Mais il
est vrai qu'un paysage a l'existence que vous lui prêtez ; et,
quelle que soit la juste philosophie — celle des idéalistes ou
celle des réalistes, — que les arbres, la terre et l'eau demeurent
ou non quand vous fermez les yeux, toujours est-il que vous
teintez le paysage de la nuance de votre esprit.

Et c'est pourquoi l'éternelle nature, dont on oppose volontiers la permanence à l'humaine fragilité, se modifie, au cours
des âges, dans la vision qu'en notent les artistes. Les paysages
d'autrefois, de jadis et de naguère ne sont pas ceux que nos
yeux contemplent ; et ils diffèrent entre eux, au point qu'à
peine reconnaîtrait-on le même site si quelque artiste, en
chaque siècle de l'histoire picturale, l'avait sincèrement peint.

Il faudrait que l'on écrivît ce livre : l'histoire de la nature
à travers le temps. Les différences qu'apportent les climats,
les spécialités de la flore, de la géologie et de la faune sont
moins marquées que celles qui résultent des transformations
de l'esprit. Mais, une histoire de la nature telle que la
comprirent et sur la toile la fixèrent les peintres des époques
successives, quel livre charmant et qui éclairerait et qui surtout illustrerait l'histoire de la pensée humaine !...

Je ne puis même songer à en esquisser ici les grandes
lignes. Tout au plus en voudrais-je indiquer quelques épisodes.

Il faudra tenir compte des époques. Oui ; car il y a une
conscience générale de chaque époque : nous ne sommes pas
seuls à regarder la nature : même quand nous croyons nous
être mis à l'écart pour être avec elle en intimité ; d'autres
yeux regardent, ainsi que les nôtres et un peu de ce que nous
voyons est ce qu'ils voient... Il ne faudra pas oublier
cependant les individualités. On se figure aisément, dans la

critique d'aujourd'hui, qu'on a expliqué toute une âme quand on a révélé toutes les influences qu'elle subit, toutes les analogies plutôt qu'elle peut avoir avec ses contemporains. Certes, on a expliqué pas mal ; seulement, s'il s'agit d'une âme qui mérite l'étude et le commentaire, on a oublié l'essentiel : c'est à savoir ce qui distingue cette âme des autres, son invention propre, ce qui la spécialise, — elle-même !

*
* *

Il y a des paysages déjà, et merveilleux, chez les peintres anciens, qui ont inauguré l'art de peindre et qui se consacrèrent aux sujets religieux. Chez les tout premiers, non : le fond d'or des panneaux d'un Cimabué n'a pas d'éclaircie sur la campagne ou sur le ciel. Faute d'habileté pour peindre les délicatesses d'un arbre ou des légers nuages ? Surtout, la nature ne comptait guère : les divins personnages l'offusquaient et les images saintes négligaient le divertissement de la créature.

Plus haut, j'ai dit comment le gai François d'Assise, ayant aperçu l'œuvre perpétuelle de Dieu dans la création belle et ensoleillée, rendit à la nature sa valeur et son charme légitime. Le fond d'or se déchire et voici les arbres, les maisons, les animaux et toute l'animation de l'universelle vie. Giotto, que la vertu franciscaine emplit de sa ferveur, fit entrer dans la compagnie des saints et des divins personnages l'humble et douce familiarité du réel...

Van Eyck, ce n'est pas l'idée franciscaine qui le hante. Mais ce Flamand n'est point un mystique semblable aux premiers Ombriens. Il a le sens des réalités, lui, et ne les néglige aucunement. Encore qu'il s'applique et réussisse à peindre la dévotion du chancelier Rollin et le visage ineffable

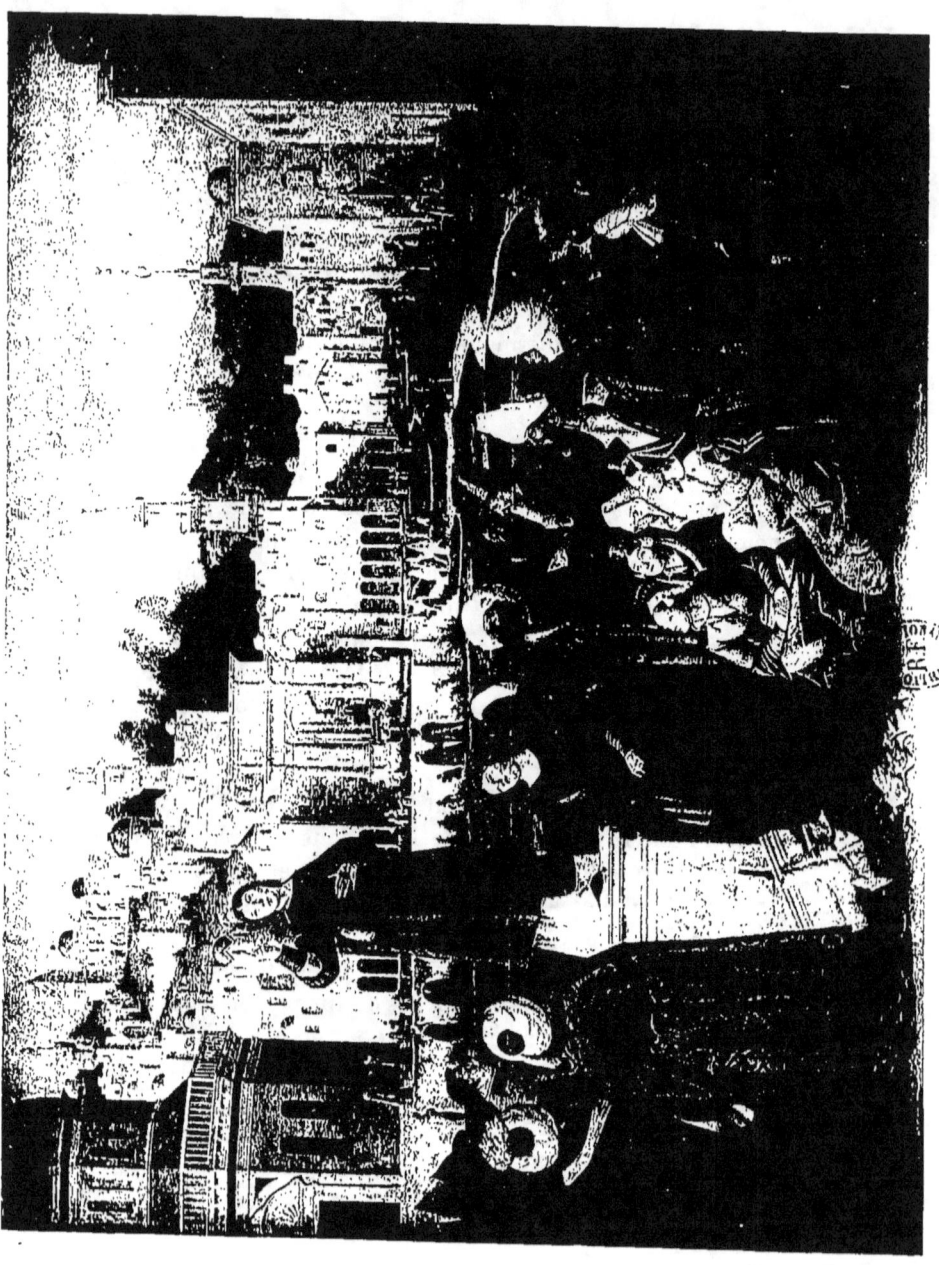

CARPACCIO. — Saint Étienne.

de la Vierge, il prend garde au soleil qui verse sur la campagne ses flots de lumière : le paysage de ce tableau n'en est-il pas la merveille ?

Un peu plus tard, en Italie, quand la sévérité de l'inspiration religieuse a diminué ou, si l'on veut, s'est faite moins ascétique, les peintres font au paysage une place plus libre dans leurs tableaux. Il leur plaît d'ouvrir, derrière la figuration pieuse, de larges espaces d'air et de nature.

Pérugin a de jolis ciels, pleins d'azur limpide et profond, que sa profondeur même rend opaque. Et il place, devant, des silhouettes fines d'arbres légers dont les petites feuilles jouent dans la lumière. Pas de nuages, pas d'autres détails ; simplement cette grâce élancée des minces ramures.

Léonard de Vinci aime ces lointains bleus où des montagnes, des rochers, des villes, des rivières sont noyés de mystère. Comme l'air et ses buées, montagnes, villes et rivières semblent impondérables et transparentes ! On dirait qu'un prestige évoque ces fragiles beautés. Qu'on se rappelle le fond de la *Joconde* et celui de *la Vierge avec l'Enfant Jésus et sainte Anne* !... Pareillement celui de l'hypothétique *Bacchus*. Le premier plan n'est pas aussi beau, les feuillages d'ombre sont un peu sommaires et pauvres. Mais le lointain nacré ! La lumière vaporeuse et diffuse enlève le paysage, le sublimise, le porte vers le ciel ; et il y a de tels miroitements qu'on ne sait plus où commence le ciel : les choses sont transformées en fantasmagories aériennes.

Carpaccio n'est pas cet idéaliste. Mais comme il prodigue la gloire chaude et claire du soleil ! Le *Saint Étienne prêchant à Jérusalem*, qui est Louvre, doit compter parmi les œuvres les plus originales du XVIe siècle commençant. N'est-ce pas l'une des premières fois que l'on ait, avec tant de bonheur, représenté le plein air véritable ? L'architecture de Jérusalem,

inventée, a de la fantaisie et du caractère. Au dernier plan,
les collines sont bleutées de légère brume ; les plus proches
sont rousses et brunes. Sur la place, dans la lumière torrentielle,
des groupes de gens vont et viennent. Les couleurs, habilement
disposées et, selon l'éloignement, simplifiées, ont toute la
variété qu'il faut. Et il flotte de l'air autour des monuments,
de l'air limpide et blond.

*   *
*

Un jeune homme de vingt ans à peine quittait Anvers, aux
environs de l'année 1575, pour se rendre en Italie. Il se sau-
vait, malgré les récriminations de ses parents. Rome l'attirait.
Il allait y retrouver son frère, un peu plus âgé, qui, pour
Grégoire XIII, travaillait à la décoration picturale du Vatican.

Que de jeunes Flamands avaient devancé les deux Bril,
dans cet exode vers l'Italie, qui est la grande et fâcheuse
aventure de l'art à l'époque de la Renaissance! Ils étaient
allés perdre, au delà des Alpes, leur caractère national, quelque
chose et souvent le tout de leur personnalité... Je comprends
l'émoi du père Bril, si ce bonhomme craignit pour ses fils la
mauvaise influence de Rome; — mais il est probable que
d'autres inquiétudes le tenaient.

Paul Bril aurait peut-être mieux fait de rester à Anvers.
Cependant Rome ne l'a point perverti. C'est qu'il avait son
idée; il n'en voulut pas démordre. Parmi les artistes nombreux
qui renoncèrent au pays natal pour émigrer vers les tentations
italiennes, il offre cette particularité : au lieu de venir prendre
aux Italiens leur manière, il apportait la sienne.

On dit, il est vrai, que Titien, les Carrache et d'autres
agirent sur lui. En quelque façon, c'est bien possible. La
tradition veut que les chasseurs de la *Chasse aux canards*

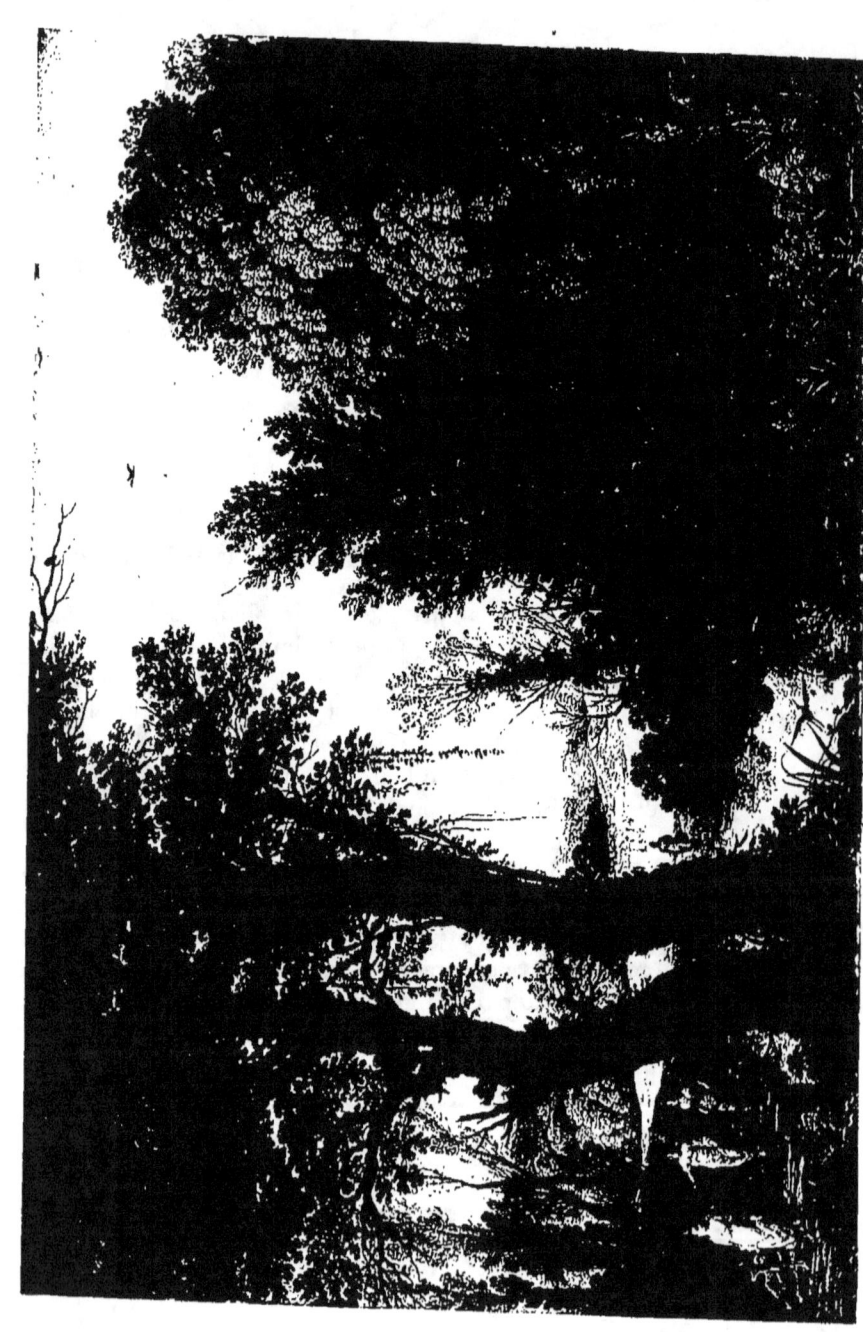

BRILL — DIANE ET SES NYMPHES.

soient de la main d'Annibal Carrache. Qui sait? Ils sont médiocres, en tout cas ; et le reste du tableau, qui n'est point médiocre, ne doit rien certainement à nul Carrache. On raconte aussi que, plus d'une fois, les peintres de là-bas lui demandèrent de peindre un bout de paysage dans leurs tableaux, et qu'il le fit.

Quoi qu'il en soit, il est lui-même, il est un inventeur et un précurseur.

Ou bien faut-il attribuer à Mathieu Bril, l'aîné, l'invention? C'est un point d'histoire assez obscur. Mais Mathieu Bril est mort en 1584 ; Paul a vécu jusqu'en 1626 : les œuvres de celui-ci, fort nombreuses, très appréciées des contemporains, sont évidemment celles qui ont promulgué l'idée importante des Bril, de Mathieu Bril ou de Paul Bril.

Cette idée, la voici. Le paysage n'était considéré jusqu'alors que comme un accessoire, un agréable ornement du tableau, un fond. Paul Bril — je dis Paul Bril pour simplifier — imagina de faire au paysage une place beaucoup plus grande ; et ce sont, au contraire, les personnages qui diminuent, qui deviennent tout petits, qui ne servent plus qu'à donner au paysage un agrément de détail. Personnages historiques, mythologiques, ou bien des paysans quelconques, des bergers, des chasseurs. Et souvent même, il n'y a pas du tout de personnages : le paysage est tout le tableau. Ce n'est plus Dieu, ce n'est plus l'homme que l'on représente, mais la nature.

J'accorde que cette idée aurait bien pu venir à quelque Italien : on vit beaucoup plus dehors, en Italie ; on aime le soleil, les arbres, et les jolis « points de vue » ne manquent pas!... Cependant, il est mieux explicable encore qu'elle soit venue à ce Flamand. Les Flandres n'étaient pas pieuses au point que le sujet religieux requît toute l'attention de ses peintres : les plus dévots d'entre eux cèdent au charme des réalités. Et

puis ils ont, ces bons Flamands, assez de rêveuse mélancolie
dans leur amour de la vie exubérante pour se plaire aux
paysages. Gens pratiques, en outre, ils sont observateurs
plutôt qu'idéologues; ils sont adroits à voir ce qui est.

Paul Bril abaissa la ligne d'horizon. Cette réforme a plus de
conséquence que tout d'abord on ne l'imaginerait. C'est le
paysage présenté comme il nous apparaît familièrement. Les
peintres antérieurs, qui plaçaient la ligne d'horizon très haut,
ne profitaient pas du large espace qui leur était ainsi réservé :
ils dédaignaient, en général, le premier plan du paysage ; ils
lui substituaient les figures saintes, le sujet. Ils n'attribuaient
pas à toutes les choses de la nature assez de prix et de dignité
pour que méritât d'être peint le détail authentique et minutieux que leur proximité laisse voir ; ils ne les admettaient
pas autrement que sublimées par le lointain, magnifiées par
le prestige des brumes, environnées d'un mystère où leur
vulgarité se dissimule. Paul Bril, au contraire, se plaît
aux arbres voisins, qu'on touche et dont il est loisible
d'examiner le tronc, les ramures, les feuilles. C'est le premier
plan qui est, si l'on veut, le sujet de son tableau.

Son œuvre est fort abondante. Il continua, au Vatican, les
travaux commencés par son frère et multiplia les tableaux de
moindre dimension. Il fut aussi graveur et il réussit dans
l'eau-forte. Le Louvre possède quatre paysages de lui.

Le plus important est celui qu'on intitule *Diane et ses
nymphes*. Ce titre ne doit pas faire illusion. La mythologie
n'en est pas l'essentiel. La chasseresse, avec ses compagnes,
traverse un pont de branches, et non au milieu de la composition, mais tout à gauche, dans un coin. Pan et Sirinx, d'un
autre tableau, sont pareillement relégués à l'écart ; et les chasseurs aussi dans la *Chasse aux canards*.

Paul Bril ne veut pas que les personnages offusquent la

nature. Il ne leur veut même pas accorder une place privilégiée ; ils font partie du paysage comme les arbres, les fon-
taines.

L'homme qui a trouvé ce nouvel arrangement d'un tableau
n'est pas un artiste négligeable. Peut-être exagérerait-on l'ampleur de son génie en lui attribuant une philosophie très nette :
je n'ose le dire panthéiste ; et s'il le fut, en quelque sorte,
peut-être ne s'en est-il pas aperçu. Mais enfin, les nouveautés
qu'il a introduites dans l'art de peindre semblent bien corres-
pondre à une conception nouvelle des rapports de l'homme et
de la nature. Ses devanciers, spiritualistes et pour qui l'homme
surtout importait, soumirent à l'homme la nature et la rédui-
sirent à seulement encadrer les actions humaines. J'appellerais
volontiers Paul Bril un naturiste, si l'on n'avait pas abusé de
ce mot, hélas !

Toujours est-il que cette philosophie, consciente ou non,
aboutissait à constituer ce genre pictural : le paysage.

Assurément, Paul Bril n'est pas un peintre accompli. Ses
défauts ne sont pas douteux ; il a des maladresses encore.
Ses feuillages sont un peu lourds : il dessine, il compte
les feuilles avec trop de minutie. Sans doute, avant lui,
le dédain qu'on avait pour les choses inanimées empêchait
que l'on fût assez attentif aux différences qui séparent les
nombreuses espèces végétales. Il remarque, lui, les caractères de la feuille, son découpage et sa matière. Il ne confond
pas les essences. Quand il peint un chêne, c'est bien un chêne
et l'on ne saurait s'y tromper. Il a raison ; mais il en abuse
un peu. Il oublie l'aspect général. Et puis, ces grandes et
grosses silhouettes d'arbres qu'il dresse, au premier plan,
devant la lumière sont plus sombres, surtout plus uniformé-
ment sombres qu'elles ne devraient l'être... Enfin, il n'est pas
très varié ; mais il répète, dans ses tableaux, les mêmes effets
jusqu'à les ressasser.

En dépit de tout, c'est la nature et la vraie nature qu'il représente. Ses paysages sont aérés et l'atmosphère en est humide, fraîche. Il excelle à rendre cette espèce de verdissement qui émane des frondaisons, de l'herbe et des eaux profondes, qui se propage autour d'elles, imprègne toutes choses et semble teindre l'air enclos entre ces verdures contagieuses. Son eau est belle, limpide, transparente ; elle réfléchit bien ses rives ; elle est mobile, légère et prompte à se rider. Ses éclairages ne sont pas timides ni violents ; ils ont beaucoup de douceur, de suavité ; de fins nuages les tamisent, le plus souvent, et ils se répandent en ondes paisibles.

Bril ne paraît pas avoir recherché les sites glorieux. Le pittoresque de ses paysages résulte de l'attention très habile avec laquelle il observe les formes, les attitudes et, pour ainsi dire, la physionomie de ses arbres. Il a soin de ne pas les ramener à un type : chacun d'eux a son port, chacun d'eux existe à part soi et leur ensemble est amusant, riche en courbes imprévues, lignes bien agencées, masses agréables.

Le sentiment qu'il prête à la nature est calme, serein, nuancé de la mélancolie des beaux espaces et des solitudes.

*
* *

On a souvent dit que le dix-septième siècle français avait méconnu la nature. Ce reproche indigne et désole les passionnés amis de notre classicisme. Car il est aujourd'hui convenu que l'on doit aimer la nature : comment laisser prétendre que le Grand Siècle ne l'a point aimée ? comment admettre que l'on ait plus tard acquis un sentiment estimable et que le Grand Siècle n'aurait point eu ?

Alors, pour riposter à de si messéantes attaques, on signale Jean de La Fontaine : est-ce que La Fontaine a ignoré la

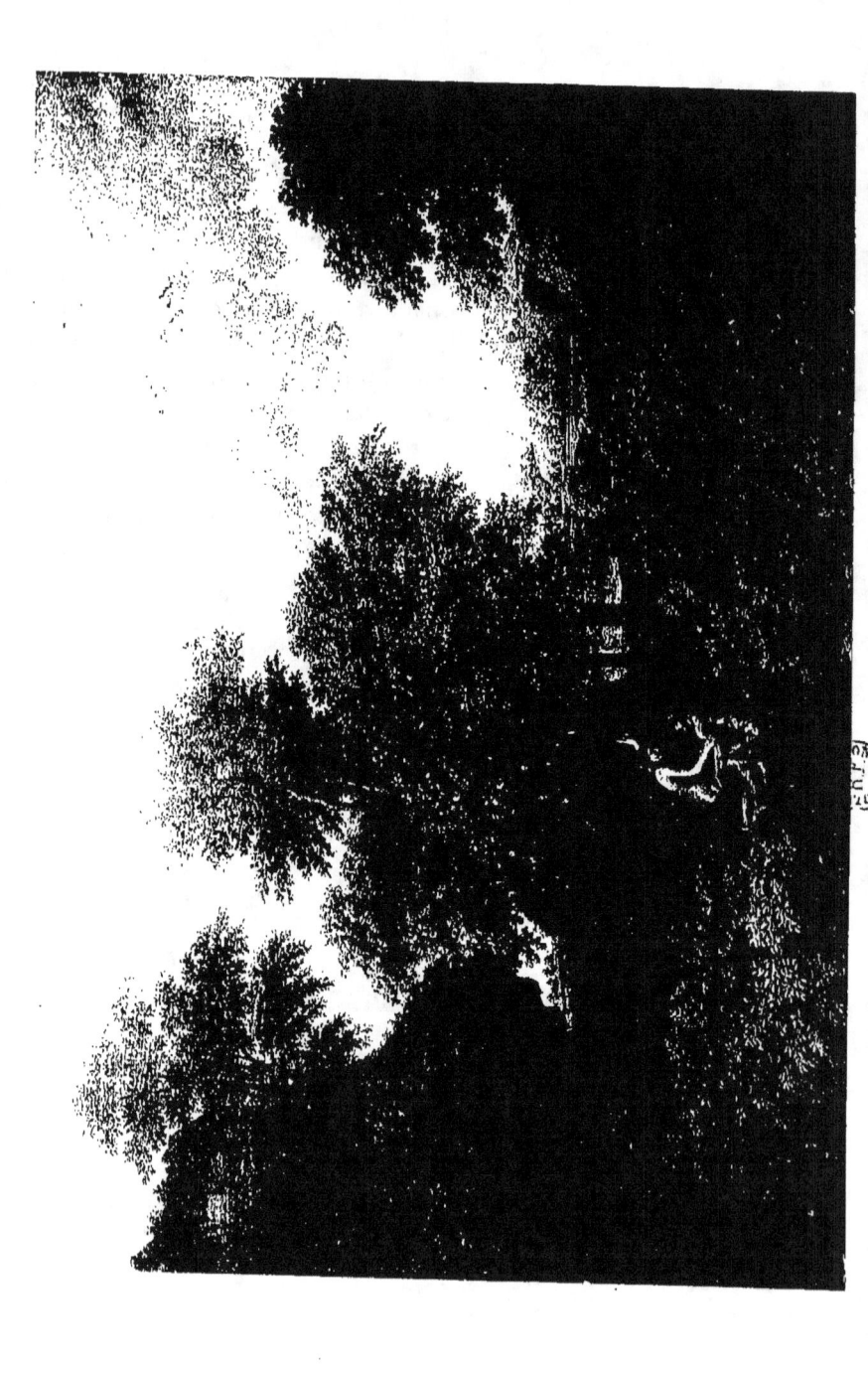

nature? Non... Vous voyez bien !... Mais La Fontaine est, en son temps, un isolé, une bizarre exception... Donc, on cite une phrase de la Sévigné qui se plaisait aux Rochers, sauf à quelquefois s'y ennuyer ferme, et a trouvé la célèbre « feuille qui chante ». On cite encore un coucher de soleil, du reste allégorique, de Bossuet. On a ses textes, on les cite.

C'est une vieille dispute universitaire et que tous les écoliers ont dû connaître, ne fut-ce que pour les examens.

Certains fervents du Louis XIV, braves, répondent carrément qu'au surplus il ne leur chaut et que la nature n'est pas si nécessaire que çà : eh! bien, oui, rétorquent-ils, le Grand Siècle a négligé la nature, et il a bien fait!... Ils considèrent que la nature est une invention de Jean-Jacques Rousseau, et ils méprisent ce garçon. Bonne attitude, somme toute, et qui vous épargne d'attribuer trop d'importance à la feuille qui chante de la Sévigné, au coucher de soleil de Bossuet.

La vérité, c'est qu'en France, au dix-septième siècle, la nature ne compte pas beaucoup. Boileau, dans son *Art poétique*, recommande au poète de suivre la nature :

Que la nature donc soit votre unique étude.

Seulement, par *nature*, il n'entend pas le paysage. Il s'agit bien du paysage!... La nature, c'est, pour lui, la réalité, mais la réalité morale : la vérité des sentiments et des passions que, par exemple, un Racine prête à ses héros ; c'est l'exactitude psychologique.

Le dix-septième siècle français est une époque de spiritualisme intransigeant : si l'on en veut comprendre justement les œuvres, il sied de ne pas oublier ce fait. Descartes distingue deux substances : l'étendue et la pensée, la matière et l'âme. Il les distingue tout à fait ; et il ne les distingue pas seulement

mais la différence qu'il établit entre elles est une différence de
qualité, de valeur, au point qu'il sacrifie la matière à l'âme.
On a souvent discuté de l'influence cartésienne sur les écrivains et les artistes de ce temps. Elle est évidente. Elle se
manifeste sur ceux-là même qui sont le moins philosophes,
qui ne le sont pas du tout ou qui peut-être n'ont jamais lu
Descartes. Ou plutôt Descartes, quand il sépare si nettement
la matière et l'âme au détriment de la matière, interprète
l'idée première de son temps.

Si l'on examine les tableaux de Poussin, il est permis et il
est salutaire d'évoquer le souvenir de Descartes, encore que
Poussin ne fût pas un jeune homme à la date où parut le
Discours de la méthode et qu'il eût produit déjà une abondante part de son œuvre, car il est né en 1594; mais il dépend
de la même idéologie que Descartes a formulée plus complètement que nul autre et systématisée.

En effet, Poussin ne sacrifie pas l'homme — pensée de la
nature — à la nature matérielle, comme fait ce Paul Bril dont
nous parlions tout à l'heure. Et si nous invoquions, au
sujet de Paul Bril, la philosophie panthéistique, c'est au spiritualisme dualiste qu'il faut rattacher Nicolas Poussin. Le sujet
de ses tableaux n'est pas, comme celui des tableaux de Paul
Bril, un coin de forêt, le bord d'une rivière, une coulée de
lumière dans une éclaircie d'arbres. Ses personnages ne
sont pas, comme ceux de Paul Bril, un accessoire, un prétexte, un ornement du paysage : ils occupent le centre du
tableau, tiennent beaucoup de place et requièrent la principale attention du spectateur. Ses tableaux s'appellent : *Éliezer
et Rébecca*, *Moïse sauvé des eaux*, *Jésus-Christ instituant le
sacrement de l'Eucharistie*, *les Aveugles de Jéricho*, *l'Enlèvement des Sabines*, etc., et ils méritent bien de s'appeler ainsi.
Poussin s'avise-t-il de composer une suite des Quatre Saisons,

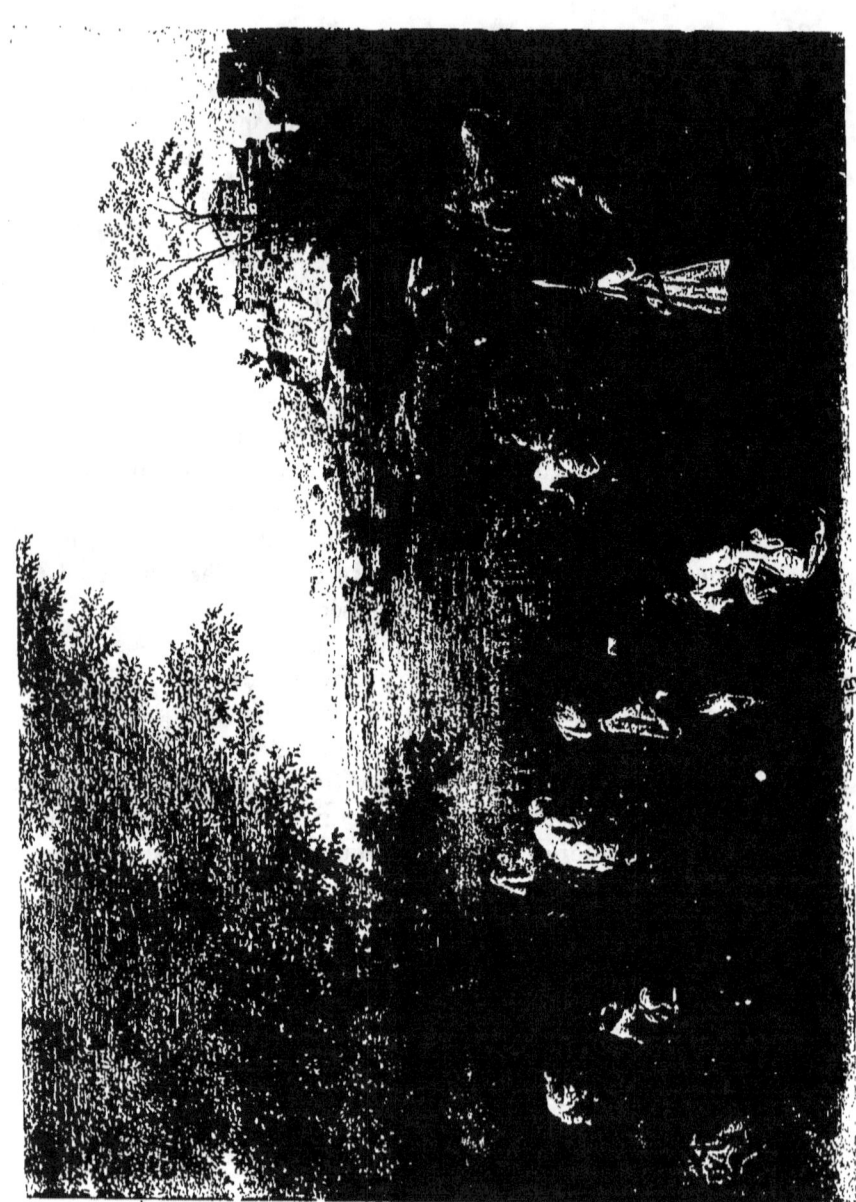

POUSSIN. — RUTH ET BOOZ.

il joint à son image de chacune des saisons un sujet qu'il
emprunte à l'histoire biblique, et qu'il traite. Son *Printemps* est
un *Paradis terrestre*, et l'on y voit, préoccupés de la pomme,
Adam et Ève. Son *Été* est l'épisode connu de *Ruth et Booz*,
et ces deux fondateurs de la lignée davidique sont accompagnés d'une troupe nombreuse. Son *Automne* est la *Grappe de
la Terre promise*, et quelle grappe ! Son *Hiver* est un *Déluge*,
et quelle noyade universelle dans quelle orageuse nuit !

S'il convient de ne pas omettre Poussin parmi les paysagistes de chez nous, c'est qu'il a, beaucoup plus que les autres
peintres d'histoire ou de légende, développé le décor de nature
qui s'étend à l'entour des épisodes légendaires ou historiques.
Il ne se contente pas d'une indication sommaire du site, mais
il veille à la peindre avec agrément. Il ne néglige pas la nature ;
même, il l'arrange.

Il l'arrange, entendons-nous ! Je ne dis pas qu'il la transforme en un jardin de Le Nôtre, « correct, ridicule et charmant ». Mais, comme il ne prétend pas la peindre pour elle-
même, il l'adapte à ses volontés. Il ne lui laisse rien de familier
ni de hasardeux ; il l'ennoblit. *Si canimus silvas, silvae sint
consule dignae* : les « consuls » dont il veut que ses arbres
soient dignes, ce sont les héros antiques, les dieux, ou Dieu
lui-même, s'il vous plaît !

Il a créé ce genre que l'on nomme le « paysage historique »,
et ce genre n'est plus beaucoup à la mode.

Le « paysage historique » n'est pas un genre très mauvais :
cela dépend du paysagiste. Mais il est dangereux. Certes, on
a bien le droit de modifier la nature et de la traiter à sa guise
et de l'accorder avec les intentions d'art que l'on a. Le péril,
le voici : du moment que l'on se met à ne plus suivre la
nature scrupuleusement, on perd bientôt le sentiment de la
nature. Elle ne permet pas qu'on en prenne à son aise avec

elle. Comme touchée du zèle de ses dévots, elle se prête volontiers à leur fantaisie ; elle est indulgente aux métamorphoses qu'ils lui font subir, sans le vouloir, parce que telle est leur vision. Mais elle ne souffre pas que, de propos délibéré, on la transforme; elle punit l'orgueil de qui méprise ses beautés au nom d'une beauté qu'elle ne connaît pas. Elle exige un effort de fidélité, moyennant quoi vous êtes avec elle libre.

Ennoblir la nature, qu'est-ce que cela? Le dix-septième s'ècle s'est féru de cette noblesse, qui lui sembla nécessaire à l'œuvre d'art, à la dignité de l'œuvre d'art. Elle exclut toute familiarité; elle nie ces façons simples et sincères qui sont émouvantes et persuasives.

Les paysages de Poussin sont nobles. Les arbres qu'il fait ne plaisantent pas ; ses collines ont des courbes magistrales. On n'oserait pas se promener là, si l'on n'est pas au moins héros ou demi-dieu. On n'y baguenauderait pas : on craindrait par trop que les échos ne prononçassent, tout à coup, de mythologiques paroles. Les intimidants paysages!

Eh! bien, il est vrai que certains lieux imposent. Ils sont pleins de légende et d'histoire, et il y dort du passé admirable que l'on a peur de réveiller. D'autres, que l'on imagine, — ainsi, le Paradis terrestre ou cette plage que le mystique Orphée parcourut, en quête d'Eurydice. — ces paysages, on ne peut les évoquer pareils aux paysages ordinaires. Ils furent les témoins, réels ou supposés, de scènes trop prodigieuses pour qu'ils n'en eussent pas gardé le magnifique souvenir. Il semble qu'ils en doivent être à tout jamais imprégnés et qu'une indéfinissable majesté leur en soit venue. Cette plage d'Orphée a entendu les plus poétiques plaintes, une si sublime douleur qu'en dure l'harmonie à travers les âges. Et ce Paradis terrestre a vu s'ouvrir les premiers yeux humains; il a vu contempler, pour la première fois, par une consciente pensée, la merveille des arbres!

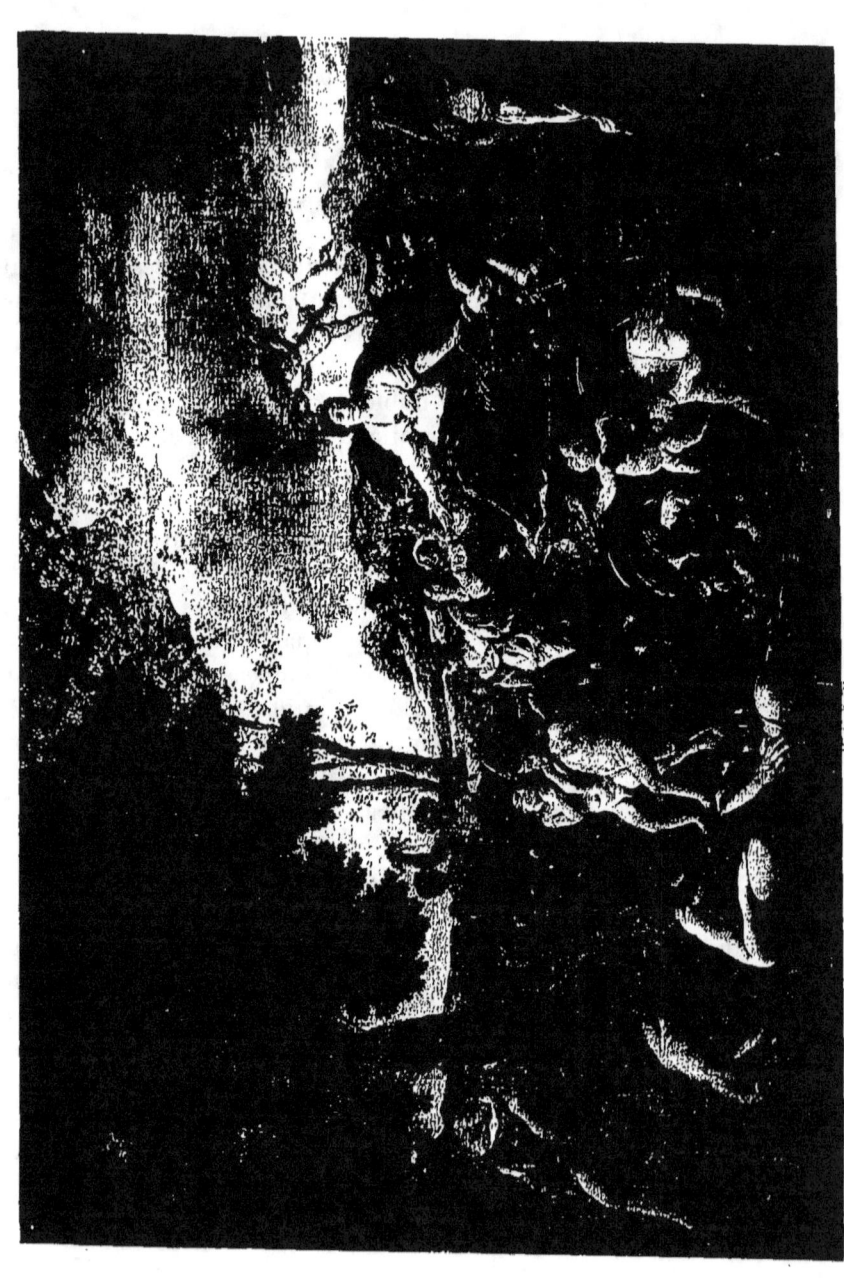

POUSSIN. — LE TRIOMPHE DE FLORE.

Les paysages romains, en ce dix-septième siècle, avaient un immense prestige ; et Poussin, qui vécut à Rome une partie de son existence, y fut sensible assurément : mais il n'aperçut pas la jolie campagne romaine dénuée de sa grandeur historique.

La noblesse de l'œuvre d'art a pour condition sa généralité. Le singulier, l'accidentel, le rare manquent de cette dignité que la durée immobile confère : « qu'est-ce que tout cela, qui n'est pas immortel ?... » L'esthétique du dix-septième siècle écarte l'*actualité*. Elle entend soustraire l'œuvre d'art aux contingences du temps comme de l'espace ; et la raison qui lui fait écarter la « couleur locale » est aussi celle qui lui fait négliger les fragiles et brèves impressions.

On ne trouve pas, dans les tableaux de Poussin, le détail pittoresque et divertissant qui donne au spectacle naturel tant d'attrait. Il simplifie ; ou, du moins, il veille à ne figurer jamais que le plus habituel aspect des choses. Il dessine et il peint une sorte d'état normal de la nature ; les surprises inépuisables de la nature sans cesse mouvante et changeante, il les omet.

Ainsi, son paysage est privé de fantaisie, d'imprévu, de ce qui est le charme même et l'agrément délicieux d'un paysage. Mais, en revanche, il a du calme, de la sérénité, de la grandeur. Il environne bien ces épisodes bibliques, grecs ou romains que le peintre conçoit sous une forme d'éternité souveraine.

Quant à la couleur, il n'est point aisé d'en rien dire de très certain. Je ne sais pas à quoi est dû cet inconvénient ; mais l'œuvre de Nicolas Poussin nous est parvenue en très fâcheux état. Ses tableaux ont perdu tout l'éclat qu'ils purent avoir. Ils sont embus, ternes, évidemment alourdis par la corruption de la matière.

Poussin fut-il un coloriste? Il a de beaux ciels bleus et blancs et où parfois le rouge et le bleu se rencontrent hardiment. L'éclairage du *Triomphe de Flore* est gai; il teinte les nuages de jolies nuances, inonde bien les collines et se répercute avec justesse sur les arbres, les corps, le métal des armures, les plis des étoffes. Mais ailleurs et, par exemple, dans l'*Été*, où ce défaut choque particulièrement, il n'y a ni soleil ni lumière. Poussin réussit mieux les effets d'ombre que de clarté. La *Femme adultère* en témoigne : cette rue que de hauts édifices bordent et encadrent plaît par sa vérité. Mais une nuit striée d'éclairs et qui devrait être toute pleine de lueurs subtiles et de reflets courts, c'est plus complexe que l'absence du soleil et de la lumière; à son tour, le *Déluge* en témoigne...

Ce n'est pas la faute de Poussin; — seulement, ses paysages historiques ont beaucoup aidé à la constitution de l'académisme pictural. Que d'enlèvements de Sabines, et que de Jeunes Pyrrhus sauvés, et que de Philistins frappés de la peste, et que de Moïses changeant en serpent la verge d'Aaron n'eûmes-nous pas ensuite! Que de prix de Rome ne vîmes-nous pas remporter, à de tels propos! Et que d'efforts ne fit-on point pour endommager la nature avec le souci qu'on avait de l'ennoblir!...

*
* *

L'histoire de Claude Gellée le Lorrain est édifiante.

Voici ce jeune homme, très pauvre et donc privé de cette indépendance d'entournures qu'un peu d'argent confère. Il est astreint à des métiers et à des servitudes.

Et l'on dit que, dans sa jeunesse, il n'était pas fort intelligent; certains le crurent inepte et presque imbécile. Les biographes discutent là-dessus : c'est bien leur affaire. Mais on

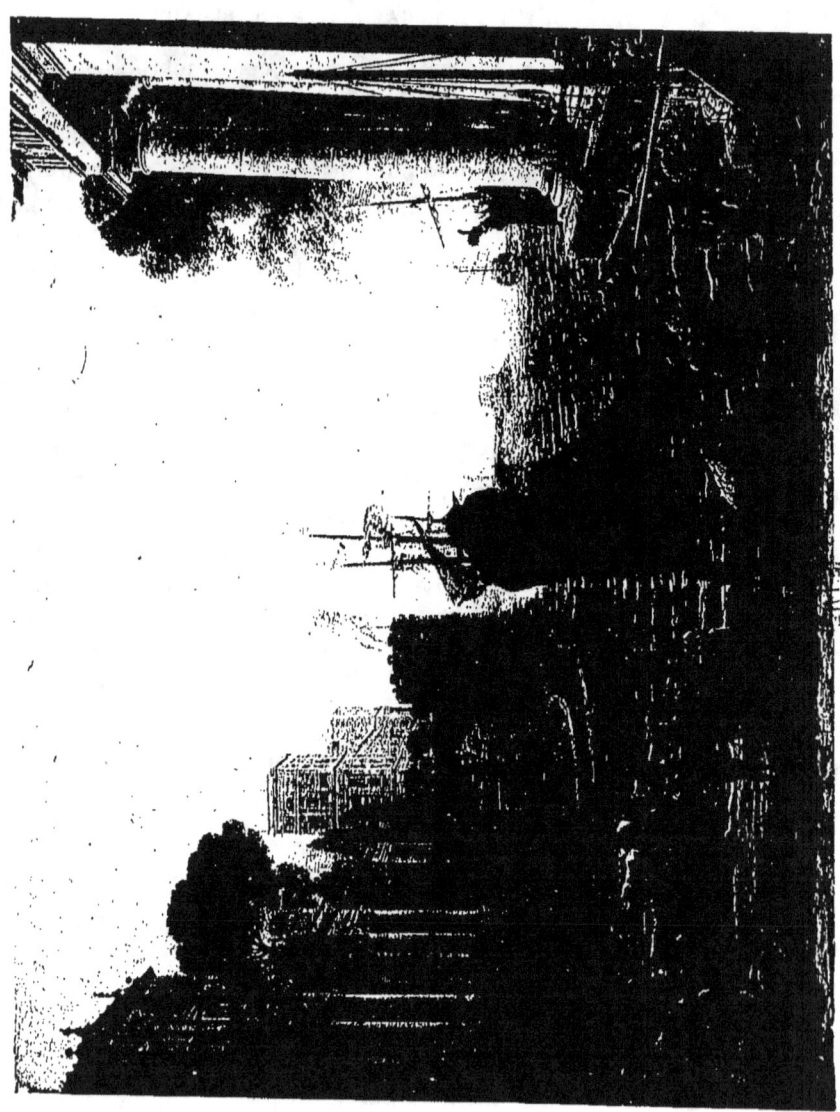

CLAUDE GELLÉE — ULYSSE ET CHRYSÉIS.

aime à se figurer ce Claude Gellée, pauvre d'esprit comme d'argent, que l'on croit sans défense, victime désignée, et qui ne cède pas. Ce qui lutte en lui, c'est tout simplement son génie, lequel ne dépend ni de son intelligence, ni de sa fortune, son génie qui est l'amour du soleil, de ses poudroiements, de ses gloires, de ses prestiges innombrables.

Fut-il apprenti pâtissier? Qu'importe. Mais, à peine adolescent, il abandonne sa Lorraine et va rejoindre son frère aîné qui s'est établi graveur sur bois à Fribourg en Brisgau. Bientôt, il accompagne à Rome un parent qui voyage pour son commerce de dentelles. Ensuite, à Naples, un peintre de Cologne, Walss, lui enseigne la perspective et l'architecture : cela lui servira.

A Rome de nouveau, il entre chez Tassi, l'artiste à la mode. Tassi fut l'élève de Paul Bril. Admettons que Claude Gellée puisse être ainsi rattaché indirectement à ce maître : on se plaît à le supposer. Mais Paul Bril est, en la personne de Tassi, bien diminué. D'ailleurs, Claude Gellée n'entre pas dans la maison de Tassi comme élève : il est domestique ou, si l'on préfère, majordome; il tient la maison.

Un peu plus tard, après des aventures, des équipées, des malechances, à Rome encore il se lie avec Nicolas Poussin. Danger! Nicolas Poussin ne va-t-il pas affaiblir ce goût passionné de la lumière qui est toute son âme? Aucunement; Gellée n'emprunte à son ami qu'un juste sentiment de la grandeur des paysages.

Comment il travaillait, à Rome, nous le savons par les souvenirs d'un peintre allemand, Joachim Sandrart, qui fut son camarade [1]. Dans l'*Académie du très noble art pictural*, Joachim Sandrart, parmi ses bavardages, donne des rensei-.

---

1. *Academia nobillissimae artis pictoriae.*

gnements précieux. Par exemple, il raconte, — et l'on peut bien le croire, — qu'il révéla quelque chose d'important à Claude Gellée. Celui-ci le rencontra qui s'était installé pour peindre au milieu des rochers de Tivoli et qui peignait le modèle exact, « non d'imagination, d'invention, mais la variété de la nature même » ; et ce que vit alors Gellée lui plut tant qu'il « adopta cette méthode et, dès lors, avec une infatigable patience et une invincible opiniâtreté, s'efforça d'imiter jusqu'aux moindres détails de la nature ».

Claude Gellée est en possession désormais de sa méthode. Il sait qu'il faut peindre la nature véritable. Mais, dans le spectacle naturel, il prend ce qui le tente davantage, il va spontanément à ce que réclame son génie. Joachim Sandrart note, avec simplicité : « Tandis que, moi, je recherchais les roches singulières, les troncs d'arbres prosternés, les feuillages les plus touffus, les cascades, les monuments et les ruines les plus grandes et ce qui convenait le mieux à compléter mes tableaux historiques, il s'attachait, lui, surtout à peindre les objets qui du second plan vont en se dégradant vers l'horizon ».

Admirable moment, celui où un Claude Gellée prend conscience de soi et entre en communion définitive avec son idéal ! Claude Gellée et le soleil ont affaire ensemble. A présent, ce peintre n'appartient plus à son temps, il ne dépend plus des circonstances. Il est lui-même ; et, pour l'expliquer, on aurait tort de recourir au commentaire des influences subies : il n'y a plus qu'à constater cette œuvre.

Sans doute, à la manière de plusieurs, le Lorrain mêle à ses paysages des anecdotes familières ou des épisodes historiques. Quand le roi d'Espagne lui voulut commander huit tableaux, il prétendit que le « sujet » de la moitié fût tiré de l'Ancien Testament et l'autre moitié du Nouveau. Le Lorrain n'y répugne pas. Une scène qu'il introduit dans sa composition ne

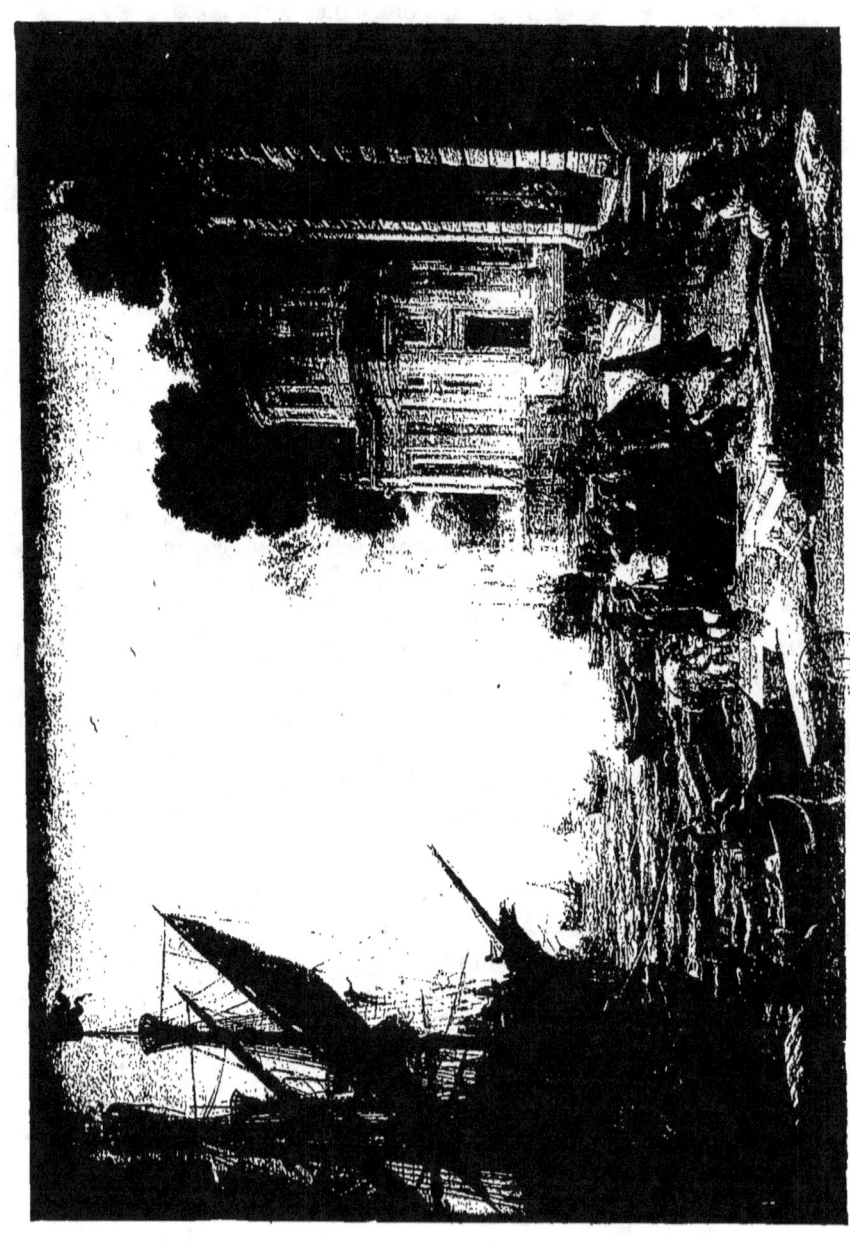

CLAUDE GELLÉE. — DÉBARQUEMENT DE CLÉOPATRE.

paraît pas le gêner beaucoup. Ni, non plus, beaucoup l'enchanter. A ses clients il disait qu'il leur donnait les personnages par-dessus le marché. Mais, s'il accepte ainsi les
conditions qui lui sont faites, c'est qu'il a confiance de n'en
devoir pas être embarrassé.

Que son tableau s'appelle *Ulysse remettant Chryséis à son
père*, le *Débarquement de Cléopâtre à Tarse*, *David sacré roi
par Samuel*, ou bien *Vue d'un port de mer*, *Paysage*, *Marine*,
la différence n'est pas considérable : c'est toujours le soleil que
peint Claude Gellée, le soleil et son merveilleux rayonnement.
Qu'il ait été simple d'esprit ou non, qu'est-ce que cela fait ?
Je n'aperçois guère d'idéologie, dans son œuvre. On aurait
peine à lui prêter une philosophie. Et, si l'on voulait résumer
toute la pensée que son art trahit, on dirait, je crois : il aima
le soleil et fut sensible à ses phénomènes divers.

Je me le représente pareil à ces enfants sublimes dont l'âme
est incroyablement sujette aux émotions musicales et qui,
indifférents au reste, sembleraient quasi niais ou bêtes s'ils
n'étaient, par bonheur, doués encore d'une extrême facilité à
traduire ces émotions par le preste artifice des doigts ou de la
voix.

Une sensibilité singulière et, d'ailleurs, limitée aux féeries
lumineuses ; en outre, le don d'évoquer par le pinceau les
prestiges qui le hantaient : voilà Claude Gellée. On lui peut
préférer de plus complexes ou profonds artistes. Mais il est
grand et prodigieux grâce à l'intensité victorieuse avec laquelle
il fut ce qu'il était.

D'autres que lui distinguent le lever du soleil et son coucher,
l'ascension de l'astre, sa plénitude de midi et son déclin. Mais
aucun artiste n'a su apercevoir, dans la succession des heures,
tant d'aspects et tant de beautés imprévues qui, sans se confondre, s'assemblent et, sans se perdre, s'éparpillent.

Infinie variété des nuances que prend l'air ! La lumière, dans la *Vue du Campo Vaccino* est rosée, comme teinte de cerise pâle ; et toutes les couleurs du tableau, les plus diverses, en reçoivent quelque chose, par reflet ou par combinaison. La lumière, dans l'*Arrivée d'Ulysse avec Chryséis*, est jaune ; elle est blanche dans le *Débarquement de Cléopâtre à Tarse* ; elle est orangée, dans un port où va tomber le crépuscule bientôt ; elle est rouge, dans le *Gué* ; — mais comment définir d'un mot chacune de ces variations ténues et pourtant si nettes, et innombrables ? Tel soleil couchant émerveille par une si étonnante complexité qu'on n'espère pas en distinguer tous les éléments : il y a là du rouge de forge, du rose de fuschia, du jaune de citron, d'orange, et toutes les sortes de la violette. Tout cela se combine sans se confondre, se mêle et ne s'accumule point, ne s'empâte point. La multiplicité de la couleur est harmonieuse et même simple ; la richesse, la prodigalité des tons n'empêche pas que l'air ne soit limpide, transparent, diaphane et que l'on n'en croie apercevoir les profondeurs intangibles...

La lumière se modifie selon la qualité de l'atmosphère, son état de sécheresse ou d'humidité, sa lourdeur ou sa légèreté. Ici, les rayons droits ont la rigidité fragile d'une baguette de cristal ; ailleurs, ils s'épanouissent avec noblesse, avec langueur ; ailleurs, ils se répandent en profusion luxuriante ; ailleurs, ils n'ont pas la force d'aller très loin : courts et vite disparus, ils éclairent les beaux horizons et laissent le premier plan s'éteindre dans l'ombre.

Ils se réfractent à la surface de l'eau et rejaillissent comme d'un miroir. Ou bien, plus subtils, ils pénètrent l'épaisse masse, y éveillent des reflets vifs ou pâles, luisants, glauques.

Une très légère brume, quelquefois, meuble l'espace aérien ; les atomes de l'atmosphère, palpables, semblent immobilisés

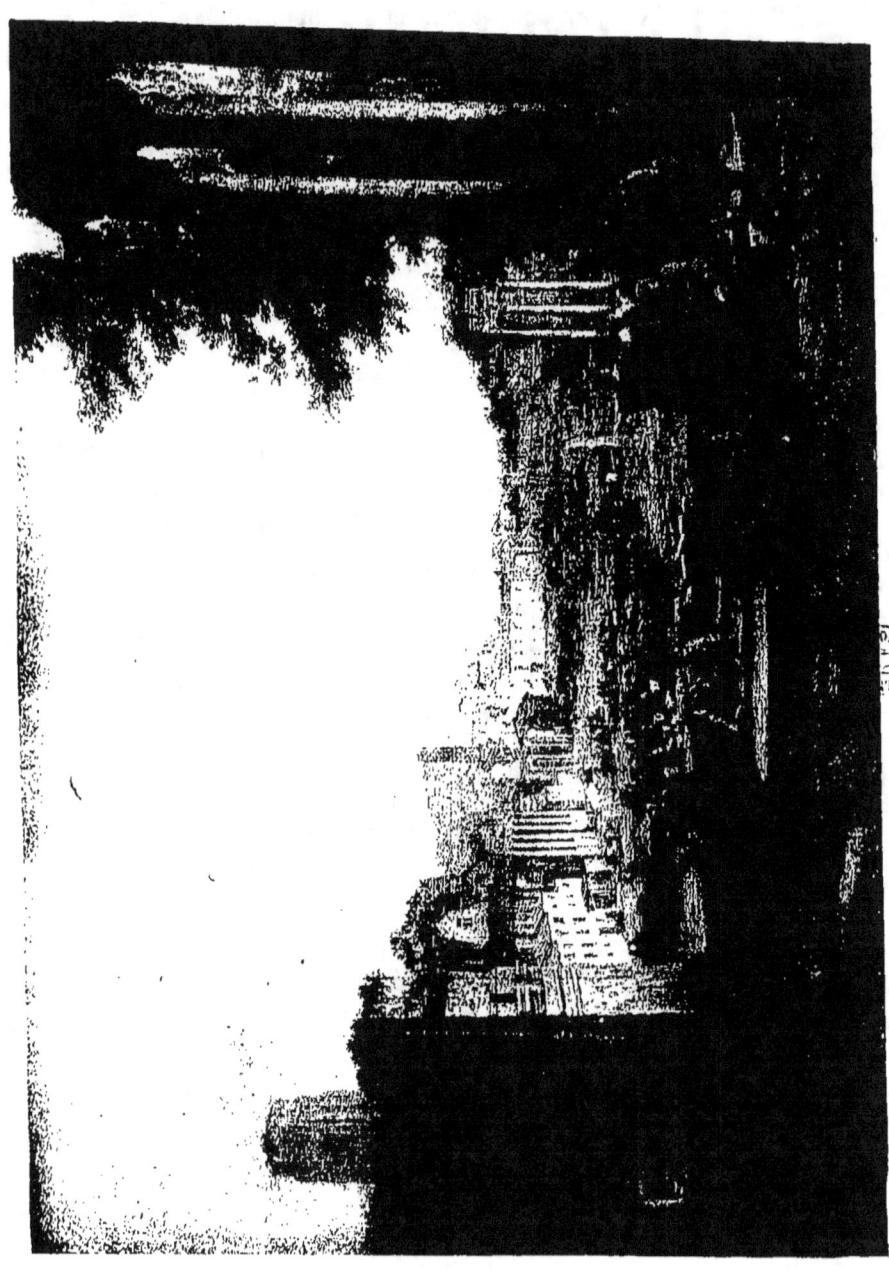

CLAUDE GELLÉE. — LE CAMPO VACCINO

avec leur petite illumination. Ailleurs, ils vibrent et bougent fébrilement.

Splendeur de l'éclairage des sereines aurores, magnificence des soirs, jours pâmés et palpitants du soleil chaud. Et toutes les couleurs de la palette, suscitées par le bon plaisir du soleil qui les tient, les maîtrise et règne !...

*
* *

Il est possible que l'on passe vite devant un tableau de Ruysdaël. Seulement, pour peu qu'on l'ait remarqué, l'attention ne s'en détache plus. Ce peintre n'appelle pas le regard ; mais il le retient, une fois que le regard lui est venu. Il n'est ni provocant ni hardi ; mais on va vers lui, et bientôt on est gagné, on est pris.

Il a cette réserve, timide ensemble et dédaigneuse, des solitaires ; mais il a aussi leur attrait singulier. Il a bien fallu que l'on fît vers eux la première démarche, car ils ne se fussent pas dérangés. Tel est leur orgueil, où l'on sent de la douleur fière. Et puis, on se flatte de leur intimité, parce qu'ils prodiguent mieux, dans le secret jaloux de leur confidence, les richesses amassées de leur rêverie et de leur méditation. Ce qu'ils offrent n'est pas galvaudé ; ce qu'ils donnent n'est pas un facile cadeau de cordialité générale.

Il y a des peintres dont l'individualité n'importe guère : entre la vie qu'ils ont menée et l'art qu'ils ont pratiqué, le pont n'existe pas ; ce qu'ils peignirent ne semble pas les concerner ; on ne voit pas qu'ils aient transcrit dans leurs ouvrages leur sentiment de l'existence. Il y en a d'autres dont l'individualité n'est pas très intéressante : ils se sont beaucoup racontés et peut-être avec effronterie ; on ne leur en demandait pas tant ; leur récit nous laisse plus indifférents qu'ils ne le pen-.

saient... Mais de Ruysdaël on voudrait tout savoir. Hélas ! on
ignore à peu près tout de lui. C'est pour cela, sans doute, qu'il
attire ; et il n'éveille pas tant notre curiosité que notre sympathie.

Jacob Ruysdaël naquit à Harlem en 1630, étudia la méde-
cine et bientôt se dirigea vers la peinture, où son frère aîné,
Salomon Ruysdaël, l'avait précédé. Il vécut la majeure partie
de son existence à Amsterdam. Il fut très pauvre, et ses camarades durent enfin se cotiser en sa faveur ; il mourut à cin-
quante-deux ans dans l'hôpital de Harlem. Il ne connut pas
le succès ; et cependant il ne cessa de travailler : ce n'est qu'a-
près sa mort, bien après, qu'on le comprit et que ses toiles
valurent cher.

D'autres artistes, pourvus des mêmes dons que lui, eussent
été plus adroits à capter les prédilections du public. C'était
alors la mode, que les peintres hollandais voyageassent en Italie
et revinssent très italianisés. Cette façon de faire, Ruysdaël la
négligea. Il ne semble pas s'être aucunement préoccupé de
plaire et, même quand il eut constaté que son art ne réussissait
point, il méprisa de le modifier. Cette complaisance qui, pour
triompher de son vivant, lui manqua est l'honneur d'un tel
artiste.

L'indifférence de ses contemporains lui fut-elle pénible ? en
conçut-il de l'amertume ? est-ce à la tristesse de ses déboires
qu'il faut attribuer cette mélancolie que révèle son œuvre ? On
ne saurait le dire avec assurance. On préfère se figurer que sa
fierté le soutint et que sa mélancolie, qui apparaît si noble,
n'eut que les plus nobles causes. Enregistrons que son caractère
n'était pas gai.

Seulement, il est difficile et pénible d'admettre qu'un homme
vît en sombre l'existence sans y être induit par des motifs per-
sonnels. Les pessimistes sont gênants ; pour se débarrasser

CLAUDE GELLÉE. Un Port de Mer.

d'eux, on tâche de les déconsidérer et l'on croit avoir écarté leurs arguments de tristesse en les expliquant au moyen de leur malechance : avec un peu de veine, ne célébraient-ils pas la joie de vivre ?... C'est limiter commodément le dégât. On ne veut point admettre que la seule misère de la réalité suffise à légitimer la doctrine des pessimistes !...

La mélancolie de Ruysdaël a quelque chose de simple et de modéré qui inspire la confiance et le respect. Elle ne se mani-feste pas avec exubérance ; elle ne prend pas les manières du désespoir ; elle est taciturne et l'on dirait encore résignée si la résignation ne supposait que, pour se tenir tranquille, on fait effort. Elle est sereine et absolue.

On a souvent abusé de la nature ; les âmes faibles et molles se servent de son prétexte pour épancher leurs petits chagrins indiscrets.

Mais Ruysdaël est énergique et sa douleur est virile. Si le visage humain l'avait trompé peut-être et si l'activité l'avait déçu, et si plutôt il eut le sentiment et la certitude réfléchie de l'inutilité de tout, il se réfugia dans le silence des paysages, il y réalisa son grand cœur tendre et désolé. Le paysage de son pays était le mieux prêt à ses confidences : il l'utilisa. Les critiques se demandent s'il n'a pas voyagé en Norvège et en Allemagne. Il se pourrait. Mais pas en Italie, du moins ! Il ne demanda rien à la terre de beau soleil et de gaieté. Qu'il ait voyagé en Allemagne et en Norvège ou bien qu'il se soit confiné dans la quiétude des horizons familiers, en tout cas, il choisit, pour y installer son rêve, les lieux tristes et dénués de pittoresque fantaisie ; et la nature qu'il aimait, il l'emplit de son rêve austère et pathétique.

Le sourire innombrable du soleil sur l'eau, sur les prairies, il l'ignore ; ou bien il le néglige. Les fleurs variées et amu-santes, les jolies buées dansantes, les splendides lueurs qui parfois illuminent la plaine et la montagne, tout cela qui est l'allégresse de la nature ne compte pas pour lui, car il ne connaît pas cette allégresse.

Ce qu'il aime de la nature, ce sont les beaux aspects de douleur ou de songe que prennent les choses sous le ciel voilé de nuages. Le ciel tout bleu, la lumière qui tombe directement du soleil sur la campagne ne se trouvent pas, ou ne se trouvent guère dans ses tableaux. Avec Claude Gellée il fait un singulier contraste. Claude Gellée aima la lumière pour elle-même, sensuellement; son âme, avec la lumière irradiée, était contente. Mais l'âme plus pensive de Ruysdaël demande plus de recueillement. Elle ne veut pas se répandre jusqu'aux horizons. Elle se confine entre des limites plus étroites et fuit le divertissement des soleillades tapageuses. Un ciel couvert convient à son vœu d'intimité, de retraite, — un ciel qui ne laisse pas échapper loin le rêve et qui doucement le renvoie à l'âme d'où le rêve émanait. La lumière qui plaît à Ruysdaël éclaire la nature mais ne s'y installe pas en luxurieuse conquérante. Servante plutôt, elle accomplit son office, qui est humble et discret. Elle se glisse entre les nuages ou parmi les buées de l'air et, diligente, éveille le spectacle naturel : pas de caprices ni de jeux fantasques.

Voyez même ce paysage du Louvre que l'on désigne ainsi : le coup de soleil. Pas d'éclat tumultueux. De la lumière, oui ; et de vraie lumière, — mais blanche et qui anime la couleur des choses sans la transformer, sans ajouter à cette couleur qu'elle anime sa couleur propre. Les nuages, au ciel, menacent; ils recouvriront vite le ciel ; ils s'étendront à nouveau, en voile uni, sur le paysage, et le paysage reprendra sa terne vie, embellie un instant. Cet éclairage, on le devine, on le sent subit, furtif, venu à l'improviste et qui sera bref. Un peu de gaieté, qui sourit sur le visage sérieux de la nature,

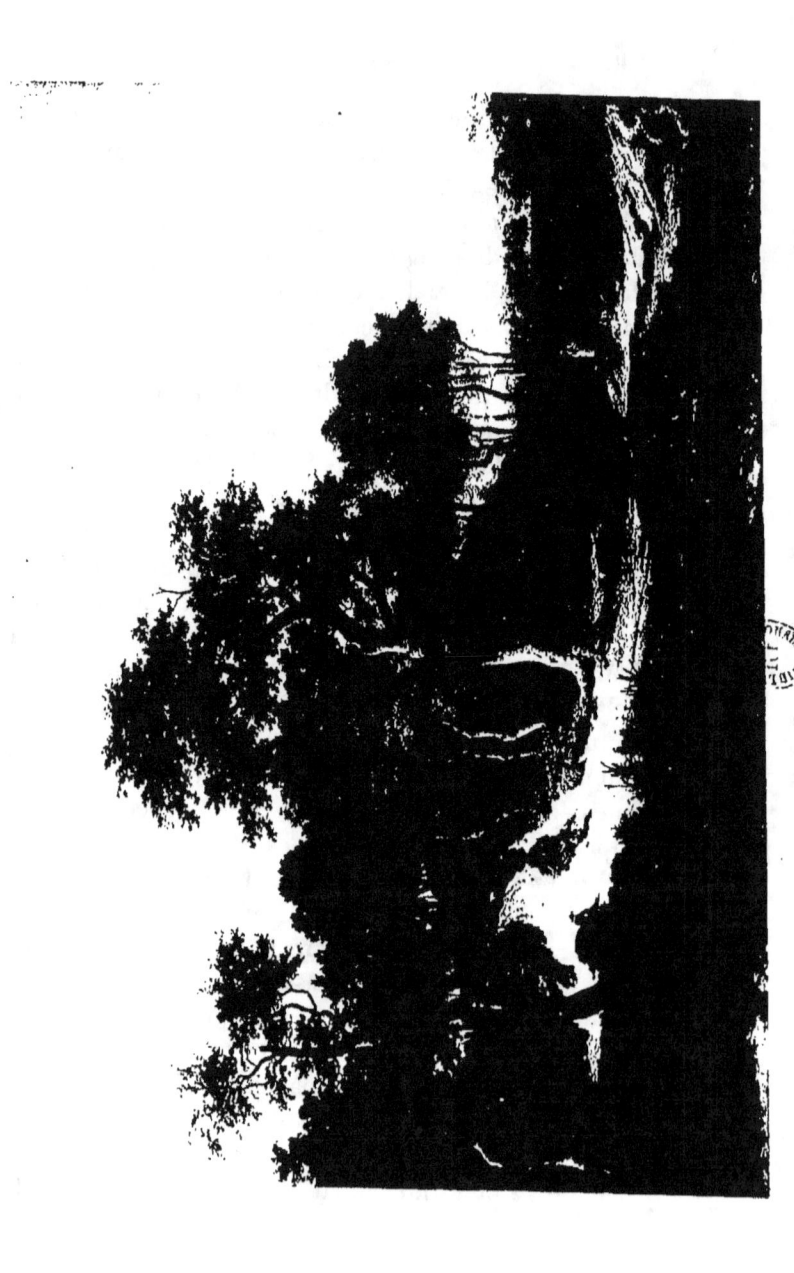

n'y dure pas ; et, à la minute même qu'elle y sourit, elle se mêle
du regret de ce qui bientôt disparaîtra. La brièveté des
minutes heureuses est trempée de larmes.

Ces paysages pathétiques sont rares dans l'œuvre de Ruysdaël. S'il fut habile — et certes il le fut — à noter exactement l'heure et le moment, du moins a-t-il trouvé plus de
charme aux paysages qui demeurent immobiles dans leur
chagrin : ceux-là ne sont pas décevants.

La grisaille du ciel atténue la vivacité des reflets. Le ciel
répand une lumière calme et douce, qui n'offusque rien, qui
laisse aux divers objets leur réalité. Constatation poignante :
les choses sont ainsi, exactement ainsi ; il serait vain d'y vouloir rien changer ou de croire qu'elles pussent être différentes
de ceci. Les jeux de la lumière suscitent l'illusoire apparence ;
tandis que cet éclairage modéré semble véridique.

La nature, dans l'œuvre de Ruysdaël, est morne avec pla-
cidité. Voilà, dit-elle, ce qui est : ne cherchez pas de prétextes
vains à des fantaisies de cœur, d'imagination, d'espérance ;
attristez-vous et ne faites pas de bruit.

Un grand silence emplit ces tableaux, un silence persuasif,
et je ne dis pas consolant mais calmant. Un silence frais,
humide. La nature, qui sait le dernier secret de tout, conseille
de ne pas s'irriter. Solitude : dernier refuge de tristesse judicieuse. Des arbres meurtris, dont la chair rouge saigne ; des
nuages déchirés... Émouvante nature, — et silencieuse !...

Assoupissement monotone dans la détresse du cœur ! La paisible et dolente nature l'enseigne... Seulement, il a aussi, ce
cœur, des tumultes profonds qui le secouent ! Et la nature a
ses tempêtes. Contre les digues de Hollande, Ruysdaël sait
jeter l'impuissante mer, agitée jusqu'en ses abîmes, tourmentée
de remous terribles, qui ne sait plus où elle va et qui finalement tourne contre soi sa furie. Chavirera-t-elle les bateaux ?

De droite et de gauche ils roulent; ils menacent de se coucher sur le flanc : les engloutira-t-elle? Comme ils lui résistent impudemment, bien qu'ils cèdent à son va-et-vient! Leur visible mobilité, la mollesse et la force de ces flots déchaînés, la tempête qui est dans l'air : un chef-d'œuvre. Et l'on sent que cette mer en folie s'apaisera, que le calme reviendra s'appesantir sur le paysage ému momentanément, — et que ces colères de la nature et du cœur sont une grande vanité!

C'est à des idées de ce genre que la peinture de Ruysdaël doit sa poignante beauté. Je ne sais si jamais peintre a doué la nature de sentiments plus variés, plus âpres et plus beaux. Une grande âme de douleur et de stoïque désespoir s'est réalisée en ces paysages souverains.

*
* *

Revenons, un peu plus tard, en France.

Poussin est mort; et mort son siècle. Le Grand Roi vit encore. Mais il est devenu le vieux Roi; il règne, mais ce n'est plus lui qui anime l'esprit du temps. Cette majesté, cette solennité qu'il conférait naguère à toute la pensée française, eh! bien, a fini par lasser. Avec les ans et sous la digne influence de la Maintenon, il s'est montré de jour en jour plus austère, au point de paraître bientôt un peu renfrogné. A mesure qu'il vieillissait, le royaume ne vieillissait pas. Une jeunesse était née, en ce pays, qui dédaigna cette férule et fut jeune avec désinvolture. Louis XIV achève de régner; mais le dix-huitième siècle prélude comme si Louis XIV était mort une bonne quinzaine d'années plus tôt.

Autre temps, autres mœurs. Et les mœurs du dix-huitième siècle commençant, élégantes, gaies, frivoles, ont tout de suite trouvé leur peintre et leur poète en la personne de Watteau : de

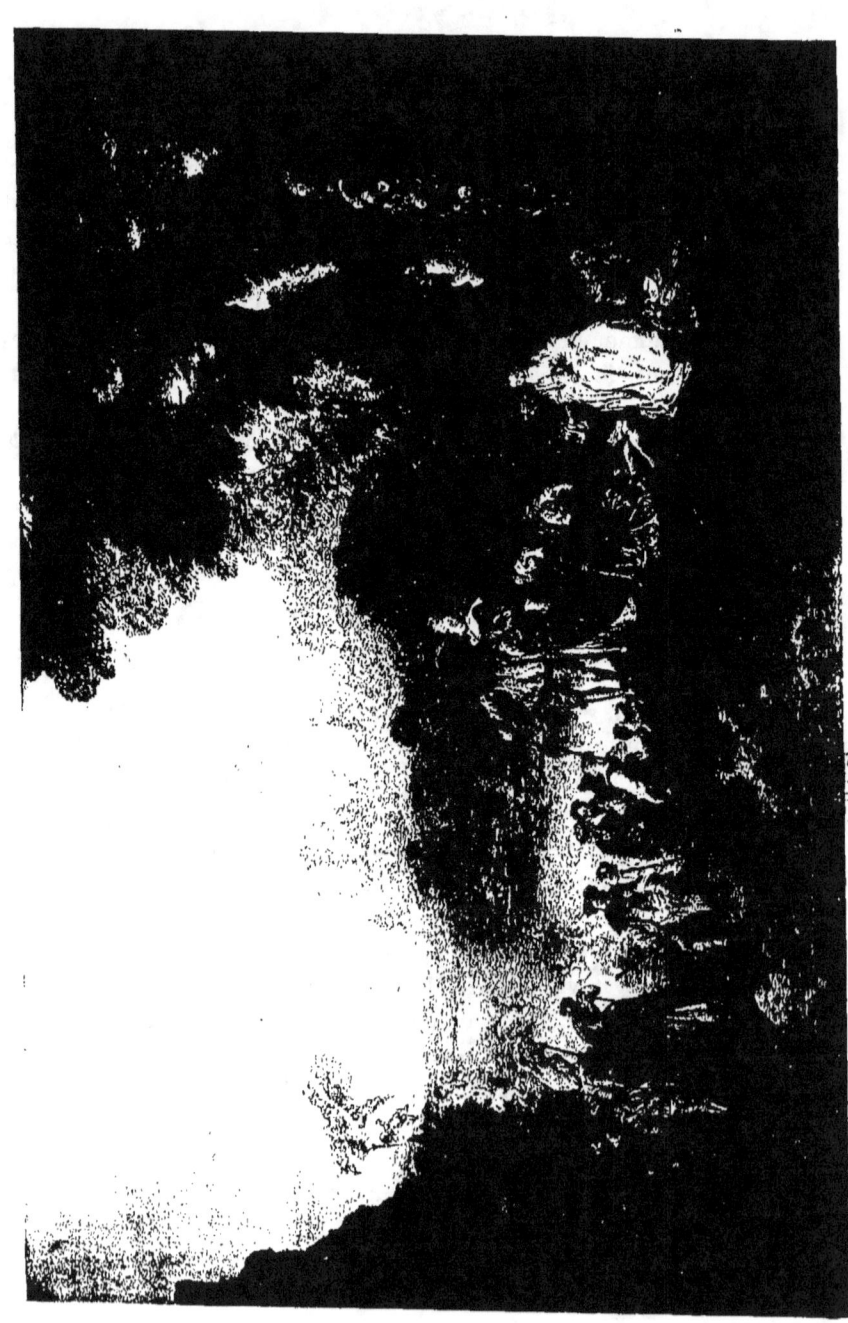

WATTEAU. — L'EMBARQUEMENT POUR CYTHÈRE.

quelle manière il les a vues et traitées, idéalisées, nous le dirons ; mais l'âme de cette époque, il l'a tout de suite attrapée. Tout de suite, et avec tant de promptitude, en vérité, qu'on se demande s'il n'est pas en avance un peu. La soudaineté de son génie étonne. Si souvent, les artistes sont en retard ! Si souvent une idée tâtonne, hésite et cherche avant de rencontrer son expression parfaite ! Presque toujours elle ne se réalise dans l'art qu'à la veille de décliner.

Mais Watteau survient et le voici maître de son idée, maître de soi. Ce qu'il y a peut-être en lui de plus extraordinaire, c'est la facilité géniale avec laquelle il se dégage du passé. On croirait qu'il ignore le passé ; on croirait qu'une ère d'oubli total s'est écoulée entre ses devanciers — non ses précurseurs ; ses prédécesseurs seulement — et lui. Il n'a pas fait effort pour rompre avec les traditions antérieures ; du moins, on n'aperçoit dans son œuvre aucun effort : simplement, avec la spontanéité du génie, il inaugure ce que rien ne préparait, ce que rien ne faisait prévoir. Les Italiens de la Renaissance, qui ont pesé si lourdement jusque-là, ne le gênent pas. Il a raté le prix de Rome : bonne affaire et qui sans doute le préserva des influences redoutables !

Ce ne sont pas les maîtres qu'il eut qui l'expliquent.

On ne voit pas trop ce qui le destinait à être ce qu'il fut. Quand on essaye de rendre compte des origines de son art, il faut qu'on en arrive à constater ce point de départ mystérieux : son génie. C'est, comme parlent les théologiens, la grâce, un don gratuit.

Ce peintre de la vie raffinée, cet évocateur délicat des sentiments les plus subtils, est le fils d'un couvreur de Valenciennes. Il n'avait ni argent ni loisirs ni rien de ce qui favorise la culture spirituelle. Un barbouilleur de l'endroit lui donna les premières leçons ; mais, en 1702, ce barbouilleur, chargé de

quelque besogne afférant aux décors de l'Opéra, emmène avec
lui à Paris ce jeune homme de dix-huit ans. Et puis un Mettayez
qui, sur le pont Notre-Dame, vend des copies et, en somme, de
la peinture emploie Watteau, l'aide à gagner au jour le jour
sa vie. Et puis Watteau retourne à l'Opéra, où l'appelle Gillot
qui a la « conduite des machines, décors et habits » de ce
théâtre. Et puis enfin, je ne sais s'il convient de dire que
Watteau fut l'élève d'Audran ; mais il fit avec Audran des
dessus de portes, des panneaux décoratifs, etc.

Voilà les débuts de Watteau, jusqu'au jour où l'*Embarquement pour Cythère* lui ouvre les portes de l'Académie, comme
« peintre des festes galantes ». D'où lui est venue l'inspiration ?
De lui même ; toutefois, on peut considérer qu'il dut quelque
chose à cette fréquentation de l'Opéra que lui offrirent les
circonstances. Ballets, mascarades, carnavals jolis que les
comédiens et les chanteurs d'Italie avaient importés chez nous,
éveillèrent peut-être en lui l'idée de ces agréables fêtes,
mêlées de musiques et dont un ingénieux éclairage révèle la
douceur parée et costumée, l'idée surtout de cette fantaisie où
les réalités se perdent en allégories charmantes...

Mais, c'est assez le chercher autour de lui. Quel il fut, —
ou, en tout cas, apparut, — le témoignage des contemporains
le dit.

Un petit homme et de santé chétive ; il mourut à trente-sept
ans, des poumons. Son caractère ? « Inquiet et changeant »,
raconte Gersaint qui l'a bien connu et qui l'appréciait ;
«entier dans ses volontés, libertin d'esprit mais sage de mœurs,
impatient, timide, d'un abord froid et embarrassé, discret et
réservé avec les inconnus, bon mais difficile ami, misanthrope,
même critique malin et mordant, toujours mécontent de lui-
même et des autres et pardonnant difficilement ». Est-ce là le
peintre des fêtes galantes ? Impossible de le confondre avec un

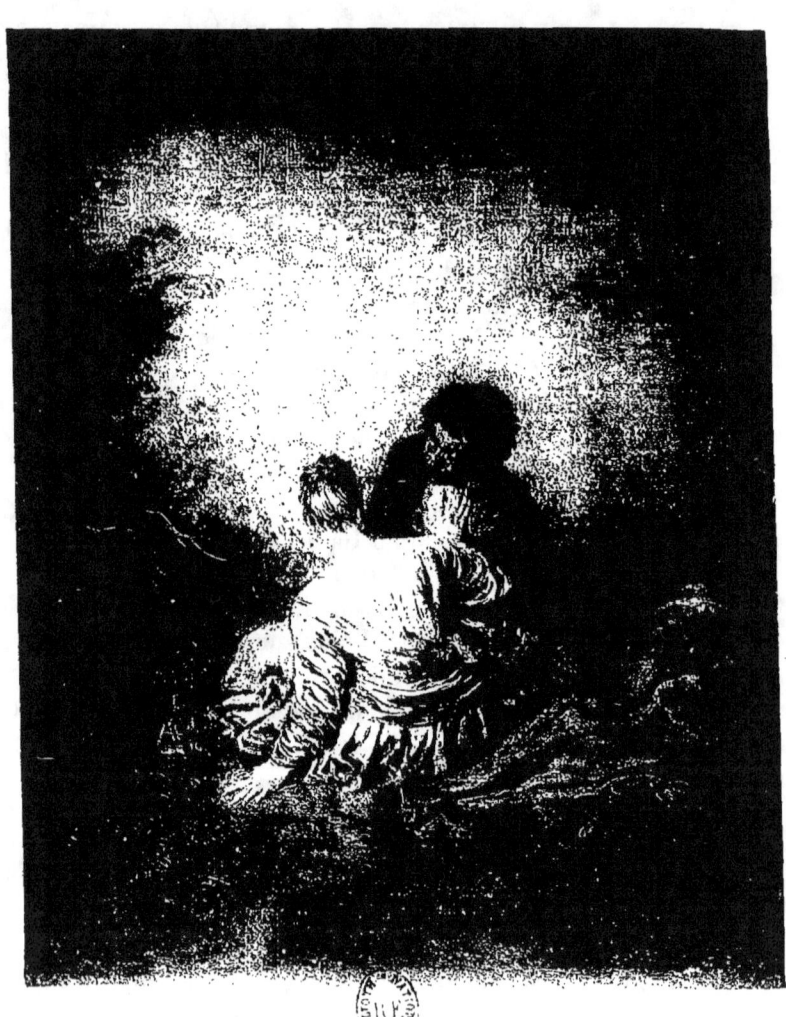

WATTEAU. — Le Faux Pas.

galantin! Comme il ne ressemble guère à ses jolis personnages,
de si exquise urbanité, de si facile commerce! Comme il n'a
pas du tout l'air prêt à s'embarquer pour Cythère!...

Le comte de Caylus, protecteur et ami de Watteau, lui a
consacré des pages fines et attrayantes, où j'aime en particulier ces quelques lignes. Le tour en est parfait et je les crois
assez profondément révélatrices : « Jouissant d'une agréable
réputation, il n'avait d'autre ennemi que lui-même et certain
esprit d'instabilité qui le dominait... » C'est l'*inquiétude*, que
Gersaint signale; et Caylus en donne cet exemple amusant :
« Il n'était pas sitôt établi dans un logement qu'il le prenait en
déplaisance. Il en changeait cent et cent fois et toujours sous
des prétextes que, par honte d'en user ainsi, il s'étudiait à
rendre spécieux... » Caylus ajoute : « Là où il se fixait le plus,
ce fut en quelques chambres que j'eus en différents quartiers
de Paris, qui ne nous servaient qu'à poser le modèle, à peindre
et à dessiner. Dans ces lieux uniquement consacrés à l'art,
dégagés de toute importunité, nous éprouvions la joie pure de
la jeunesse... Je puis dire que Watteau, si sombre, si atrabilaire, si timide et si caustique partout ailleurs, n'était plus
alors que le Watteau de ses tableaux, c'est-à-dire l'auteur
qu'ils font imaginer, agréable, tendre et peut-être un peu
berger. »

N'est-elle pas saisissante, en vérité, cette transformation du
tout au tout, qui change en un berger galant ce Watteau si
atrabilaire et misanthrope dans l'ordinaire de la vie. Certes,
l'accord exact du caractère et du talent, de l'âme d'un artiste
et de son art est bien excellent à vérifier : l'art émane de cette
âme naturellement. Mais la stricte séparation de l'art et de la
vie n'est pas un signe moins frappant, un indice moins sûr,
quand elle a cette netteté rigoureuse et comme cette rudesse
un peu brutale.

Si Watteau ne fut pas contents des réalités, c'est peut-être qu'il eut pour cela ses raisons; et qu'il en soit juge : tout l'optimisme qu'on oppose au pessimisme de quelqu'un n'est persuasif aucunement. Bref, il rompit avec les réalités. Non qu'il se lance dans la chimère fantasmagorique. Comment faire? Du rêve où l'on se plaît, il faut bien qu'on emprunte les éléments aux réalités... Watteau se réalise un monde illusoire et charmant de galanteries mélancoliques; et les amours qu'il a connues, il les transpose au gré, je ne dis pas de son souhait, mais de son âme. Il en supprime les vulgarités, non les tristesses; et, s'il les embellit, il n'en dissimule pas l'intime douleur. Il les idéalise; j'entends qu'il peint l'idée même de l'amour et non quelques scènes épisodiques : il peint son idée de l'amour, où se résume toute la poésie de la ferveur, du désir et du regret.

Et que devient le paysage? Un décor de fêtes galantes. Il environne la rencontre des amants. La nature complice a de belles retraites pour les amants, et elle enveloppe d'ombre tutélaire leur tentative d'être heureux, et elle s'accorde complaisamment avec leur pensée recueillie, douce, éprise de beauté.

Il ne s'agit point ici de pittoresque ni de singularités ou de magnificences. Les bizarres et les sublimes aspects de la nature demeureraient inutiles et quasi absurdes un peu, autour des amants que seul occupe leur amour. Les amants ne veulent autour d'eux qu'une nature douce, discrète et jolie, où rôde une atmosphère de tendresse et de volupté; jardins et parcs ornés de mythologiques statues, bassins d'eau limpide où le soir se mire, ombrages silencieux.

Les paysages de Watteau n'ont pas une existence séparée des fêtes galantes qu'ils encadrent. Et souvent ils sont réduits à peu de chose; quelquefois, au contraire, ils s'étendent très loin, très profondément.

Notons l'admirable ciel crépusculaire de *Jupiter et Antiope*,

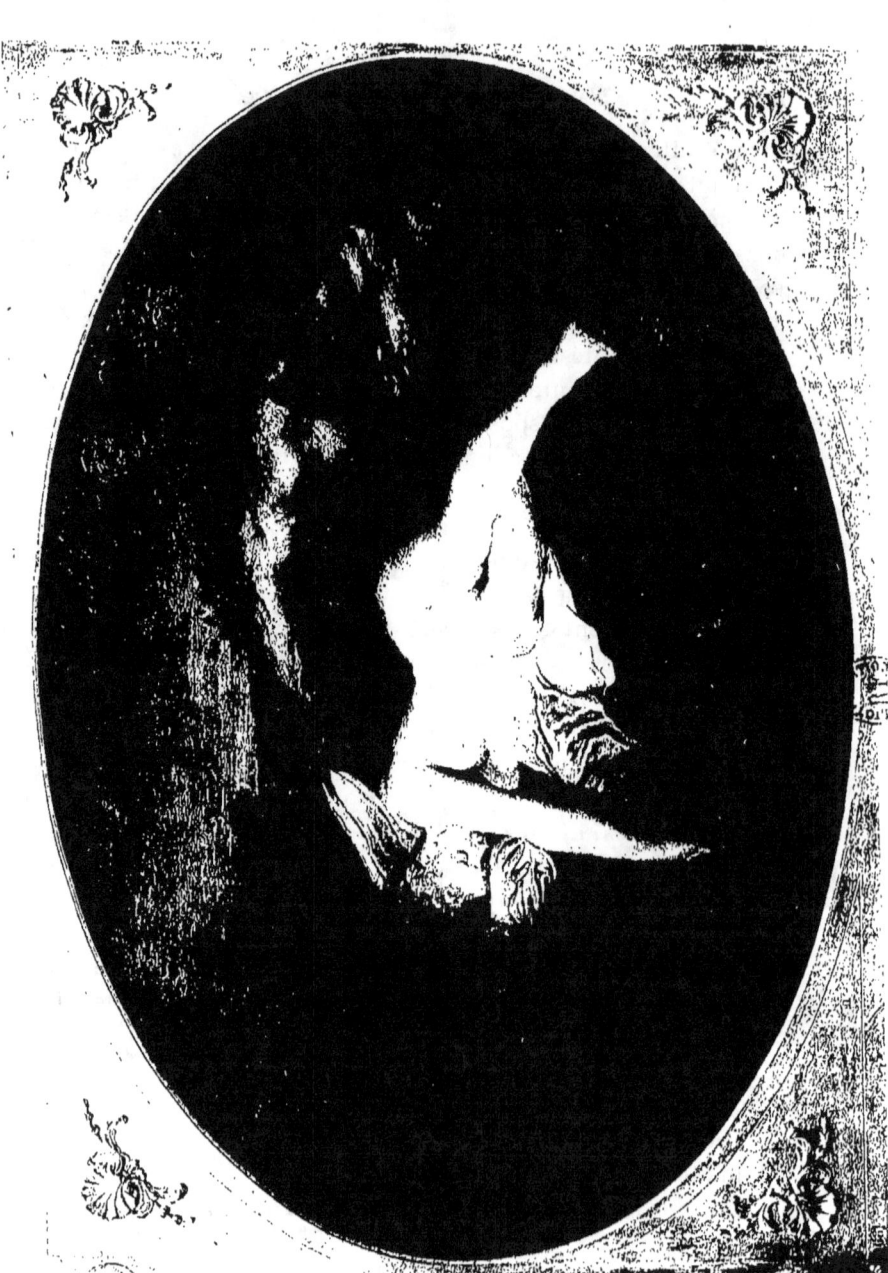

WATTEAU. — JUPITER ET ANTIOPE

un ciel d'après le coucher du soleil, vert émeraude et strié par endroits de jaune rosé ; le ciel bleu paon du *Faux pas*, où se profilent des feuillages sombres et indécis ; le ciel azur et blanc de *Gilles*...

Ce petit tableau que l'on intitule *Scène de bergerie* ou *Pastorale*, traité, l'on dirait, à la preste manière d'une fresque, est un ravissant et clair paysage de beau temps : lumière pure, diaphane où se dessinent avec netteté les détails des objets, où se marquent vivement les couleurs et le contour de leur masse ingénieuse.

Mais une bien autre merveille est cette *Assemblée dans un parc*. Le soir calme et doux achève une divine journée. Les verdures sont pleines d'ombre et il y traîne cependant encore de la lumière éparse et diffuse qui, au bord extrême des épaisses touffes, prend des tons roux et mordorés. L'eau bleue et noire d'un étang s'immobilise, pensive et silencieuse. Tout ce qu'a de fraîcheur, de calme, de sagesse et de rêverie apaisée le soir est là, épanoui dans la sécurité du lieu. Les voix chuchotent, confidentielles, on le devine ; les attitudes sont langoureuses ; et l'allure des promeneurs a soin de ne pas déranger l'universelle harmonie.

L'*Embarquement pour Cythère* émeut, trouble et séjourne dans la mémoire comme un parfum, comme une musique infiniment pénétrante, décisive, comme un charme qu'on subit et qu'on aime à subir et auquel on s'abandonne.

Tout y conspire au même effet, prenant, complexe, doux. Je ne sais pas d'œuvre d'art où l'idée soit mieux rendue, — d'œuvre d'art plus parfaite, si l'on appelle perfection cet accord souverain de l'idée et du langage qu'elle s'est trouvé. Comme l'idée est ici d'une incomparable poésie, que chercher encore ?...

Et j'adore, dans ce tableau, la pureté de l'art. Voici vrai-

ment une chose française, qui ne doit rien à aucune influence
étrangère, qui est née chez nous de la plus délicate émanation
de l'âme française, comme spontanément. Cette image de
l'amour, un artiste d'ailleurs ne l'eût pas inventée, ni non plus
un artiste d'une époque plus ancienne. Elle n'est pas gauloise,
ni septentrionale, ni méridionale ; et ni les Germains, ni les
Anglo-Saxons, ni les Italiens ne sauraient y apercevoir la
qualité de leur désir. Ce n'est pas l'exubérance des uns, le
mysticisme des autres... Comment définir cette nuance très
particulière de l'âme française ? Il suffirait de regarder le
tableau.

L'heure est charmante : la fin d'un bel après-midi, la
minute exquise et furtive qui précède le crépuscule. Toute la
lumière qui s'est pendant le jour accumulée s'épanouit
en blondeurs tièdes. Les ramures qui bientôt s'appesantiront
dans le silence nocturne, sont encore remuantes et frémis-
santes ; des souffles y jouent. Une statue émerge, plus
blanche qu'au grand soleil. Au lointain, sur l'eau où l'île se
devine, dans l'atmosphère calme, errent des buées presque
transparentes qui laissent voir les horizons et seulement les
teintent de mystère. De mystère agréable et non effrayant ;
les collines et les rochers y nagent et s'y pâment.

Une galère d'or est en partance vers là-bas, vers l'île de
félicité que le mystère pudique dissimule.

Les belles écouteuses, mi-consentantes, hésitantes, s'em-
barqueront-elles sur la galère d'amour ? Une sorte d'inquiétude
les retient en même temps que les appelle leur désir. Elles ne
savent pas ; et leur pensée émue ne les peut plus guider. Il y
a dans l'air des aromes enivrants qui, tout à la fois, les
exaltent et les retardent. L'heure merveilleuse les enveloppe
de son charme... Et elles s'en iront vers l'île d'Amour : telle
est la mollesse infinie de leur âme qui ne se défend plus et
cède...

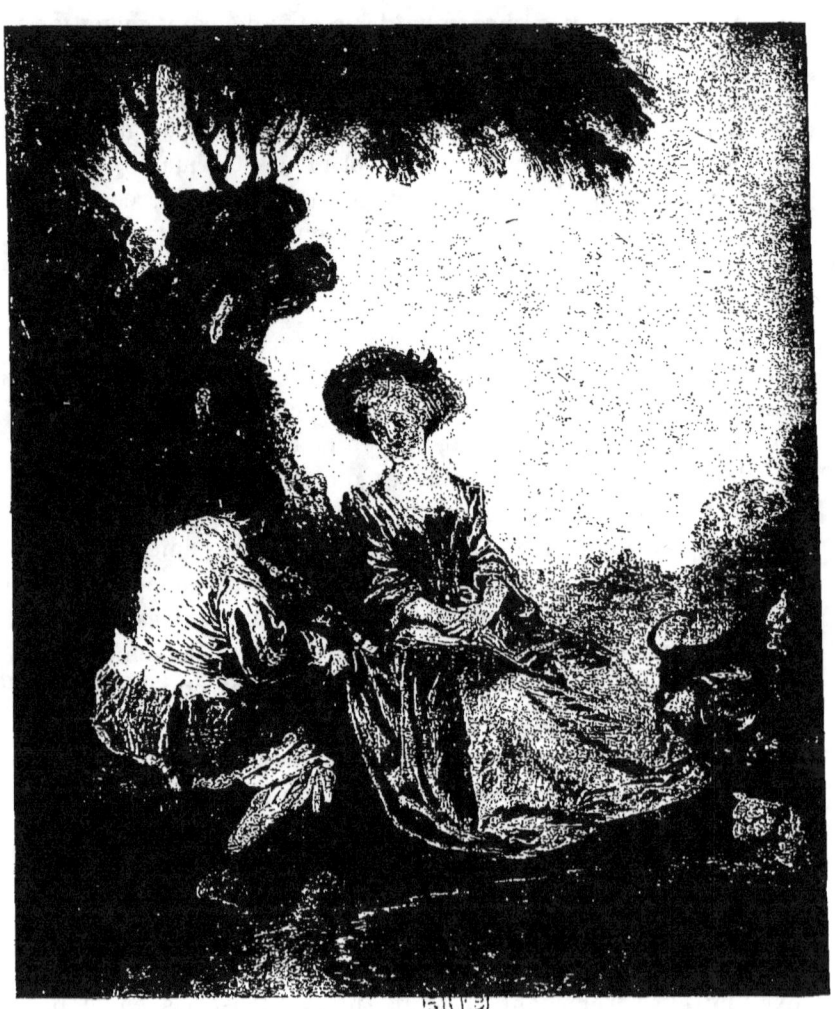

WATTEAU. — Pastorale.

Volupté et mélancolie : le trouble de l'amour autant que sa
félicité. Déjà la nostalgie et le regret, le sentiment de la brièveté du bonheur : « plaisir d'amour ne dure qu'un instant,
peine d'amour dure toute la vie », ce refrain de la vieille et
pleurante chanson n'accompagne-t-il pas, en sourdine, le départ
élégant des belles et des enjôleurs !... L'attente, l'incertitude et
la prévision déjà.

Ce peintre des fêtes galantes n'est pas un homme gai.
D'autres, après lui, mettront dans la galanterie plus de sensualité satisfaite, et voire de la polissonnerie ou de la gaillardise.
Mais il était, ce Watteau, un taciturne ; et j'imagine qu'il ne
fut pas bien heureux en amour. Peut-être dut-il à cette infor-
tune quelque chose de sa délicatesse : il évita la grossièreté
des faciles vainqueurs.

Ses paysages sont tous imprégnés de la même rêverie que
la petite scène qu'ils entourent. Une atmosphère d'amour les
emplit ; et, si l'on supprime par la pensée les personnages de
l'*Embarquement pour Cythère*, il me semble que l'on devine
encore l'inquiète volupté qui par là rôdait...

Ce n'est pas la nature pour elle-même qu'a peinte Watteau.
Je ne sais si la simple campagne suffisait à l'émouvoir. Il a
aimé une nature, disons : galante, au sens où il faut prendre
ce mot pour qu'il convienne à son œuvre. Mais il ne l'a pas
attifée. Ses grands parcs ne sont pas travaillés comme les
jardins de Le Nôtre. Des arbres véritables s'y épanouissent et
leurs amples feuillages ont la liberté des vives frondaisons.

Pour ses lointains, il s'est, je crois, souvenu des Italiens les
meilleurs. A moins qu'il n'ait lui-même retrouvé cette poésie
des horizons bleus où les collines apparaissent en beaux
mirages translucides.

Sa manière n'est ni hâtive ni lente. Il est habile à bien poser
ses touches, sans avoir besoin de préciser outre mesure. Il

rend, et sans peine, le juste aspect des choses, leur lumière, leur légèreté, jusqu'à leur remuement. Il marque ses effets résolument et n'insiste pas.

Il fait des paysages poétiques ; mais ce n'est point à dire qu'il ajoute des ornements à la réalité : il a su voir et il a délicieusement rendu la poésie vraie de la nature aux fins de jours, aux soirs limpides. Et cette poésie, pour langoureuse qu'elle est, ne s'abandonne pas à être fade. Elle est robuste et saine aussi. La mélancolie de Watteau ne saurait être confondue avec la plaintive détresse des âmes faibles ; elle provient d'un grand cœur qui a médité sa tristesse.

Watteau est mort en 1721. La littérature de son temps ressasse un classicisme suranné : on imite Corneille et Racine, Regnard et Molière... Dans tout cela, rien qui ressemble aucunement à Watteau. Cet homme est un inventeur. On peut bien lui trouver, à la rigueur, quelque chose de racinien : quelque chose seulement, quelque chose à peine ; et l'on peut bien penser que son œuvre eût enchanté Mme de Lafayette. Mais il est, en vérité, lui-même et ne dépend que de soi.

*
* *

Celui-ci, plus encore : celui-ci est un miracle. Il survient à l'improviste ; rien ne l'annonçait ; il est prodigieux et disparaît.

Les historiens qui veulent « expliquer » un grand homme par le moyen des circonstances et du milieu n'ont pas, avec Turner, la besogne facile. Constatons qu'il fut cet homme étonnant ; et, à ce phénomène singulier, ne cherchons pas dehors de causes suffisantes.

Il a bien quelque analogie avec notre Claude Gellée. C'est un fait que l'on ne saurait aisément nier : il n'en fallait pas

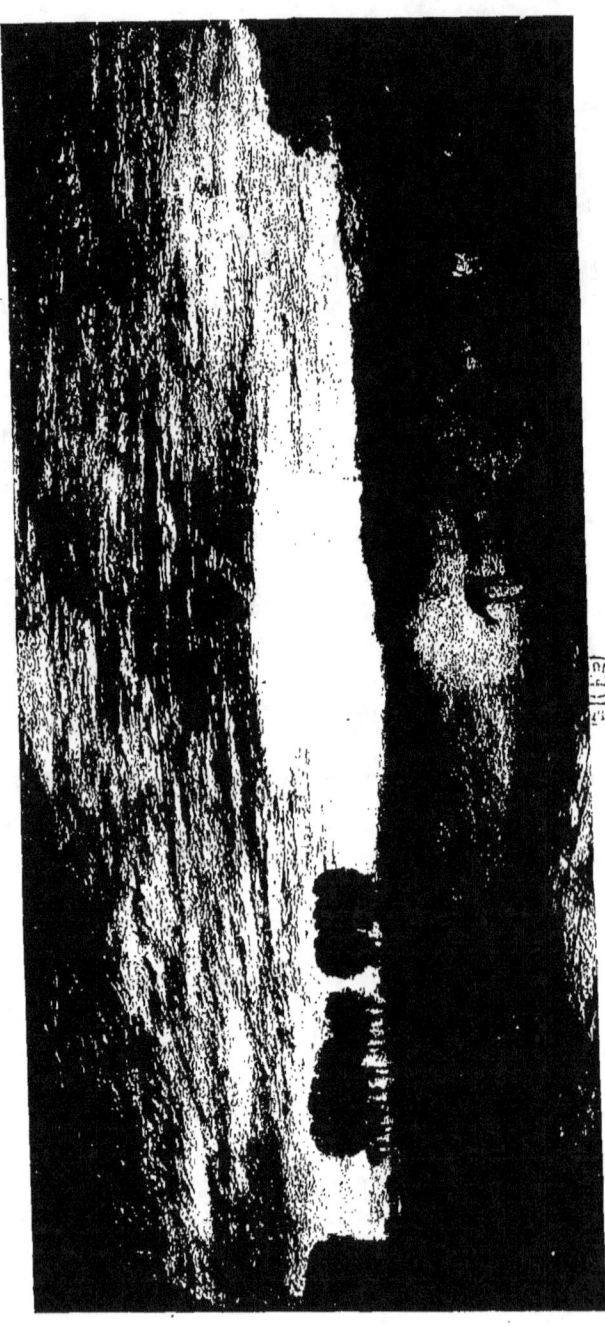

TURNER. PETWORTH PARK.

davantage pour que Ruskin s'y efforçât. Ruskin n'admire
aucun peintre autant qu'il admire Turner ; et, comme il est
absolu dans ses jugements, il a besoin de sacrifier à Turner
tous les autres peintres : Claude Gellée principalement, puisqu'il y avait urgence de ce côté.

Ruskin, en cela, se montrait plus turneriste que Turner.
Celui-ci déclarait volontiers son admiration du Lorrain. C'est
avec ce maître qu'il prétendait rivaliser et, quand il légua
plusieurs de ses œuvres à la National Gallery, il signifia
cette condition : des tableaux de son rival seraient placés à
droite et à gauche des siens.

Claude Gellée et Turner ont aimé passionnément le soleil.
On raconte que, mourant dans sa retraite de Chelsea, Turner
s'écriait : « Le soleil est dieu ! » Pareil cri pouvait s'échapper
de la bouche de notre peintre. Leur génie à tous deux consiste
essentiellement en cet amour de la lumière, qui est l'ivresse
de leurs yeux et de leur pensée. Ce que l'on a dit de Claude,
— que son esprit n'était pas très développé, si l'on excepte
l'aptitude à sentir et à peindre les spectacles naturels, — on l'a
dit aussi de Turner. Ils ne furent pas des idéologues. Le monde
ne leur fut pas un sujet de méditation, mais une source de
volupté visuelle ; et cette volupté les accaparait au point que,
pour le reste de la vie, ils n'eurent plus de zèle ni de curiosité.

D'ailleurs, cette analogie que l'on peut constater entre
Claude Gellée et Turner n'enlève rien à l'originalité de Turner.
Je ne dis pas que l'Anglais ait emprunté rien au Français :
son art n'est pas un art d'emprunt. Spontanément, il lui
ressemblait un peu. Mais s'il lui ressemble un peu, combien
ne se distingue-t-il pas de lui davantage. Il est infiniment plus
varié, plus riche et plus audacieux. Il a vu mille et mille
aspects de la nature ensoleillée que le Lorrain n'a pas soupçon-
nés. Et puis, le Lorrain fait un choix ; il a ses volontés

d'ordre, de sérénité, de magnificence. Turner accueille toutes les fantaisies de la lumière, les plus imprévues, les plus étranges... Même il en vint à rechercher les bizarreries, les folies du réel.

Ruskin exagère, — et cependant il a raison de noter l'extrême attention qu'apportait son peintre à l'étude de la nature. Il ne lui suffisait pas, comme à tant d'autres, d'un regard pour être quitte avec l'objet de son étude. L'apparence, telle qu'on la saisit à la première inspection du paysage, ne donne pas une exacte connaissance de la minutieuse vérité. Turner a discerné, parmi les nuages et les vapeurs du ciel, des qualités que l'on n'avait point aperçues avant lui. Si la lumière l'enchante, elle ne l'empêche pas d'aller au delà d'elle ; et il n'examine pas seulement la coloration des choses, mais aussi les choses colorées.

Eut-il conscience d'une philosophie plutôt que d'une autre ? Peut-être que non. Toujours est-il que son art suppose une doctrine réaliste plutôt qu'idéaliste. On ne se figure pas qu'il ait, à la façon des Berkeleyens, cru vivre au milieu d'une illusoire fantasmagorie, il prête aux apparences un solide support.

Il est vrai qu'à la fin de sa vie, l'intoxication de la lumière le gagnant, il néglige un peu les objets. Ce que sont les objets où la lumière se répand, il ne le sait plus guère. Du moment que la diversité nombreuse de leurs couleurs est, pour la lumière, un prétexte opportun, c'est assez : les splendeurs de cette robe de Maïa offusquent la réalité substantielle. Turner alors ne s'occupe plus d'autre chose que du trésor multiplié des colorations épanouies, naissantes ou mourantes. C'est un feu d'artifice éblouissant de tons ; le jaune, le rouge et le blanc se juxtaposent ; et le bleu, le vert, le rose, l'amarante y fusent, y jaillissent. Cela bondit, cela coule, cela ruisselle. Et, de certaines taches, on dirait qu'elles galopent dans un tumulte de pierre-

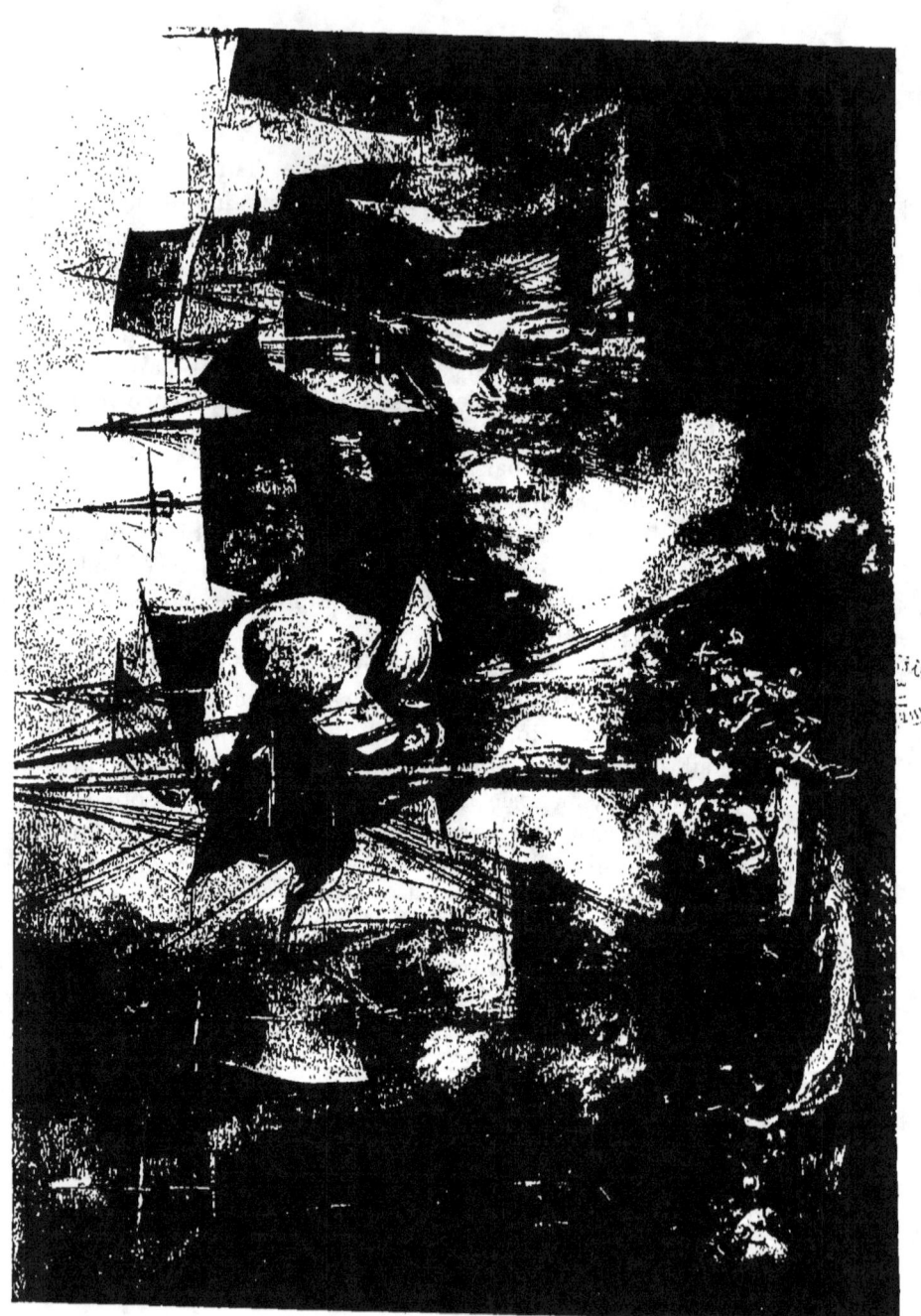

ries ; d'autres fleurissent ; d'autres, subtiles, s'insinuent et filent parmi les amas de pétales radieux ; et d'autres, amples, s'élargissent avec joie, se dilatent et rayonnent.

On a déclaré que plusieurs des tableaux de Turner étaient incompréhensibles. Ils ont paru déconcertants et l'on se demandait si Turner n'était pas devenu fou... On était gêné de ne plus reconnaître les objets qu'il avait peints, sous le flamboiement de la lumière... Il n'y a, dans ces tableaux, rien à comprendre. Les taches colorées n'y ont pas d'autre signification que les zones vertes, bleues, roses, blanches, violettes, du prisme, de la nacre ou de la plume de pigeon. Si Turner continue à prendre la réalité pour prétexte, c'est qu'elle a de merveilleuses ressources et plus de fantaisie que nulle imagination d'artiste. Mais il n'a cure de chercher à des tableaux ce qu'on nomme un sujet.

Antérieurement à cette époque où seules les prouesses de la lumière l'enchantèrent, il peignit des mythologies telles que *Jason*, *Apollon et Python*, *Enée et Didon*, *Polyphème*. L'anecdote est là réduite au minimum d'importance ; il ne s'agit guère de ces héros : il s'agit du soleil qui déjà luisait et répandait la profusion de ses miracles.

Un train qui passe dans la nuit valut bientôt, pour Turner, les demi-dieux et les paladins légendaires, à cause des féeries suscitées.

Venise, les bords du Rhin, l'Écosse, Turner visita ces pays, en quête de lumières nouvelles. Nulle étape de ses voyages où il n'ait trouvé son émerveillement.

Il mourut misanthrope. Il était le fils d'un perruquier ; lui-même pratiqua : des gens eurent la barbe faite par Turner. Et puis, il fut imprimeur et architecte, etc... jusqu'à ce que la lumière le prît.

*
* *

Barbizon ! Ce petit village s'est vu, en 1903, élever à la
dignité de commune : il a son maire. Mais ce n'est pas là toute
sa gloire. A Barbizon, vers le milieu du XIXᵉ siècle, la nature
fut retrouvée.

On l'avait perdue. On ne la voyait plus du tout. C'étaient
les peintres qui l'avaient cachée. Cachée derrière les images
qu'ils en faisaient et refaisaient. Depuis longtemps, les peintres
copiaient, non pas la nature, mais une image appauvrie de la
nature, une bien médiocre image, sans vie, sans vérité, qui,
peu à peu, s'était substituée au modèle.

Les premiers qui osèrent déchirer ce voile semblèrent des
imposteurs. Ils avaient beau dire au public : — On te trompe,
public ! ce qu'on te donne pour la nature n'en est que la vile
contrefaçon ; regarde : la vraie nature, la voici, n'est-elle pas
plus belle que tu ne le croyais ?... — le public se méfiait.

Il fallut déshabituer le public de son illusion. Ce ne fut point
une petite affaire. Platon veut que l'esprit, avant d'acquérir
de justes idées, se purifie premièrement : la science, pas plus
qu'une eau limpide, ne peut être versée dans un vase où
quelque souillure est déjà. Les yeux aussi doivent se purifier
pour que la vérité du paysage y pénètre et ne s'altère pas. C'est
à Barbizon que se lavèrent de l'académisme les yeux français,
au temps que Barbizon n'était seulement pas une commune,
mais un petit coin perdu de la forêt de Fontainebleau.

Théodore Rousseau, Troyon, Corot, Millet, voilà les novateurs, ou plutôt les rénovateurs auxquels nous devons aujour-
d'hui de savoir regarder sincèrement la nature. Il me plairait
de définir chacun d'eux et, pour n'être pas injuste, de signaler mieux qu'on n'a coutume de le faire ce Paul Huet qui fut
peut-être un précurseur. Mais, puisque l'œuvre de Millet s'im-

pose par des qualités magistrales, puisqu'il est significatif de tout son groupe d'art et individuellement admirable, je le choisis.

Nous avions eu de grands paysagistes, sensibles à la poésie des beaux horizons, capables de rendre l'émotion qu'un site élégant ou majestueux leur donnait; ils savaient peindre la pureté de l'air, la fraîcheur de l'ombre et la fluidité de l'eau. Mais ce que nous livre Millet, ce n'est pas seulement le paysage, c'est la campagne. La vraie campagne et les gens qui l'habitent et le labeur de ces gens. La terre que voici n'est pas une simple tache de couleur, agréable à nos yeux; elle est la glèbe productrice des moissons.

Millet ne distingue pas du paysage les paysans. Il a saisi le rapport qu'il y a entre le sol et ses ouvriers, ceux-ci rudes comme le sol et le sol transformé par eux : cet échange continuel que font ainsi le paysage et les paysans crée entre eux une sorte d'harmonie ou d'analogie qui est la campagne même. D'autres paysagistes ont placé dans leurs tableaux de petits personnages, — assez souvent inutiles; c'est un ornement qui, en général, dépare la composition. Les personnages de Millet font, au contraire, partie intégrante du paysage ; on ne peut concevoir qu'ils disparaissent sans que la composition soit anéantie. Ils expliquent l'entour, comme l'entour les explique.

Semeurs, botteleurs, glaneuses, tondeurs de moutons, bergers, gardeuses d'oies, planteurs de pommes de terre, laboureurs, chacun d'eux a l'aspect et l'attitude que sa besogne quotidienne lui a faits. Le geste de chacun d'eux est justement celui que sa présente activité réclame, sans déploiement de force inutile, sans maladresse non plus. Il a fallu que Millet fût paysan lui-même et vécût de la vie campagnarde pour connaître avec cette exactitude le travail des vergers et des champs.

Il ne se contente pas de peindre des paysans et leur plus habituel caractère. Il représente son personnage occupé à quelque soin précis : c'est un paysan greffant un arbre, une femme tirant sa vache, ou battant le beurre, ou cardant de la laine, un laboureur qui se repose sur sa houe, ou bien qui ramène à la ferme un veau né dans les champs.

. Au surplus, je ne crois qu'on puisse définir l'esthétique de Millet mieux que lui-même ne l'a résumée dans une lettre dont voici quelques extraits. Elle est datée de Barbizon, 18 février 1862, et adressée à M. Théophile Thoré qui, semble-t-il, se proposait d'écrire sur Millet et avait donc prié l'artiste de l'aider[1]... « D'abord, je dois vous dire que je cherche à exprimer, dans ce que je fais, le sens rustique ; que ma devise serait volontiers : Rus!... Dans la *Femme qui revient du puits*, j'ai tâché de faire qu'on ne puisse la prendre ni pour une porteuse d'eau, ni même pour une servante ; qu'elle vienne de puiser de l'eau pour l'usage de sa maison, l'eau pour faire la soupe à son mari, à ses enfants ; qu'elle ait l'air de n'en porter ni plus ni moins lourd que le poids des seaux pleins ; qu'au travers de l'espèce de grimace qui est comme forcée à cause du poids qui lui tire sur les bras et du clignement d'yeux que lui fait faire la lumière, on devine sur son visage un air de rustique bonté... »

Voilà bien des détails, et voilà des notations qui, au premier abord, peuvent sembler littéraires plutôt que picturales ; mais non, puisque tout cela concerne l'attitude du personnage et le caractère même de l'idée que le tableau doit rendre. Remarquons le souci qu'a Millet du geste convenable : il ne veut pas que sa paysanne paraisse porter un seau vide ni un seau chargé de plomb.

---

1. Cette lettre de J.-F. Millet a été publiée, par M. Lucien Jottrand, dans la *Nouvelle Revue rétrospective*, le 10 novembre 1902.

MILLET. — LES GLANEUSES.

Millet continue ses notes : « J'ai évité avec une espèce d'horreur, *comme toujours*, ce qui pourrait regarder vers le sentimental ; j'ai voulu, au contraire, qu'elle accomplisse avec simplicité et bonhomie, et sans le considérer comme une corvée, un acte qui est, avec les autres travaux du ménage, un travail de tous les jours et l'habitude de sa vie... »

Les personnages de Millet, de vrais paysans, font une besogne quotidienne qui est, en effet, l'habitude de leur vie et comme la spontanéité de leur nature. Ils ont accompli cette tâche depuis toujours et les ancêtres leur en ont transmis l'accoutumance. Ils ne sont ni gauches, ni empruntés dans cet effort ; de là vient tout à la fois la simplicité de leur geste et aussi sa dignité. La campagne que peint Millet est poignante par tout le durable passé qui demeure en elle, immuable et que l'on aperçoit et dont la persistance se devine et dans les gens et dans les choses. Il note ce trait :

« Je voudrais bien aussi qu'on imagine la fraîcheur du puits et que son air d'ancienneté fasse voir que beaucoup, avant elle (avant cette femme dont il parlait) y sont venus puiser de l'eau... »

Telle est la signification des objets eux-mêmes. Ils dépendent de l'activité humaine ; ils sont marqués par elle et ils la révèlent. Ils font partie de la campagne, c'est-à-dire du paysage que s'est accommodé le paysan... Et voyez les animaux :

« Dans les moutons qu'on vient de tondre, j'ai cherché à exprimer cette espèce d'hébétement et de confusion qu'éprouvent les moutons quand on vient de les dépouiller, et aussi la curiosité et l'ébahissement de ceux qui ne sont pas encore tondus, en voyant revenir parmi eux des êtres aussi nus ; — que l'habitation ait bien un air rustique et paisible, qu'on puisse supposer le clos en herbe où sont plantés les

peupliers qui doivent l'abriter, que cela ait un air d'assez
antique fondation pour que des générations y aient déjà
vécu. »

L'idée prend ici sa forme la plus belle et la plus émouvante;
et c'est bien celle que rendent, en effet, les tableaux de ce
peintre réfléchi. Est-on jamais allé plus loin dans l'intelligence
de la campagne? En voici l'âme même, l'âme paisible et séculaire où la longueur du temps s'est appesantie. Notons-le,
ces idées si ingénieuses et profondes sont suggérées à Millet
par la contemplation directe et la vue immédiate des objets
environnants; elles ne résultent pas d'une vague rêverie ou
d'une philosophie quelconque; elles sont dans la nature
même et c'est là que Millet les va chercher et les trouve :
donc, des idées de peintre, en vérité.

La même lettre de Millet commente un autre tableau : *Une
femme donnant le déjeuner à ses enfants.*

« Je voudrais que ce soit comme une nichée d'oiseaux à qui
leur mère donne la becquée. L'homme travaille pour nourrir
tout cela... Puis, dans le cas où vous jugeriez nécessaire d'en
faire la remarque, je désire, dans ce que je fais, que les choses
n'aient point l'air d'être amalgamées au hasard et pour l'occasion, mais qu'elles aient, entre elles, une liaison indispensable
et forcée; que les êtres que je représente aient l'air voués à leur
position et qu'il soit impossible d'imaginer qu'ils pourraient
être autre chose... »

De là cette impression de nécessité, voire de fatalité, —
mais écartons du mot tout le mysticisme : cette fatalité résulte
des circonstances, des faits; elle n'est pas une puissance exté-
rieure aux choses et à la vie, elle est la substance même des
choses et de la vie, — cette impression qui aux tableaux de
Millet communique un si grand air de pathétique poésie.
C'est une impression que l'on a quand on traverse les petits

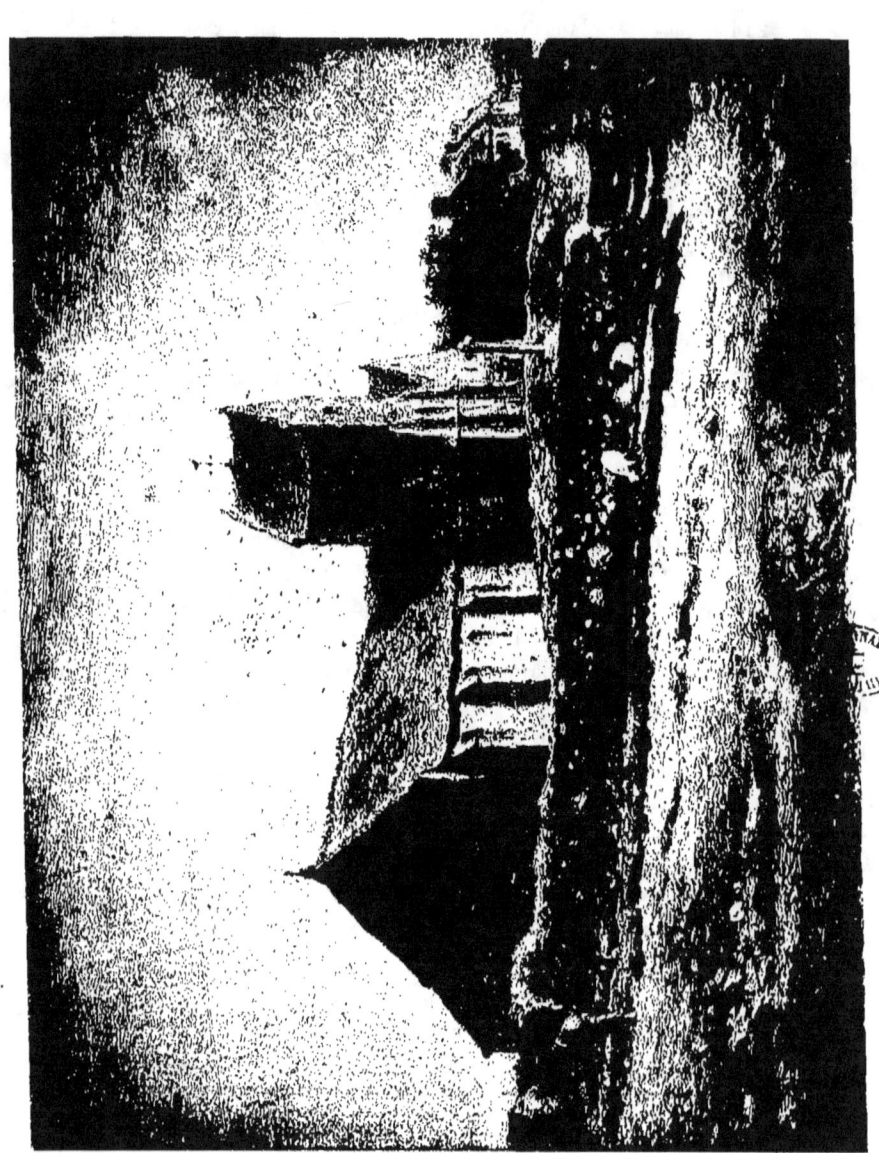

MILLET. — L'ÉGLISE DE GRÉVILLE.

villages où de monotones et irrémédiables existences sont à
jamais cantonnées : car Millet ne veut pas suggérer d'autres
idées que celles que suggère le simple spectacle de la réalité
quotidienne.

« Somme : que gens ou choses soient toujours là pour une
fin. Je désire mettre bien pleinement et fortement ce qui est
nécessaire, mais je professe la plus grande horreur pour les
inutilités ou les remplissages, lesquelles choses ne peuvent
avoir d'autre résultat que l'affaiblissement. »

Art austère et puissant, qui dédaigne les ornements empruntés et qui repousse les petits moyens et qui prétend ne rien
devoir qu'à sa vertu propre.

Cette lettre de J. F. Millet n'est-elle pas un chef-d'œuvre de
clairvoyance ? Fut-il jamais artiste plus conscient de soi, mieux
assuré de ses intentions et qui ait mieux coordonné ses efforts ?
Au service de cet esprit lucide, quelle vaillante et forte
volonté ! Ne devinerait-on pas, au seul accent de ses paroles
et même si l'on ignorait ses tableaux, l'énergie et la noble
patience qu'il apportait à son œuvre ? Ce caractère est l'un de
ceux que rien ne décourage; or, il était indispensable que
Millet en fût pourvu magnifiquement pour qu'il luttât comme
il l'a fait contre les pires déboires. Nul artiste ne fut, de son
vivant, plus méconnu ; le snobisme qui ultérieurement haussa
jusqu'au million le prix de ses tableaux ne compense pas le
tort qu'ont eu ses contemporains envers lui. La misère l'a
tracassé toute sa vie. Mais, tandis qu'on le négligeait ou le
bafouait, il demeurait fidèle à cette idée de l'art qu'il avait
adoptée, il ne s'en écartait pas, il travaillait.

C'est le fait d'un esprit qui ne cède pas à de courtes velléités
mais, en bonne logique, s'attache à des conclusions. Il n'y
a, dans le talent de Millet, rien de hasardeux. Chacun de
ses tableaux et le détail même de ses tableaux est mûre-

ment réfléchi. La lettre que j'ai citée l'atteste : il veut sans cesse, comme il dit, « exprimer » quelque chose. Le seul plaisir de la couleur ne lui suffit pas. Sa conception de la peinture est celle d'une peinture « expressive », qui ne rende pas seulement l'apparence des choses mais aille plus avant jusqu'à leur intime et significative vérité. Il a le souci d' « exprimer » même ce qui ne se *voit* pas. Il est étrange qu'on lui ait reproché son réalisme, car, s'il reproduit avec exactitude des aspects, il entend aussi évoquer l'âme des réalités manifestes. Il laisse à deviner, il fait pressentir, il suggère... Et comment ? Ah ! sans artifices vains, sans allégories ni symboles, par la simple et profonde vérité de son art.

Ce ne sont pas des « scènes », que Millet compose. Son sujet n'est jamais une anecdote qu'on puisse raconter et qui vaille par tels incidents dramatiques ou gais. Il le sait, que la vie des champs n'abonde pas en aventures variées. Elle est monotone et lente. Si parfois il se passe quelque chose, ce n'est pas cela qui est caractéristique. L'âme campagnarde se révèle mieux dans l'accomplissement des quotidiennes besognes et dans l'attitude habituelle du travail ; aussi Millet n'a-t-il voulu peindre que ces attitudes où se résume cette âme.

Son dessin vigoureux et robuste attrape aisément le geste expressif. Il n'est pas timide ni audacieux, mais loyal et dit ce qu'il veut dire avec une poignante simplicité.

On lui a souvent reproché sa couleur : Constatons, en effet, qu'elle n'a pas beaucoup d'éclat ; mais constatons-le sans reproche. Il n'entrait pas dans ses intentions de nous amuser par l'agrément des nuances, la fantaisie des tons et la nouveauté des rencontres lumineuses. Il n'a pas vu la nature joyeuse, mais plutôt morne ; il n'a pas voulu sacrifier son idée au plaisir des yeux. Il n'est pas un peintre sensuel, mais austère.

En tout cas, on ne peut nier la justesse de son coloris. S'il a choisi des aspects un peu sombres et ternes de la nature, du moins les a-t-il interprétés avec autant d'habileté que de goût.

Quand il lui a plu de le faire, il a prodigué les ressources de sa palette. Voyez ce *Printemps*, qui est au Louvre. Le beau verger fleuri s'épanouit en couleurs claires, fraîches, vives, sous le ciel noir où l'orage couve. On dirait que la lumière émane de ces fleurs et de ces feuillages, qu'elle y est restée après que se fut caché le soleil derrière l'épais rideau des nuages. Un arc-en-ciel et l'imminence de la pluie. C'est une belle et singulière minute. D'ailleurs, il est assez rare que Millet représente de si fugitifs aspects de la nature. Mais, dans le paysage de Gréville, dont la tonalité générale est grise, un attentif observateur aperçoit aisément la multiplicité des couleurs variées qui composent cette monotonie émouvante et douce.

*
* *

Entre Millet et les impressionnistes qui vinrent ensuite, la différence est à peu près la même, si l'on veut, qu'entre les portraits de Holbein et les esquisses de La Tour. Holbein synthétise dans son portrait le personnage tout entier, un caractère durable ; tandis que La Tour note un jeu furtif de la physionomie... Millet peint l'éternelle campagne et il néglige l'accidentel, le caprice des contingences ; c'est, au contraire, la mobile et changeante physionomie de la nature que les impressionnistes prétendirent interpréter, noter.

Ils sont de l'école du vieil Héraclite, qui inventa la philosophie du devenir et qui résuma toute son opinion de la réalité dans ces deux mots mélancoliques : « Πάντα ρεῖ », c'est à savoir : « Tout s'écoule ! » Et il disait encore qu'on ne se baigne pas deux fois dans le même fleuve ; car le fleuve passe et les rives même se transforment...

Le sentiment de l'universelle fragilité, de l'essentielle fugitivité de tout avilit-il la nature ?

>   Qu'est-ce que tout cela qui n'est pas éternel ?...

A ce vers de Leconte de Lisle on peut répliquer par un vers de Vigny :

>   Aimons ce que jamais on ne verra deux fois !...

Ces alexandrins formulent deux philosophies opposées ; la seconde est celle des impressionnistes.

Parce que les choses que nous contemplons ne dureront pas, il convient que nous soyons plus attentifs à leur brève beauté ! Promises à la désuétude imminente, elles sont plus dignes de nous émouvoir : le pathétique de leur destinée les signale à notre tendresse et leur donne plus de prix. Le jeune Achille de l'*Iliade*, quand il s'en va récriminer auprès de sa mère Thétis, ne manque pas de mentionner qu'il ne doit vivre que peu de temps : comment ne pas s'intéresser à cet éphémère héros ?... Il y a certes une poésie de la pérennité ; mais il y en a une autre de l'instantanéité.

Tel sourire qui éclaire une jolie figure s'est tôt dissipé ; il laisse à qui le regardait un regret douloureux. Sur le visage de la nature, les impressionnistes suivent le passage incessant et rapide de lumières charmantes et d'impalpables ombres. Ils assistent avec émerveillement à la métamorphose perpétuelle des apparences. Comme on ne se baigne pas deux fois dans le même fleuve, on ne regarde pas deux fois le même paysage. Les couleurs changent, la silhouette des objets se mue en d'autres aspects ; et Protée est un juste symbole de la nature.

L'immuable nature, — disent certains poètes. Ils n'ont pas de bons yeux s'ils croient la retrouver jamais identique à ce qu'elle fut. Elle prodigue les ressources inépuisables de sa féerie ; on dirait qu'elle joue à déconcerter qui l'admire, et sa coquetterie ne se lasse point. Le manteau de Maïa est de l'étoffe de nos rêves.

En présence de ces fantasmagories, on en vient à oublier qu'elles sont l'illusion diverse d'une même réalité. On ne songe plus à la substance qu'elles recouvrent ; on ne sait plus s'il existe une substance derrière elles, une réalité différente d'elles. Il y a les apparences et la succession des apparences, voilà tout.

Fixer l'une d'elles ! L'une, qu'on a choisie, que sa délicate beauté vous désigna. Ne pas vouloir qu'elle s'en aille comme les autres et s'anéantisse ; mais la ravir aux destructions, la saisir dans sa folle fuite et l'immobiliser ! Elle est admirable entre toutes.

Admirable et touchante. L'immobiliser de telle sorte qu'elle dure et que pourtant on la sente fragile, comme par miracle sauvée ! Il ne faut pas qu'à ne plus bouger elle s'alourdisse ; elle doit garder son air de furtive passante...

Ces peintres de la minute privilégiée ont pris ou bien ont accepté le nom d'impressionnistes. Ce n'est pas un mot bien heureux : il veut dire, en dépit de son poids et de sa formation médiocre, que ces peintres ne prétendent pas à l'objectivité. Ils peignent seulement une « impression » qu'ils ont de la nature ; ils n'affirment pas que cette impression corresponde à quelque réalité ; ils notent ce qu'ils voient, — ou bien ce qu'ils ont cru voir ; c'est tout un.

On peut considérer que les aspects successifs d'un paysage contiennent tous des éléments ou des indices, au moins, de la vérité de ce paysage. Un portrait d'Holbein synthétise les renseignements épars en diverses physionomies du même visage. Les impressionnistes ne font pas ce travail de synthèse. Ils peignent chacun des aspects successifs et ne s'efforcent pas

d'en composer une somme. Ils procèdent par l'analyse ; et
même, ils ne vont pas, ils n'ont pas le souci d'aller jusqu'à
conclure. Ils sont des gens pour qui vaut l'instant, à lui tout
seul et par soi. Ils aperçoivent l'individualité de l'instant ; ils
ne veulent pas que l'instant soit tributaire de la série tempo-
relle où il entre : — l'individualité de l'instant, et sa dignité,
son excellence.

N'est-ce pas diminuer la valeur et la qualité de l'œuvre
d'art, que de la consacrer à de frêles objets ? Il semble que
l'universalité, l'éternité soient les caractères mêmes de l'art.
Oui, sans doute. Mais justement l'art des impressionnistes
confère au passager la durée. Plus est passager son objet et
plus est manifeste l'effort de cet art et son acharnement à vouloir retenir ce qui fuirait. Cette lutte contre le temps, c'est
l'essence de l'art ; et qu'elle devient pathétique, cette lutte, si
l'adversaire multiplie ses protéennes astuces !...

Jongkind, Renoir, Monet, Pissarro, Cézanne sont les maîtres
éminents de cette façon de peindre et de cette philosophie. Ils
doivent à Delacroix quelque chose et Manet leur doit beaucoup, leur doit tant que sa renommée de précurseur est un
peu aventureuse. Ils se réclament aussi de Turner : Monet et
Pissarro séjournèrent à Londres en 1871, et ils ne dissimulent
pas la révélation que leur fut le coloris éblouissant, l'audace
épanouie du peintre anglais. Cependant, ils sont bien des
inventeurs ; et ils n'ont pas seulement réalisé de merveilleuses
œuvres, mais une vision nouvelle de la nature date d'eux.

Ils sont louables encore d'avoir trouvé le procédé pictural
que réclamait leur esthétique. Le prestige de la nature, c'est la
lumière qui le crée. Lorsque s'anéantit la substance solide de
tout et que seule survit l'apparence capricieuse, le paysage
n'est plus que l'endroit où la lumière joue. La lumière est alors
le tout de ce qui est : et voilà pourquoi les impressionnistes
durent se procurer une peinture de lumière.

Augmentèrent-ils le nombre des couleurs qu'emploient le peintre ? On le supposerait. Mais non ; tout au contraire, ils ont simplifié leur palette. Ils l'ont débarrassée, par exemple, de ces couleurs terreuses que leurs prédécesseurs utilisaient. Ils se servent de sept ou huit couleurs, mais choisies, — « les plus éclatantes, les plus proches de celles du spectre solaire » [1] ; et ce choix n'est-il pas caractéristique à la fois de leur amour de la lumière et de leur grand souci d'être fidèles au lumineux spectacle qu'ils contemplent? Ils veulent des couleurs pareilles au paysage que le soleil éclaire.

En outre, ils évitent les teintes plates. Ils ont observé qu'il n'y a pas de teintes plates dans la nature, que l'on y prend pour des teintes plates des rencontres de très divers éléments, et que c'est un fourmillement de taches innombrables, congrument réparties. Leur pratique les a informés de ce fait, que le mélange des couleurs donne naissance à de laids et sales composés, et qu'il n'en est pas de même de leur juxtaposition. Ils ont remarqué justement que Delacroix procède volontiers par hachures ; et, l'éclatante neige ou la glace miroitante de Turner, ils savent qu'elle n'est pas due à du blanc uni, mais à « une quantité de touches de couleurs diverses, mises les unes à côté des autres et reconstituant à distance l'effet voulu. ».

C'est ainsi qu'ils ont été amenés à ce procédé original des « touches en virgule », chacune d'elles étant une couleur pure, de telle façon que le mélange se fît par l'œil et non sur la toile par le pinceau de l'artiste.

---

1. Paul Signac, *D'Eugène Delacroix aux néo-impressionnistes*. Paris, 1899. J'emprunte à cette brochure, de l'un des maîtres du néo-impressionnisme, plusieurs de ces indications techniques, qu'il a très heureusement exposées et formulées.

Tant ils sont, dans leur pratique de même qu'en toute leur
esthétique, des analystes! Ils décomposent la lumière et
ils en copient, si l'on peut dire, les éléments un à un.

Les couleurs qu'a le peintre, telles quelles, à sa disposition,
ne sont pas de la lumière matérielle. S'il faut compter sur le
vif éclat de tel blanc pour rendre l'éclat de la neige, impossible.
Alors, le peintre cherchera sans doute à produire son effet de
blancheur intense par le contraste des obscurités environ-
nantes; c'est un stratagème, et qui a donné quelquefois des
résultats splendides. Mais le peintre est donc obligé d'adjoindre
de grandes ombres aux clartés qu'il rêve d'évoquer. N'y a-t-il
pas quelque infirmité dans ce stratagème ? Et si l'on ne veut
peindre que de la seule clarté, du plein soleil?...

La division de la couleur permet aux impressionnistes d'être
infiniment plus lumineux qu'on ne l'avait encore été.

Les « séries » de Claude Monet caractérisent à merveille la
pensée impressionniste. Le même paysage y est maintes fois
interprété. La cathédrale de Rouen, aux différentes heures de
la journée, se modifie de telle sorte que rien, en vérité, ne
subsiste de l'un de ses aspects dans un autre. La pierre vieille
prend toutes les plus diverses couleurs : elle blanchit, rosit ou
jaunit ; et parfois elle se violace, et des teintes vertes s'y
répandent en longues traînées; ou bien tout l'azur du ciel s'y
réfléchit. Et la pierre n'est pas la même, selon que la chaleur
de midi la chauffe, ou que la pluie l'a toute lavée, ou qu'elle
s'imbibe de l'humidité vaporeuse de l'air.

Son étang, qu'un pont de bois traverse, est jonché de fleurs
d'eau. Les beaux pétales y abondent, et l'on dirait d'un chemin de procession. Nymphéas roses, rouges, blancs, jaunes;
les uns semblent de la chair jolie, d'autres sont de tissu très
fin qui se chiffonne, d'autres ont l'air de flammes irradiées.
Mais j'ai tort de vouloir ainsi définir chacune de ces fleurs :

chacune d'elles change et se transforme avec l'éclairage. Et elles
sont sensibles à la qualité de l'atmosphère, au point que certaines se ferment quand certaines s'ouvrent. Il y en a de
diurnes et de nocturnes ; et telle est leur susceptibilité que
l'approche du soir amollit ou fortifie la vigueur de leur tige :
elles ont leurs lassitudes et leurs énergies.

Claude Monet a peint à vingt reprises ce petit coin de
nature qu'il s'est créé tout auprès de sa maison pour y guetter
les agiles mouvements du devenir. Il n'est pas d'heure qui ne
lui offre un prestige nouveau ; et, la souveraine habileté dont il
est pourvu, il la met à noter les multiples métamorphoses
du paysage familier.

Ses vues de Londres ne sont pas moins variées, encore
qu'il n'ait guère regardé que le même endroit de la Tamise,
l'abbaye de Westminster au fond. Mais la bisbille du
soleil avec le brouillard londonien suscite mille et mille féeries, le brouillard épais et jaune, ou bien qui s'effiloche et va
se dissiper, ou bien qui tient dans l'air en équilibre et qui
paraît s'y balancer. Du jaune au bleu, du bleu au gris, au
blanc, que de nuances innombrables ! et comme elles se
mélangent, se combinent, avant que l'une se substitue à
l'autre ! et comme elles teignent l'entour de reflets imprévus !
L'eau du fleuve se trouble ou s'éclaircit, s'alourdit ou s'allège,
et parfois coule péniblement et parfois, au moindre vent, frémit.

On l'a dit avec justesse : la nature est tout entière dans un
seul coin de paysage. Allez querir, par le monde, des sites
singuliers et recherchez le pittoresque des horizons lointains.
Si vous voulez ! Mais la vérité de la nature est tout entière
sous vos yeux, où que vous soyez, — cette vérité dont l'essence même est la mobilité perpétuelle et l'inépuisable changement. Dociles à ces transformations et attentifs à en sur-

prendre le caprice délicat, les impressionnistes nous ont donné
la plus saisissante image de la réalité fallacieuse et admirable.

*
* *

Des impressionnistes, allons aux néo-impressionnistes. Ils
ont pris ce nom, dit l'un d'eux, « pour rendre hommage à
l'effort de précurseurs et marquer, sous la divergence des procédés, la communauté du but : la lumière et la couleur ».

On les appelle souvent pointillistes, parce qu'en effet, en
maintes occasions, plusieurs d'entre eux se servent de petits
points juxtaposés que dénigrent les adversaires par la comparaison facile des confetti carnavalesques. Mais le pointil-
lage n'est pas l'essentiel de leur esthétique. Ils emploient
volontiers ce moyen, ou bien le négligent. L'essentiel, c'est la
division de la couleur, la juxtaposition des touches ; et, quant
à la forme que ces touches affecteront, ce pourra bien être
celle du confetti, ou bien toute autre : le choix dépend du
goût de chacun, de l'effet à produire et de telles circonstances.

D'ailleurs, le nom de néo-impressionnistes, qu'ils revendiquent, n'est pas très juste non plus. Comment appeler
impressionniste un art si réfléchi, si volontaire et dont la technique est basée sur de la science très objective ?... Il n'importe :
considérons ici le groupe de peintres dont MM. Georges Seurat et Paul Signac furent les promoteurs.

Les impressionnistes se vantaient de « peindre comme l'oiseau chante ». Telle était leur spontanéité. S'ils ont divisé la
couleur, c'est d'instinct, pour s'être aperçus des avantages de ce
procédé. Mais ils n'ont pas l'idée ni la prétention de faire cette
division scientifiquement. Ils ne se sont point avisés que la
polychromie pût être soumise à des lois rigoureuses. Ils se
fient à leurs qualités inventives et aux ressources de leur habileté naturelle.

Au contraire, M. Paul Signac a eu le grand soin d'étudier dans les livres de Chevreul les lois du contraste simultané. « Lors d'une visite, écrit-il [1], que nous fîmes à Chevreul, aux Gobelins, en 1884, et qui fut notre initiation à la science de la couleur, l'illustre savant nous raconta que, vers 1850, Delacroix, qu'il ne connaissait pas, lui avait, par lettre, manifesté le désir de causer avec lui de la théorie scientifique des couleurs et de l'interroger sur quelques points qui le tourmentaient encore. Ils prirent rendez-vous. Malheureusement, le perpétuel mal de gorge dont souffrait Delacroix l'empêcha de sortir au jour convenu. Et jamais ils ne se rencontrèrent. Peut-être sans cet incident le savant aurait-il éclairé plus complètement le peintre... »

M. Signac, lui, fit la visite et lut les livres. Son procédé n'abandonne rien au hasard. Son point de départ est dans l'emploi constant et exclusif de ce qu'il nomme le mélange optique. « Un mélange pigmentaire, dit-il [2], est un mélange de couleurs-matières, un mélange de pâtes colorées. Un mélange optique est un mélange de couleurs-lumières et, par exemple, le mélange au même endroit d'un écran, de faisceaux lumineux diversement colorés. Sans doute, le peintre ne peint pas avec des rayons de lumière. Mais, de même que le physicien peut restituer le phénomène du mélange optique par l'artifice d'un disque aux segments de diverses couleurs qui tourne rapidement, un peintre peut le restituer par la juxtaposition de menues taches multicolores. Sur le disque en rotation, au recul sur la toile du peintre, l'œil n'isolera ni les segments colorés ni les touches : il ne percevra que la résultante de leurs lumières, — en d'autres termes, le mélange optique des couleurs des segments, le mélange optique des couleurs des touches. »

---

1. *De Delacroix aux Néo-Impressionnistes*, p. 42 — 2. Id. p. 51.
    L'Art de regarder les tableaux. — BEAUNIER.   15

Ce mélange optique ne se fait pas au petit bonheur ; il est réglé par une très précise théorie que M. Signac connut et appliqua. Les écrits des physiciens contribuèrent à la formation de ce peintre comme d'autres artistes se forment à l'enseignement traditionnel des professeurs de peinture. A l'École des Beaux-Arts son idée fut de substituer le laboratoire expérimental des savants. Et les néo-impressionnistes sont aux impressionnistes ce qu'est à l'empirisme la science.

Quant aux œuvres, on les peut sans doute aimer ou n'aimer point. Mais, en ce cas même, il serait vain de méconnaître l'intérêt de la tentative, heureux effort pour peindre la lumière.

C'est en 1886 que se manifesta la nouvelle école ; et nous en trouvons le témoignage excellent dans une brochure, que publiait alors M. Félix Fénéon : *Les Impressionnistes en 1886*. Nul critique d'art n'est mieux au fait de ce dont il parle, n'est plus exactement averti de la technique, meilleur juge de l'effet produit, plus habile à décrire et à montrer. Donc, à cette exposition de 1886, Georges Seurat présentait la *Grande-Jatte*, qui restera comme l'une des œuvres initiales du mouvement et marquera, dans l'histoire de l'art contemporain, une date. Félix Fénéon lui consacrait, en 1886, ces lignes très justes : « Si, dans la *Grande-Jatte* de M. Seurat, l'on considère, par exemple, un décimètre carré couvert d'un ton uniforme, on trouvera sur chacun des centimètres de cette superficie, en une tourbillonnante cohue de menues macules, tous les éléments constitutifs du ton. Cette pelouse dans l'ombre : des touches, en majorité, donnent la valeur locale de l'herbe ; d'autres, orangées, se clairsèment, exprimant la peu sensible action solaire : d'autres, de pourpre, font intervenir la complémentaire du vert ; un bleu cyané, provoqué par la proximité d'une nappe d'herbe au soleil, accumule ses criblures vers la ligne de démarcation et les raréfie progressivement en deçà.

A la formation de cette nappe elle-même ne concourent que deux éléments, du vert, de l'orangé solaire, toute réaction mourant sous un si furieux assaut de lumière. Le noir étant une non-lumière, ce chien noir se colorera des réactions de l'herbe ; sa dominante sera donc le pourpre foncé ; mais il sera attaqué par un bleu foncé que suscitent les lumineuses régions voisines. Ce singe en laine sera ponctué par un jaune, sa qualité personnelle, et moucheté de pourpre et d'outremer. Tout cela : trop évidemment, en cette écriture, — indications brutales ; mais, dans le cadre, — dosage complexe et délicat. »

On ne saurait traduire mieux un tableau de ce genre : à la description se mêle le renseignement technique, comme le spectateur du tableau même est à la fois charmé du coloris lumineux et, il faut bien le dire, préoccupé de la façon. Et ici n'aperçoit-on pas le danger de l'art néo-impressionniste ? Ces peintres savants n'abusent-ils pas un peu de leur science, n'exhibent-ils pas un peu trop leur stratagème, leur parfait procédé ? Ils ont, et on le voit, — on le voit, à mon avis, plus qu'il ne faudrait, — l'orgueilleuse assurance de qui possède le truc définitif. On leur voudrait, en présence de la nature, je ne sais quoi de plus humble, de plus soumis. A force de connaître les éléments de toute couleur et de toute lumière, eh ! bien, ils se sentent capables d'en faire autant !... Et, en outre, leur technique les enchante à ce point que, souvent, elle leur suffit : ce moyen leur est une fin.

Qu'il est périlleux de posséder ces bonnes recettes ! Elles sont, en vérité, trop bonnes. L'artiste ne pense plus à autre chose qu'à en user. Il est tout accaparé par ce plaisir.

Je ne crois pas que ce soit un paradoxe de soutenir qu'un instrument trop perfectionné nuit à la qualité de l'œuvre d'art plus qu'il ne la sert. Cela s'est vu : depuis qu'on a des procédés de frappe superbes, les médailles qu'on fait ne valent plus rien... Mais il y aurait un paradoxe, évidemment, à écarter pour ce prétexte les ingénieuses trouvailles que font de fervents artistes.

Et ceux-là, ces jeunes gens de 1886, à qui se joignait, persuadé par eux, Camille Pissarro, quel noble zèle les anime ! Un beau désir les a pris de rivaliser avec le soleil. Avant eux, on s'est approché de l'astre ; avant eux, mille Prométhées ont prétendu ravir la lumière : ils en ont attrapé quelques reflets. Mais eux, néo-impressionnistes ou, comme ils se disent encore, « chromo-luminaristes », c'est toute la lumière, qu'ils veulent posséder. Elle leur échappe, et ils redoublent d'ardeur intelligente. Ah ! les braves gens !...

Quand ils ont senti qu'ils tenaient de la lumière dans leurs mains, telle fut leur triomphale joie qu'ils oublièrent tout le reste et le méconnurent. Ces artistes savants ont aimé la lumière, disons-le, comme des sauvages, avec une ingénuité, quelquefois avec un enfantillage étonnant.

On les a hués. C'est qu'ils étaient intransigeants et hardis. Que diable ! leur technique s'appuyait sur des lois scientifiques formulées par des physiciens... Douter de leur technique, n'était-ce pas jeter sur la science le discrédit ?... Cependant, le public n'y comprenait rien. Bizarre ! Est-ce que le public n'avait jamais vu de vraie lumière, qu'il ne reconnaissait pas celle-ci, cette lumière qu'on avait composée pour lui, — selon la formule même du soleil ?

Cet ahurissement du public ne décourageait ni ne déconcertait les novateurs de 1886. Leur intrépide certitude les soutenait. Ils se dirent qu'ils ne seraient pas compris avant que ne se fût faite, dans le public, l'éducation de l'œil. J'aime leur fierté. En outre, leur remarque était juste. Il est vrai que l'œil du public a de tenaces préjugés. Il ne voit pas la nature directement. Ce qu'il aperçoit, de la nature, c'est ce qu'on lui en a désigné. Une génération d'artistes ayant imposé sa vision de la nature, la génération suivante trouve, à faire admettre la sienne, des résistances, et d'autant plus vives qu'elle innove davantage. Tel fut le cas de ces néo-impressionnistes audacieux qui, sans crier gare, apportaient de l'essence éblouissante de soleil. Sans doute, les impressionnistes, bons précurseurs, avaient préparé la venue de ces révolutionnaires. Mais, à la date de 1886, ils ne triomphaient pas sans conteste ; ils luttaient.

Le public a, pour ses fournisseurs d'art, bien des indulgences et parfois même de bien lâches complaisances. Mais, n'allez pas lui dire que l'herbe n'est pas verte, que le ciel n'est pas bleu, que l'ombre n'est pas noire. Cela, c'est la plus forte et la plus acharnée de ses convictions. Y porter atteinte, c'est le blesser, le contrarier, lui faire croire qu'il est une bête et qu'on se moque de lui. Donc, il commence par se fâcher.

Les impressionnistes et les néo-impressionnistes ont eu cette louable témérité de nier — et même avec un peu d'osten- tation — que nécessairement et absolument l'herbe fût verte, le ciel bleu, l'ombre noire. Leur insistance avertissait le public d'avoir à vérifier la chose ; — regardez, voyez ! — Le public regarda la nature, et vit que les bitumes et les noirs ne ne s'y trouvent guère, et vit que le ciel se colore des plus fan- tasques façons, et vit enfin que la verdure de l'herbe est sou- mise par la lumière, le reflet des entours et mille circonstances, à des variations et transmutations infinies.

Aujourd'hui, plusieurs impressionnistes et néo-impression- nistes sont en pleine gloire. Mais ce n'est pas là le tout de leur succès ; et l'on peut dire qu'il y a présentement de l'im- pressionnisme et du néo-impressionnisme, plus ou moins franc, plus ou moins conscient de soi, jusque dans l'œuvre de peintres qui, en principe, réprouvent ces méthodes. Les yeux modernes sont avertis de diverses choses que la nature con- tient et que jadis on n'y avait pas encore aperçues.

*
* *

Nous avons, en passant, noté dans, l'histoire du paysage, différentes façons de comprendre ou simplement de voir la nature. Aucune d'elles n'est la meilleure, pas plus que la dernière n'est la définitive. Chacune d'elles, après avoir été très émouvante par sa fraîcheur, est devenue bientôt surannée ; une autre la remplaçait.

Telles sont les ressources inépuisables de la nature. Et ceux-là seuls ont tort qui se figurent qu'ils possèdent ou qu'on a jadis possédé la véritable notion de la nature.

La nature est tout, — et, sans doute, à force de n'être rien.

Elle n'est rien, en soi. Elle n'est rien que l'occasion ou le prétexte de tout ce qui suscite la pensée humaine, le rêve humain : tristesses ou joies que signifient la merveille de ses lumières et l'ombre de ses retraites ; idéologies et métaphysiques que son spectacle suggère ; sympathies variées auxquelles elle se prête indolemment.

Il ne faut point essayer de prévoir comment et pourquoi l'aimeront nos arrière-neveux : ce qu'ils aimeront en elle nous serait inintelligible, ainsi qu'eux-mêmes nous le seraient s'il nous était possible de les deviner.

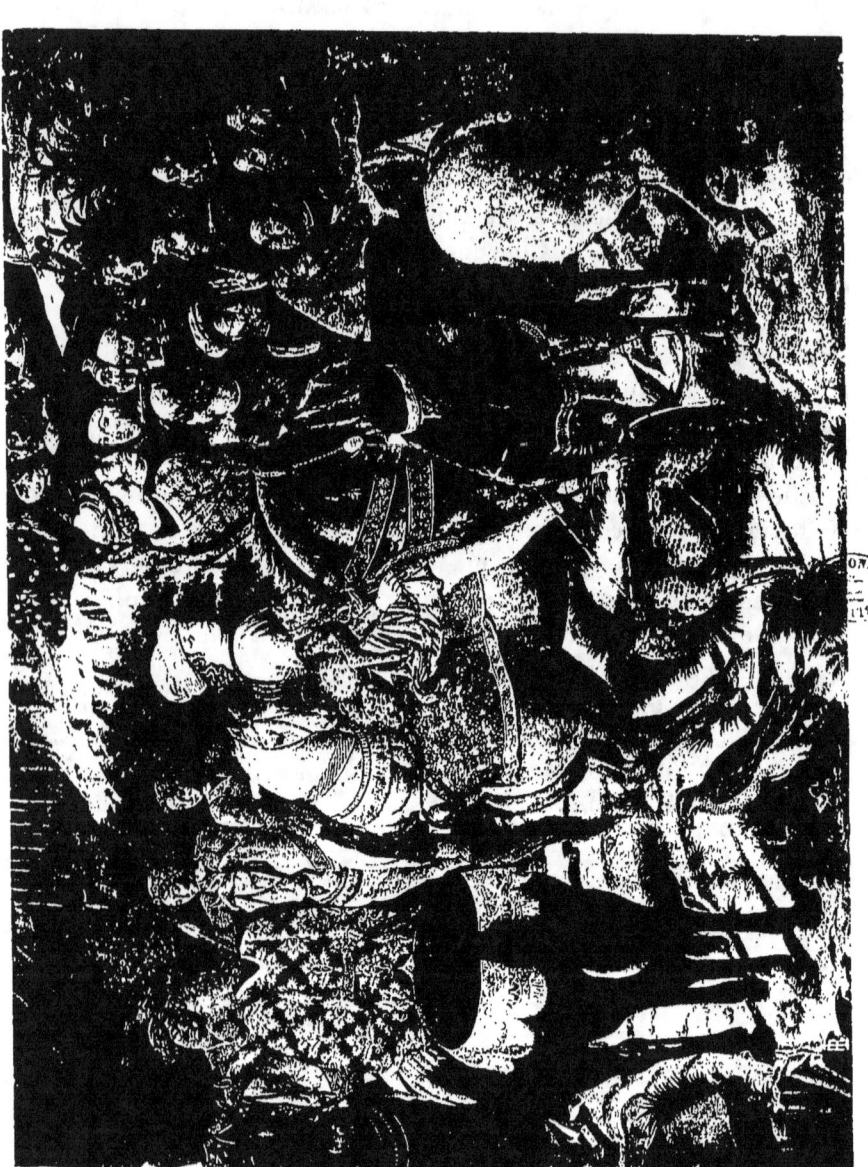

BENOZZO GOZZOLI. — LES ROIS MAGES.

CHAPITRE IV

___

LA PEINTURE DÉCORATIVE

L'art « décoratif » est aujourd'hui très en faveur. Je ne sais si l'effort que font d'excellents artistes pour renouveler les motifs d'ornementation et même pour réformer le goût public, ont donné tous leurs résultats. Mais il est certain qu'on en peut attendre beaucoup. Avant ces dernières années, l'invention des « décorateurs » s'était appauvrie lamentablement. Ils ne trouvaient plus rien ; et, le mieux que l'on sût leur demander, c'était de copier, tant bien que mal, les « styles » d'autrefois.

La renaissance, ici comme ailleurs et comme toujours, s'est effectuée par le moyen de ce retour à la nature qui est la seule et vraie méthode. On a regardé de près les feuilles, les fleurs, les animaux. Une prodigieuse variété de formes et de couleurs y fut remarquée : autant d'idées, que l'on élabora. En même temps, une juste doctrine se promulguait : un élément décoratif vaut d'abord par son adaptation rigoureuse aux fins de l'œuvre ; pas de folies, pas de fantaisie extravagante, c'est la raison qui doit gouverner et permettre ceci, commander cela, présider à tout, à la distribution des couleurs et à la combinaison des lignes comme au choix du sujet.

A vrai dire, ce n'est pas une découverte imprévue qu'ont

faite là nos décorateurs. Leurs principes sont justement ceux que les gothiques appliquaient.

Qu'adviendra-t-il de cette tentative estimable? La création d'un véritable style moderne, caractérisé comme le furent le Louis XIV, par exemple, le Louis XVI ou l'Empire? Espérons-le; mais avouons que l'on tâtonne encore...

Toujours est-il que le succès, ou la vogue plutôt, de l'art décoratif donne à certains critiques assez de confiance pour qu'ils veuillent maintenant exiger de la peinture qu'elle soit « décorative ».

Ils ont instruit le procès de ce qu'ils nomment avec dédain le tableau de chevalet.

Ils disent : — Ce tableau, où le placerez-vous? Dans quel ensemble architectural, ornemental? Vous n'en savez rien? Alors, comment pouvez-vous en prévoir, en préparer l'effet? Il sera, sans doute, appendu à quelque mur; vous ignorez les dimensions du panneau, vous ignorez les entours, vous ignorez la couleur et la qualité du mobilier, de la tenture, vous négligez les circonstances qui modifieront l'aspect de votre tableau, qui le serviront ou le desserviront et le rendront peut-être absurde.

Il y a, dans ces remarques, une part de vérité. Mais il est périlleux d'en prétendre tirer de trop rigoureuses conclusions. On irait à n'admettre plus d'autres peintures que plafonds, panneaux, dessus de portes, etc. Tel n'est pas le tout de l'art pictural. Et, si l'on réfléchit que cet art proprement décoratif est soumis à des règles de convenance un peu strictes, on repousse avec énergie l'exigence abusive des décorateurs.

Notons que le tableau n'est pas, comme ils le prétendent, une chose si saugrenue. Certes, il ne s'adapte pas toujours facilement au milieu où la fantaisie d'un amateur le placera; mais il a son indépendance, il est à lui seul un tout qui se suffit.

Son cadre le sépare du reste, l'en sépare matériellement et surtout invite à le considérer seul, abstraction faite des entours. J'accorde que parfois on néglige trop de le mettre en valeur; on le laisse offusquer par d'éclatants voisinages, etc. Ce sont là des fautes qu'il est loisible d'éviter; un peu de goût y suffirait.

Sacrifier, en principe, à la peinture murale le tableau, eh! bien, autant vaudrait un beau jour déclarer que le livre n'a plus sa raison d'être et qu'on lui substitue le théâtre. Les arguments que l'on mettrait en avant, dans un cas comme dans l'autre, seraient à peu près les mêmes; et pareils aussi les inconvénients, la folie.

Quoi qu'il en soit des grands mérites du théâtre et des joies qu'il communique à des foules nombreuses et des facilités qu'il apporte aux digestions du soir, le livre avec ses libertés, ses désinvoltures, sa fierté, accueille plus de pensée, de méditation réfléchie et de rêve individuel. Le théâtre — et, si je ne me trompe, aussi la peinture décorative — accorde beaucoup au faste extérieur, aux prédilections plus ou moins légitimes, plus ou moins respectables, du public.

Il serait aisé de pousser plus avant cette comparaison, cette démonstration. Je crois que ces brèves remarques indiquent assez ce qu'auraient vite d'abusif et de dangereux les prétentions des « décorateurs » : ceux-ci, tenus à l'écart longtemps, — et c'était injuste! — se revanchent passionnément.

*
* *

Ce n'est pas que je veuille, en retour, dénigrer la peinture décorative. Elle collabore à l'agrément de la vie; — et je sais bien qu'il serait doux d'être, au long des journées, environné de beauté délectable. On préconise un art, aujourd'hui, qui

ornerait la quotidienne existence d'un chacun ; généreuse
idée ! Les plus confiants partisans de la peinture décorative
comptent sur elle pour cette fin. Ils ont, presque tous, leurs
théories sociales et démocratiques : nous verrons bien ! ...
Mais je leur objecte, en attendant, — en attendant mille et
mille choses et, par exemple, la réalisation de plusieurs utopies,
— je leur objecte qu'il faudrait améliorer d'abord l'architecture
contemporaine. Ils s'en occupent ; oui, sans doute : mais ils
n'y sont point arrivés encore. Comment dépenser des trésors d'art pictural en de telles bâtisses ?... Et puis, je me méfie
de l'art populaire.

Il y eut certaines époques où les différents arts coïncidèrent
de telle sorte que l'on pût heureusement les unir en vue d'un
magnifique ensemble. Les Égyptiens ont paré leurs temples et
leurs tombes royales de vastes et gracieuses compositions où la
légende, l'histoire des hommes et des dieux, les scènes de la
vie familière étaient figurées.

Mais, quant aux rapports de la peinture et de l'architecture,
il convient de distinguer la peinture murale et ce qu'on
nomme, pour abréger, la « polychromie » architecturale.

Nous avons un peu de peine à concevoir qu'un temple grec
fut colorié. La poésie de nos grands-pères se plaisait à célébrer
les dieux de marbre blanc qui peuplaient le pays d'Hellas ;
il leur était indispensable que ces dieux fussent blancs : cela
faisait partie intégrante de la notion qu'ils avaient de l'hellé-
nisme.

Les archéologues ont démontré qu'un temple grec était,
de la base au faîte, peint de jaune, de rouge et de bleu. Les
principaux éléments architectoniques étaient marqués de tons
vifs, et l'ossature de l'édifice était accentuée de touches brunes,
vertes, de rehauts d'or ; les statues, intimement liées à l'ensemble architectural, étaient revêtues de brillantes polychro-
mies.

L'art gothique procéda de même. Il peignit les bas-reliefs, les chapiteaux, les colonnes des cathédrales, la sculpture des portails. Un observateur attentif aperçoit aisément les traces de cette peinture violente que les pluies séculaires ont lavée, qu'a écaillée le soleil.

Le soleil et la pluie ont délivré le marbre grec et le granit médiéval de l'ornement polychrome : on n'avait pas trouvé de couleur assez tenace pour résister aux intempéries. Notre goût de la pierre vive, de son grain délicat ou rude, de ses blancheurs mates ou luisantes, rosées ou irisées, de ses veinures où l'on dirait que circule un sang chaud ou glacé, de ses pores et, si l'on veut, de son épiderme, ce goût n'est pas ancien : ne date-t-il pas de la Renaissance, chez nous? Les Romains l'eurent déjà. Mais toute l'antiquité orientale et grecque adjoignit la peinture à l'architecture, cela n'est plus douteux.

On a, de nos jours, prétendu retourner à cette pratique. Ces tentatives n'ont rien donné. Les essais de sculpture peinte auxquels Gérôme s'appliqua sont médiocres. Sa sculpture était médiocre déjà : ce ne sont pas les tons roses dont il teinta le corps de ses bonnes femmes, le blond doré qu'il leur mit aux cheveux, l'azur qu'il leur mit aux yeux qui pouvaient sauver cette insignifiante plastique. Mais, outre l'infirmité de ce talent, il me semble qu'il y a, dans la conception même de la sculpture peinte, une erreur essentielle. N'est-ce pas trop de réalisme? Que diable! quand vous avez peint cette statue de couleurs pareilles à notre chair, à nos costumes, il ne manque plus qu'un mécanisme qui la mette en branle. Et vous aurez la ressource alors d'épouser l'automate, à peu près comme Pygmalion, tyran de Chypre, obtint les faveurs de sa Galatée. Je le soupçonne, ce Pygmalion, d'avoir fait de la sculpture peinte : il s'est enflammé sur un trompe-l'œil!...

La sculpture n'a pas besoin de ce réalisme. Elle est un art

éminemment symbolique ; la vérité qu'elle figure n'est pas copiée du modèle. Ou bien il faudrait lui substituer le simple moulage sur nature : les inconvénients de ce procédé, je les trouve au coloriage ; c'est, dans un cas comme dans l'autre, méconnaître les premières lois de l'esthétique. Laissons cela !...

L'idée de peindre toute la pierre d'un édifice ne me paraît pas bien heureuse non plus. Certes, il aurait, comme dit l'autre, fallu voir, — pour juger de l'effet produit par tel Parthénon polychrome. Mais, en principe, l'idée est mauvaise. Un ensemble architectonique représente (Schopenhauer l'a justement dit) la lutte de la pesanteur contre la résistance des matériaux. L'unité d'un beau monument lui vient de la parfaite adaptation de tous ces éléments à cette fin : lutter, équilibrer la lutte, la faire durer. Alors, n'est-il pas indispensable que je voie et puisse vérifier la qualité des matériaux, leur force et leur effort ? Je veux que ces athlètes soient nus ; si le jeu de leurs muscles est dissimulé sous un vêtement, je perds le meilleur du spectacle, et même je ne sais pas s'il n'est point fait usage de stratagèmes subreptices, de manigances condamnables. Au xviiie siècle, un brave homme d'entrepreneur réalisa des bénéfices superbes : il allait, avec ses tonneaux de couleur, trouver les évêques ou les chanoines et leur offrait de badigeonner du haut en bas leurs cathédrales. Il en badigeonna beaucoup, d'un ton beurre frais, bien hideux : on n'a point encore tout lavé.

Marquer par des rehauts vigoureux le squelette ou, mieux, l'anatomie de l'édifice n'est pas une si blâmable pratique. Si la peinture, au lieu de dissimuler l'acte de résistance de la bâtisse, le met en relief, elle ne nuit pas comme nuit le badigeonnage ; encore est-elle inutile au moins : elle exagère les effets, et ces effets ce n'est point à elle qu'il les faut demander mais à la seule taille de la pierre.

*
* *

Quoi qu'il en soit de ces remarques, elles n'aboutissent pas à nier la peinture décorative. On peut laisser à l'ossature même de l'édifice son expressive nudité sans renoncer à peindre, et librement, les grandes surfaces murales que les diverses architectures comportent.

A vrai dire, quand se réalisa chez nous l'incomparable merveille de l'architecture gothique, les longues murailles continues où le peintre a toutes facilités pour éployer une ample image disparurent. Les architectes avaient trouvé la formule d'une telle répartition des pesées que seuls étaient occupés à la résistance quelques points précis où les arcs-boutants venaient agir ; et, en dépit du formidable poids des voûtes, on put évider l'intervalle des retombées essentielles : ces voûtes de pierre reposent sur des murailles de verre.

Les vitraux furent la principale décoration des cathédrales.

L'art du vitrail a fleuri en France comme nulle part ailleurs. Et cela se comprend, puisqu'il est le nécessaire complément de l'architecture gothique, laquelle devrait se nommer architecture française : elle est née sur notre sol, de la recherche de nos constructeurs ; elle y a dressé ses plus fiers monuments ; elle s'y est développée, et même elle y est morte.

La belle époque du vitrail coïncide avec la belle époque du gothique ; c'est la seconde moitié du douzième siècle et le treizième. Ensuite, une erreur est commise, qui gâte tout.

La plus magnifique série de verrières que l'on puisse voir est celle de Chartres.

Le vitrail gothique est une mosaïque de verre. Chaque couleur a son morceau de verre uni, sans demi-teintes, nuances, tons fondus. La couleur est, sur chaque morceau de verre, absolue ; aucun mélange n'en atteint la pureté. Le pin-

ceau n'y intervient que pour tracer de vigoureuses lignes qui
marquent les traits du visage, les rouleaux des cheveux, les
plis des robes, les feuillages des arbres. Des lignes seulement
et toutes, et dans toute leur longueur, du même uniforme ton
bistre. Cette couleur était obtenue par une combinaison de
cuivre et de verre broyés dans du vin et de l'urine, dit-on.

Chaque morceau de verre est encastré dans un cadre de
plomb qui prend les plus diverses sinuosités. Chaque couleur
est ainsi, en quelque sorte, cloisonnée et la noire bordure qui
l'entoure réagit encore contre la tendance que pourraient
avoir les couleurs à se mêler, à se fondre dans le regard du
spectateur.

Faute d'imagination, nos contemporains ont le goût de ce
qu'ils nomment l'archaïsme ; et ils triomphent dans la restitution des styles anciens : ils se le figurent. Ils réussissent
assez bien les vieux meubles et sont experts à en forer le
bois de trous de vers illusoires, à en détériorer la récente
sculpture. Ils ne réussissent pas le vitrail gothique, absolument
pas ! Et leur imitation n'est pas seulement manifeste, elle est
fort laide.

A quoi cela tient-il ?... Il existe aujourd'hui des procédés de
fabrication que n'avaient pas les verriers du treizième siècle ;
on obtient aujourd'hui du verre coloré d'une épaisseur
choisie, d'une transparence parfaite, d'une pureté sans
défaut. La taille du verre est facilitée par l'usage du diamant
qu'autrefois on ignorait. Etc. Alors ?... ...

Eh ! bien, ce n'est pas là le seul exemple qu'on puisse citer
du danger qu'est pour l'art le perfectionnement industriel.

Le verre qu'on emploie au treizième siècle est épais,
rugueux, impur. Il n'en vaut que mieux ! La lumière ne le
traverse pas tout d'un trait. Elle s'y attarde, dirait-on, s'y
joue et ses jeux sont charmants ; elle se nuance, elle se
diversifie, elle vit.

Et quels coloristes furent ces maîtres verriers ! Toutes les audaces et toutes les habiletés. Il n'est pas de rencontres de de couleurs qu'ils craignent ; ils se plaisent à heurter les plus disparates. Mais avec discernement ; ils savent éviter que l'une tue l'autre, que trop d'éclat n'éblouisse, que trop de douceur ne devienne fade. Est-ce qu'ils ne divisent pas un peu la lumière comme firent, ces derniers temps, les néo-impressionnistes? Ils n'emploient que des couleurs simples et ne les brouillent pas, mais les approchent les unes des autres pour que leur juxtaposition brille de toute sa splendeur.

Ils font prédominer ici un ton, ailleurs un autre. La variété de leur polychromie se résout en une puissante unité ; et l'unité qu'ils choisissent est justement celle qui sied à l'effet qu'ils veulent produire, à l'idée aussi qu'ils veulent rendre. Que l'on regarde, par exemple, l'extraordinaire vitrail de l'Apocalypse qui décore le portail royal de Chartres. Il date de la fin du douzième siècle. Le bleu y domine : un bleu tragique, en vérité, où les fantasques symboles apocalyptiques se décèlent mystérieusement.

Leur dessin est admirable par l'expressive simplification. Seuls y subsistent les traits utiles : l'allure, l'attitude du personnage, son geste, son air y sont indiqués de façon preste, et les dimensions des détails calculées selon l'éclairage et l'éloignement. Aux fenêtres hautes, les bonshommes plus grands que nature, prophètes, apôtres, saints, confesseurs : d'en bas, on les voit. Aux fenêtres les plus proches du sol, de plus minutieuses scènes où l'œil s'amuse à fouiller, à chercher les intentions fines.

Les sujets sont ici édifiants à la fois — car il s'agit d'instruire le fidèle — et attrayants. Empruntés à l'Évangile, aux évangiles apocryphes, aux récits des hagiographes, à la Légende dorée, au plus naïf, au plus bizarre folk-lore, à l'histoire pro-

fane, voire à l'épopée chevaleresque ou populaire, ils n'offrent
pas moins de divertissement à l'esprit qu'aux yeux l'adroite
combinaison des couleurs. Citons, à Chartres encore (mais
dans la série du treizième siècle), le vitrail de Roland et de Charlemagne et le vitrail de l'Enfant prodigue où sont si gracieuses
les petites courtisanes qui couronnent de fleurs l'adolescent.

Le treizième siècle passé, l'art du vitrail s'altère. Au quatorzième, une innovation : la grisaille. Innovation fâcheuse.
Certes, il existe de ravissantes grisailles, d'une délicatesse
exquise et d'un joli goût. Mais le principe est mauvais. Le verre
trop pâle ou bien ne s'éclaire pas et demeure terne quand la
lumière n'est point abondante, ou bien laisse passer trop de
lumière qui offusque tout le reste, l'architecture environnante
et le motif central de la verrière que la grisaille encadre souvent. Les maîtres verriers du douzième et du treizième siècles
avaient une plus juste connaissance de la lumière et de ses
lois; ils étaient plus maîtres d'elle; ils l'avaient asservie, ils la
maniaient à leur guise. Ils ne lui permettaient pas de se frayer
un facile chemin par tels espaces où rien n'arrête son flot,
de s'y précipiter et de laisser à côté d'elle des pans d'ombre ;
ils l'obligeaient à s'épanouir dans la multiple floraison de leurs
vitraux entiers.

Peu à peu, la véritable esthétique du vitrail est oubliée. Aux
véritables vitraux on substitue la peinture sur verre. On fait
des tableaux translucides. Voilà l'erreur. Les parties claires ont
l'inconvénient des grisailles ; le soleil s'y rue et le reste ne se voit
guère. En outre, on oublie trop que le vitrail est vu à distance
et que, par conséquent, certaines minuties du travail y sont en
pure perte. Le haut fenestrage de la cathédrale d'Évreux possède
des vitraux charmants du quatorzième siècle avancé.

Je les ai pu examiner un jour à la faveur d'une circonstance
exceptionnelle : on réparait le chœur et l'on avait, pour ce,

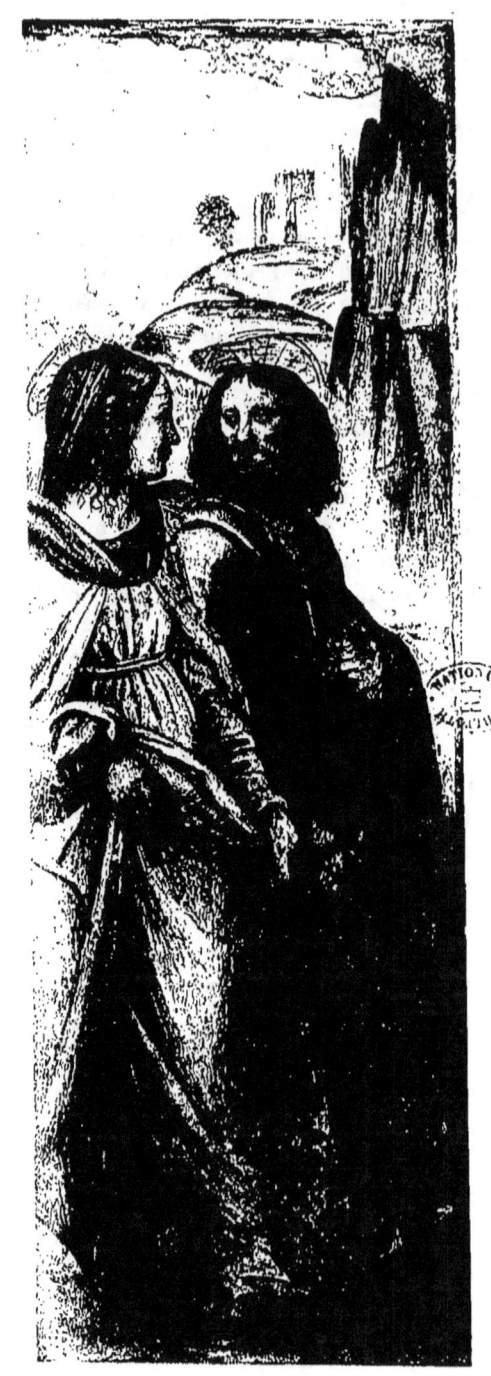

LUINI. — LA VIÈRGE ET SAINT JOSEPH.

construit d'immenses échafaudages ; j'y grimpai, j'admirai l'œuvre d'un artiste délicieux. Mais enfin, il faudrait pourtant qu'un vitrail fût appréciable sans que l'état calamiteux du monument y aidât. D'en bas, ces jolies verrières ne donnent qu'un médiocre effet.

La qualité décorative des vitraux du douzième et du treizième siècle est bien supérieure. Si l'on ne s'en tint pas à cette meilleure esthétique, c'est que les bonnes époques d'art sont toujours brèves. En outre, les chanoines ont trouvé que les anciens vitraux ne leur versaient pas assez de lumière pour commodément lire dans leurs livres. Ils ont, plus d'une fois, fait enlever d'une splendide verrière la bordure ou même — n'importe ! — le motif principal : on remplaçait par du verre blanc la mosaïque de verre multicolore. Dans ces conditions, la grisaille était appelée à rendre des services !

La religion chrétienne a produit un art merveilleux ; le sentiment chrétien suscita les plus belles formules d'art... Seulement, les chanoines ont beaucoup nui : tantôt, leur vue déclinant, on leur devait sacrifier un vitrail ; tantôt ils étaient frileux et l'on devait construire pour eux, entre les piliers du chevet, des choses adventices qui gâtaient la beauté du lieu. Les cathédrales ont connu de terribles chanoines, — et, plus tard, des restaurateurs.

*
* *

La peinture murale est un genre dont il faudrait qu'on ne négligeât point les conditions naturelles. Beaucoup d'artistes croient — tout se passe comme s'ils le croyaient — qu'il suffit de placer contre un mur un panneau peint et que voilà de la peinture murale ! Aussi ne font-ils rien qui vaille.

Les règles du genre ne dépendent pas de la fantaisie d'un

tel ou d'un tel ; ce n'est pas un tyrannique pédant qui les a formulées, et il est vain de se figurer que l'on témoigne d'une
estimable désinvolture quand on les néglige. Elles résultent,
en effet, de la nature des choses; elles sont simples et naïves.

Il faut qu'une peinture murale soit en harmonie avec le
monument qu'elle décore, en harmonie avec les œuvres qu'elle
accompagne. Il faut qu'elle produise tout son effet à la distance où il est logique de supposer que le spectateur se placera.
Il faut qu'elle ait un caractère architectural et qu'on voie bien
qu'elle n'est pas un quelconque tableau disposé là comme par
mégarde. Il faut que l'idée qu'elle rend coïncide avec l'esprit
même du lieu et, par exemple, que n'éclate pas son faste païen
dans une cathédrale, son mysticisme dans un endroit de plaisir.

Ces remarques sont tellement évidentes qu'il est singulier
qu'on ait à les indiquer ; mais la plupart des décorations monu-
mentales qu'on accomplit de nos jours pèchent contre l'une
ou l'autre des règles essentielles du genre.

Ce n'était pas l'un des moindres avantages de la fresque :
obliger le peintre à ne confondre pas cette œuvre décorative avec une œuvre d'atelier. Tout de suite la différence du
procédé l'avertissait de son devoir présent. Et que d'autres
mérites avait la fresque !

Un enduit de chaux éteinte et de sable fin est appliqué sur le
mur, sur un crépi, rugueux, capable de tirer à lui ce revête-
ment. La couleur doit être posée sur l'enduit encore frais, encore
humide ; elle pénètre dans l'épaisseur de l'enduit et donc elle fait
partie intégrante de ce mur. Une fois posée, la couleur ne peut
être enlevée, grattée comme sur une toile la peinture à l'huile.
On ne peut, au même endroit, ajouter une couleur à une autre.
Pas d'accumulations, pas de retouches. Pas d'hésitation, le ton
juste doit être immédiatement trouvé. C'est une peinture
spontanée, rapide, preste et de premier mouvement ; il importe
que le premier mouvement soit parfait : la jolie chose !

La fresque n'autorise pas l'emploi de toutes les couleurs : certaines sont altérées par la chaux, il y faut renoncer. Aussi bien n'est-il pas indispensable que le peintre ait tant de couleurs variées à sa disposition : les impressionnistes — qui furent, eux, des coloristes avant tout — n'eurent-ils pas pour premier soin de simplifier leur palette. Les couleurs simples suffisent ; les autres invitent à des subtilités, à des entassements, à des surcharges de petites nuances inutiles qui alourdissent et finalement ternissent l'œuvre.

Les couleurs de la fresque sont charmantes et c'est merveille de voir comme elles gardent leur fraîcheur. Dans la chapelle du palais Riccardi, à Florence, il y a une fresque de Benozzo Gozzoli qui fut peinte au milieu du quinzième siècle et qu'on dirait peinte d'hier. C'est un voyage des Rois mages. La belle cavalcade ! Splendidement parés d'étoffes somptueuses, que rehaussent métaux et pierres, campés sur leurs chevaux de fière allure, les Mages cheminent vers l'étoile. Ils sont accompagnés de leurs escortes magnifiques. Rois et seigneurs : des Médicis ; et quel faste ! L'artiste ne s'est aucunement préoccupé d'archéologie : qu'il en soit loué. C'est le luxe florentin de son temps qui lui a servi de modèle. Ce cortège des Mages, on dirait d'un beau défilé de chasse. Des épisodes ingénieux, plaisants, variés, amusent le regard. La fantaisie de cette composition est incomparable. Les personnages, nombreux, diffèrent les uns des autres ; chacun d'eux a son air, son geste ; chacun d'eux est vivant. L'invention de l'artiste s'est prodiguée de toutes les manières ; elle triomphe surtout par l'éclat du coloris : aucune nuance n'est perdue, les touches sont si habilement disposées qu'elles conservent toutes leur valeur.

Et, si l'on veut encore par un autre exemple juger des mérites éminents de la fresque, il suffira que l'on compare aux

tableaux de Luini les fresques du Brera. (Je ne dis pas la
grande et la célèbre fresque de Lugano : la fumée de l'encens
et des cierges qui abondent dans la petite église Santa Maria
degli Angiuli a nui sans doute à ce chef-d'œuvre ; il n'a plus
la vivacité de ton qu'il dut avoir.) Les tableaux de Luini sont,
en dépit de leurs qualités, ternes et mornes. Les fragments de
fresques du Brera sont exquis ; les bleus et les roses ont une
finesse délicieuse... Je me souviens d'une matinée italienne.
J'allais de Pavie à la Chartreuse par les chemins bordés de
champs et de prairies. L'air était pur et la lumière se jouait
dans la limpidité parfaite de l'atmosphère. Pas de lourde chaleur ; une transparente clarté répandue en ondes égales et
calmes sur le paysage d'automne. Des femmes aux jupes
retroussées, aux fichus rouges, faisaient sauter le grain avec
des pelles pour en séparer la paille, qu'elles chassaient en agi-
tant de grands morceaux d'étoffes multicolores. Elles chan-
taient et bavardaient ; et c'était une joie tranquille au soleil du
matin. Près d'un étang, à travers la prairie ensoleillée passa
en courant une bande de petits enfants bleus et roses. La
même joie tranquille engageait à chanter et à bavarder au
soleil du matin les femmes de l'ancienne Italie qui séparaient
de la paille le grain, sur l'*area*, au temps de Virgile, sous la
jeune lumière. Et Luini a vu, il y a quatre siècles, ces mêmes
paysages ; ses fresques du Brera en témoignent, pathétique-
ment : c'est la même lumière fine et ce sont les mêmes couleurs claires, que le temps n'a pas fanées.

  Beaucoup de tableaux peints à l'huile s'altèrent avec le
temps et deviennent méconnaissables. Ils sont vite embus. Ils
perdent tout leur éclat. C'est bien souvent la faute de ces combinaisons de couleurs dont abusent tant de peintres. Ils accu-
mulent la matière ; ils l'entassent. Un travail chimique des
substances employées se fait et a bientôt substitué aux combi-

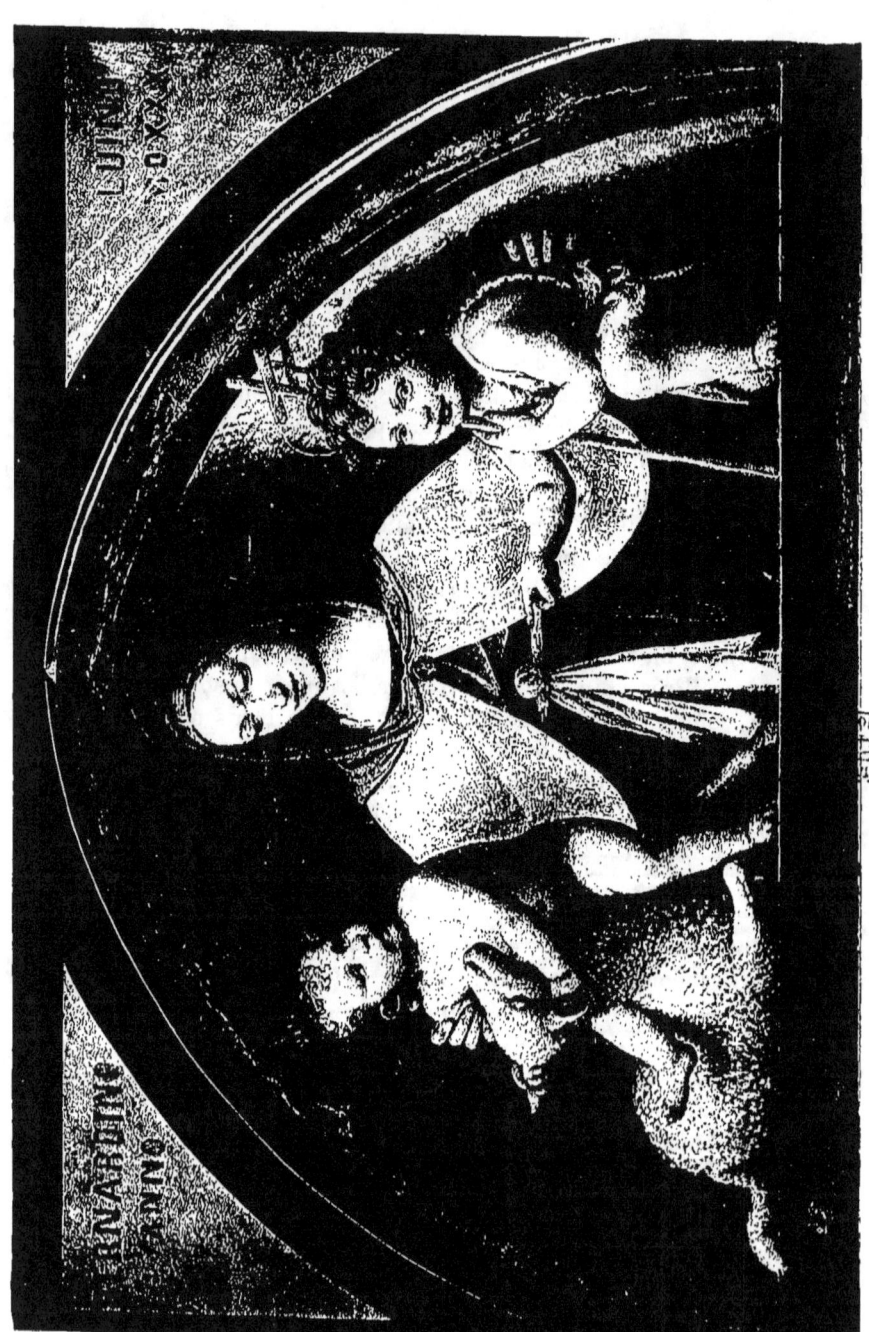

LUINI. — La Vierge, l'Enfant et Saint Jean-Baptiste.

naisons artificielles de l'artiste d'autres combinaisons —
chimiques, oui, conformes aux volontés des produits mais,
pour la plupart, laides et, en tout cas, étrangères aux volontés
de l'œuvre. La fresque échappe à ce danger ; la simplicité de
son coloris l'en préserve : les gens trop gras sont exposés à des
maladies que les maigres ne craignent pas.

Pourquoi donc a-t-on renoncé à la fresque ?... Les quelques
tentatives qui ont été faites pour la ressusciter n'ont point
abouti. On a renoncé à la fresque surtout parce qu'elle est
extrêmement difficile à exécuter : nos peintres ont pris une
telle habitude de la complication qu'un art d'irrévocable et
vive spontanéité n'est plus ce qui leur convient.

Je veux bien avouer ensuite — mais ensuite — que la
fresque a ses défauts. Il est vrai qu'elle ne s'altère pas et garde
excellemment sa fraîcheur première ; mais il est vrai qu'il faut,
pour cela, qu'elle se conserve elle-même. Or, il arrive assez
et trop souvent que l'enduit sur lequel les touches indélébiles
de couleur sont posées tombe, se délabre, se ruine. On sait
la catastrophe qui a détruit, à Milan, la *Cène* de Léonard. De
tels accidents inquiètent à juste titre. Aussi, l'on devait bien
savoir qu'il n'est pas prudent d'installer une caserne dans un
couvent où le génie d'un Léonard s'est exercé : les militaires
ne sont pas de sûrs conservateurs pour les œuvres d'art.
L'humidité endommage les murs ; la fresque, avec l'enduit
qui la portait, s'effrite.

Il y a d'autres procédés. Les peintres anciens peignaient à
la détrempe : les couleurs étaient détrempées dans de l'eau
additionnée de colle de peau, de blancs d'œufs battus ou de
gomme arabique. Ainsi en usait, par exemple, l'Angelico : le
splendide éclat de ses bleus, de ses rouges, de ses jaunes
atteste la valeur de la méthode.

On peint quelquefois, aujourd'hui encore, « à la cire »,

Hippolyte Flandrin, pour ses agréables compositions décoratives de Saint-Germain-des-Prés, Théodore Maillot, pour ses
médiocres Louis le Gros du Panthéon, se servirent de couleurs préparées à l'huile et qu'ils détrempaient, au moment
de l'exécution, dans un mélange d'essence et de cire liquide.
Ce procédé a sur la peinture à l'huile l'avantage d'éviter les
luisants et les miroitements, — avantage précieux s'il s'agit
de peinture murale que l'on ne peut déplacer ni orienter de
telle sorte qu'elle échappe aux jeux intempestifs de la lumière :
il y a, dans les églises et dans les musées, des tableaux très
vernis que personne n'a jamais eu la commodité de voir. En
outre, ces reflets brillants qui suppriment toute une partie de
l'œuvre font une très fâcheuse disparate avec la pierre mate
où la lumière ne se réfracte pas. Si tant de peintres modernes
négligent de les éviter, c'est un des signes de cette décadence
où est tombée de nos jours la peinture décorative : on ne
songe plus à l'ensemble monumental, et toute l'erreur est là.

Le procédé par lequel on remplace maintenant la fresque
est celui du marouflage. On peint sur toile, comme pour un
tableau de chevalet ; mais la toile est fixée contre le mur au
moyen d'une colle spéciale d'une extrême ténacité. Il n'est
plus nécessaire ainsi d'ajouter à la pierre de taille un enduit,
un ciment quelconque et fragile ; en admettant que la toile se
détache de la muraille, elle n'en souffre pas : on la recolle et
voilà tout. Et si, pour quelque raison, le mur est démoli —
on démolit beaucoup, à notre époque de progrès — l'œuvre
picturale n'est pas perdue ; on la peut transporter dans un
musée. Tandis que la fresque partage le sort de la muraille où
elle est peinte ; et les murailles, par le temps qui court, sont
soumises à bien des risques.

*
* *

Une excellente occasion qu'ont eue nos peintres modernes de manifester leurs vertus décoratives, ce fut le Panthéon. Car il leur offrait de grandes surfaces qu'il leur était loisible de couvrir de chefs-d'œuvre.

J'ose dire qu'ils en ont très mal profité, presque tous. C'est pitié de voir et la médiocrité de leurs inspirations et comment ils méconnurent les plus évidentes règles de la peinture décorative.

M. Henri Lévy, qui fut chargé de couronner Charlemagne, a entassé là couleur sur couleur; et cependant son œuvre est sombre, noire, sans agrément pour l'œil. Il s'est appliqué à de vaines minuties qui, par elles-mêmes, n'ont pas un bien vif intérêt et que l'on ne peut apercevoir qu'en s'approchant tout près, tout près : ce n'est pas ainsi qu'on regarde un panneau décoratif... Il a donné à ses figures, à ses architectures de tels reliefs que le mur en paraît bossué, creusé, troué par endroits; ce pauvre mur est tourmenté de formes bien gênantes et saugrenues : on dirait qu'il va s'écrouler. Et c'est verni, ça luit comme une botte de gendarme.

M. Maillot a évité ce défaut, nous l'avons dit, par le procédé de la cire. Mais il a fait de l'archaïsme. Il a peint Louis le Gros, à la façon des miniaturistes anciens. Il s'est donné beaucoup de mal pour acquérir cette ingénuité, cette gaucherie naïve qui est la seule chose que remarquent, dans l'art des Primitifs, les passants. Emprunter un style ancien, quelle tristesse ! et quelle humilité significative ! Il vaudrait mieux avoir le style de son temps, voire un style à soi. Et, si jamais restitution médiévale fut inopportune, cocasse, n'est-ce pas en ce Panthéon de Soufflot? Soufflot n'aimait pas trop le Moyen-Age. Anecdote. La baie centrale du portail royal, à Notre-Dame de Paris, était surmontée d'un linteau figurant le Jugement

dernier. Un archevêque de Paris, vers la fin du dix-huitième
siècle détesta ce linteau qui faisait la porte trop basse : l'archevêque aimait à sortir, pour les processions, sous la couver-
ture d'un dais fastueux et empanaché dont le passage était
gêné par ce linteau. Soufflot démolit donc le beau Jugement
dernier du treizième siècle ; celui qui le remplace aujourd'hui
est l'œuvre de Viollet-le-Duc. Soufflot eut tort. Et c'est une
raison qui pouvait persuader M. Maillot de n'adjoindre pas
à l'architecture de Soufflot une peinture pseudo-médiévale...

M. Joseph Blanc vous a peint une bataille de Tolbiac et un
baptême de Clovis dont les nudités sont fort laides et ennuyeuses
et terreuses et banales. La Jeanne d'Arc de M. Lenepveu ressor-
tit à cette spécialité qui se vend dans le quartier Saint-Sulpice
et dont la réputation n'est plus à défaire ! voyez les étincelles
d'or qui auréolent d'un feu d'artifice la tête de saint Michel :
pauvretés ! Quant à M. Galland, on dirait qu'il ne peint ni à
la détrempe, ni à la cire, ni à l'huile, mais qu'il peint au bon-
bon fondant : bonbons fondants de toutes les couleurs fon-
dantes ; c'est mauvais pour l'estomac.

Le Saint Denis de M. Bonnat, qui n'est pas une très belle
chose, n'a pas du tout le caractère de la vraie peinture murale.
M. Cabanel a beau multiplier les couleurs, les prodiguer et les
jeter les unes à côté des autres, ses panneaux sont ternes et
fades. Et la mort de sainte Geneviève est un grand tableau fort
surpris de se trouver là, collé sur une muraille imprévue.

Tous ces peintres sont bien coupables !... Leur principale
erreur — non la seule — est justement celle où il est fatal
qu'on choie quand on omet les conditions naturelles du
genre d'art qu'on pratique. Le décorateur qui se contente de
faire un tableau s'expose au même insuccès qu'un écrivain
qui porte au théâtre du roman.

Toutefois, à la décharge de ces coupables peintres, accor-

dons qu'il n'était pas facile de décorer parfaitement le Panthéon, si la première qualité d'une belle œuvre décorative est
son harmonieuse adaptation au caractère même d'un édifice.
Le Panthéon, grande bâtisse un peu criarde et de caractère
incertain! Temple, église? Il fut l'un et l'autre. Il n'est plus ni
l'un ni l'autre. On ne sait plus trop ce qu'il est; on ne voit pas
trop ce qu'il pourrait être. A l'intérieur, on imagine une
halle aux blés assez confortable. Quelle peinture caser là? Des
saints, des rois, des militaires. Les commandes varient selon
l'époque, selon que l'État songe plutôt à sainte Geneviève,
aux Trois glorieuses ou à Victor Hugo.

Cette décoration s'est faite de bric et de broc. Elle n'a ni
unité d'inspiration, ni unité d'exécution. Les sujets que l'on a
choisis ne vont guère ensemble. Les artistes qu'on a choisis ne
vont pas du tout ensemble. Chacun d'eux fait ce qui lui plaît,
emprunte le procédé qui lui chante le mieux et, au lieu de
penser à l'harmonie de l'œuvre générale, s'efforce d'être original : il ne réussit, la plupart du temps, qu'à ne s'accorder
point avec les autres.

On ne pouvait pas confier à un seul peintre l'immense
tâche de couvrir toutes ces murailles larges et hautes.
Il eût fallu, pour décorer ce monument, disposer de l'une de
ces corporations d'autrefois qu'un même esprit animait,
qu'une même esthétique guidait ; il eût fallu un maître avec
son bataillon d'élèves, formés par lui, dirigés par lui, auxi-
liaires dévoués et respectueux de son génie... Cela ne se
trouve plus. Doit-on le regretter? Je crois qu'en principe les
écoles et les ateliers, les disciplines et les fidélités sont le contraire de l'art : il sied pourtant de reconnaître que le grand
art décoratif a besoin de ces sacrifices-là.

Mais il y a, au Panthéon, Puvis de Chavannes; et l'incomparable suite de sainte Geneviève fait un sanctuaire de cette
halle au blé.

Je ne sais si jamais artiste eut de plus nettes volontés
et les réalisa plus absolument. Ses intentions sont claires
et manifestes. On n'a point à les deviner, on les voit; et l'on
vérifie en même temps leur excellence à leur parfaite mise en
œuvre. Nulle trace d'effort pénible, nul recours à des artifices,
à des stratagèmes ; une facture aisée et loyale, l'épanouissement naturel d'une pensée limpide et sereine. Ce calme de
l'artiste sûr de soi contribue à la beauté de l'œuvre, en vérité
conforme au rêve qui l'a préparée.

On a quelquefois épilogué sur « l'archaïsme » de Puvis de
Chavannes, pour le vanter ou le dénigrer.

L'archaïsme de Puvis de Chavannes est une invention de
critiques pressés et qui ne se donnent pas la peine d'aller plus
loin que la première apparence des choses. Puvis de Chavannes n'a jamais imité un style ancien ; pas plus qu'il ne suivait les poncifs de son temps il ne s'est astreint aux procédés
de jadis.

Il s'est fait — lui-même — une conception de la peinture
décorative d'où découlent plusieurs principes que certaines
époques d'art ont admis et pratiqués. Mais ils résultent, ces
principes, de la nature des choses. Ils ne sont pas l'invention
propre de tel artiste ; ils ne sont même pas la mode ou la
manière d'un moment : ils valent, au contraire, par leur objectivité, leur impersonnalité, leur généralité. S'il les fallait
résumer d'un mot : ils sont des principes de simplification.
Eh ! bien, ce n'est pas une affaire de goût individuel ou
d'opinion, de décider que la peinture décorative doit simplifier.
Cela dérive logiquement — et je dirais : expérimentalement
— des conditions mêmes du genre. Puvis de Chavannes
simplifia comme simplifiaient aussi les peintres décorateurs
d'autrefois. Les uns et l'autre eurent raison. Mais, ce n'est
point à dire que Puvis de Chavannes ait emprunté à des

époques lointaines une façon de peindre; — et voilà son
« archaïsme ».

Simplifier! Oui, le dessin et la couleur.

Quand Puvis de Chavannes ne s'était point encore imposé
au snobisme des quelques-uns et à la moutonnière admiration
de la foule, on portait sur lui deux jugements. On disait :
— Il dessine mal, mais il peint bien. Ou l'on disait : — Il
dessine bien, mais il peint mal. De synthétiques esprits con-
clurent qu'il dessinait mal et peignait mal : pourquoi perdre
son temps à des circonlocutions?

D'autres peintres plaisaient au public par le soin qu'ils met-
taient à tracer de jolies courbes, à faire saillir des muscles
puissants, à trouver pour leurs personnages des poses très
avantageuses. Ce n'est pas ainsi que procéda Puvis de Chavannes. Le souci que d'autres avaient d'accumuler les malins
détails, il l'apportait, lui, à résumer, à caractériser d'un trait un
geste, une idée. Il savait que, primo, les minuties échappent
au spectateur et, secundo, qu'elles empêchent une claire vision
de l'œuvre décorative.

Mais simplifier n'est point bâcler. Et faut-il constater qu'il
ne bâclait point?... Ceux que ne suffit pas à convaincre de ce
fait la contemplation de l'œuvre achevée n'ont qu'à examiner
les esquisses. Les premières esquisses. Ils verront que rien
n'y manque. Puvis de Chavannes simplifiait : cela veut dire
qu'il tenait d'abord un compte exact de tout, et qu'il rédui-
sait à l'expression la plus vive les divers éléments de son
sujet. Il simplifiait en synthétisant; et, si l'on compare l'esquisse à l'œuvre achevée, on voit que cette dernière contient la
somme de l'analyse antérieure.

Ce n'est pas tout. Mais il était las du poncif régnant, il était
las du geste Renaissance. Ces grands déploiements de physiologies impétueuses, ces gros effets de biceps et de torses, ces

attitudes emphatiques d'athlètes prétentieux, où triomphèrent
aisément les peintres qui s'y appliquaient, il en avait senti la
vanité misérable. Il ne voulut admettre d'attitude ni de geste
qu'expressifs : et le convenu n'est pas expressif ; s'il le fut, il a
cessé de l'être le jour qu'il fut transformé en poncif. Il ne voulut
admettre de beauté qu'ingénue et neuve. On lui a reproché
certaine « gaucherie » que l'on trouvait à ses personnages...
On appelait volontiers gaucherie une grâce à laquelle on
n'était pas habitué, une grâce charmante et plus charmante
encore d'être récente et imprévue.

Un tableau de Puvis de Chavannes, l'*Innocence*, est le symbole de son œuvre tout entière. Nue, ou vêtue d'une étroite
robe de lin, — car il existe de ce tableau deux états, — une
jeune fille, une enfant, se tient assise dans un paysage funèbre :
une plaine où sont drues les croix des tombes ; et des
ruines témoignent de morts et de désastres. La jeune fille
élève entre ses doigts une marguerite ; et ses grands yeux
ouverts au jour ignorent les tragiques entours. N'est-ce pas
ainsi que la candeur de l'âme dédaigne le passé qui s'accumule,
et s'offre naïvement à la délicieuse nouveauté de la vie ? Ces
croix tombales, que ce soient les vieux poncifs défunts ; et, sur
la beauté des phénomènes, ouvrons des yeux candides comme
fait cette petite fille oublieuse !...

Parmi les peintres de ce temps, Puvis de Chavannes est l'un
de ceux qui réagirent le plus efficacement contre les formes de
beauté qui avaient cessé d'être belles et qui continuaient à se
galvauder.

Tel est le double caractère de son dessin qui simplifie : il
cherche le geste simple comme le plus et le seul expressif, et
il cherche le geste simple comme le plus et le seul conforme
aux règles de l'art décoratif.

J'en dirai tout autant de sa couleur. Il a pour les teintes

plates une évidente prédilection. Il savait que les manigances d'un pinceau très subtil échappent au spectateur distant et qu'elles produisent, à distance, une combinaison terne, sombre et sale. Il simplifie les surfaces colorées. Non qu'il néglige la vérité des nuances complexes ; ici encore, il synthétise. La couleur qu'il donne est un résumé, le résumé des tons divers qui se réunissent en une claire tonalité d'ensemble. De là cette franchise de sa couleur, son bel aspect immédiatement perceptible.

Il évite les grands éclats de la lumière, qui, à l'intérieur d'un monument sont un peu absurdes et qui nécessitent des oppositions d'obscurité blessante. Il évite donc aussi l'ombre intense qui, s'ajoutant à la pénombre du lieu, fait de la nuit : erreur, de diminuer l'éclairage d'un monument. Il évite de cabosser le mur avec des reliefs excessifs. Il évite le trompe-l'œil qui, par lui-même, est détestable et qui, en outre, détruit un ensemble architectural.

La couleur mate et atténuée qu'il emploie est celle qui s'accorde le mieux avec la pierre environnante.

Cette savante pâleur n'est pas obtenue au détriment du coloris. Non ! ce coloris discret ne perd rien à mépriser les faciles rencontres de tons criards et enchevêtrés. Cette lumière, pour ne s'irradier point avec frénésie, n'en est pas moins belle : douce, elle éclaire mieux la diversité des objets ; elle permet à tous de se révéler, elle laisse à chacun d'eux la vérité de son aspect.

Et quelle variété dans cette harmonie ! Ciels bleus et blancs où la verdure des feuilles papillote, horizons bleus ou violacés, teintes du soir qui enveloppent de mystère ineffable le paysage, où le rose des robes tourne au carmin, où la blancheur du lin se mêle de reflets mauves... Quel charme délicat et apaisant, quelle beauté silencieuse dans ce décor de paix durable !...

« Dès son âge le plus tendre, sainte Geneviève donna les marques d'une piété ardente. Sans cesse en prière, elle frappait de surprise et d'admiration tous ceux qui la voyaient. » Et puis : « L'an CDXXIX, saint Germain d'Auxerre et saint Loup de Troyes, se rendant en Angleterre pour combattre l'hérésie de Pélage, arrivèrent aux environs de Nanterre. Dans la foule accourue à leur rencontre, saint Germain distingua une enfant marquée, pour lui, d'un caractère divin. Il l'interrogea et prédit à ses parents les hautes destinées auxquelles elle était appelée. Cette enfant fut sainte Geneviève, patronne de Paris. »

Tels sont les épisodes qu'a choisis Puvis de Chavannes pour les peindre. Il aima leur simplicité. Il les traita avec simplicité, et leur laissa cet agrément d'une très belle et pure histoire. Il eut grand soin de ne les pas dramatiser et de ne pas non plus pousser à l'enfantillage la naïveté de la légende. Pureté, simplicité de la vie autant que piété. La paix de la nature champêtre et la paix d'une âme privilégiée. Cette petite enfant qui est là parmi ses brebis et qu'une ferveur ineffable anime est la pensée même de ce paysage dont la pauvreté se conforme aux préceptes évangéliques.

Et le calme !...

« Sainte Geneviève, soutenue par sa pieuse sollicitude, veille sur la ville endormie. » Ce panneau est le plus beau peut-être de tous. Il est plein de grand silence nocturne. La lune y verse sa lumière vaporeuse. Une pensée y règne, celle de Geneviève vigilante. De cette terrasse où elle est venue, elle domine le sommeil nombreux et indistinct de la ville. Dans son étroite cellule entr'ouverte, la lueur d'une lampe n'est pas effacée par les clartés lunaires. L'humidité fraîche de la nuit tombe sur le paysage.

Il est à noter que Puvis de Chavannes, dans le choix de ses

sujets et dans la manière dont il les traite, évite l'action tumultueuse, le pathétique exubérant, le remuement forcené... Il
n'était pas un batailleur; et la sérénité de son rêve est dans
son œuvre. En outre, il a très justement considéré que le
calme convient à la peinture décorative.

C'est une chose à laquelle ne songent pas assez les peintres
décorateurs. Ils ont, pour la plupart, le goût des batailles et
des turbulences. Grande joie, quand ils réussissent à secouer
d'ardeur frénétique une multitude en armes! Grande joie, s'il y
a, dans leurs compositions, des bombes qui éclatent et des
trompettes qui font rage!

Ils ne songent pas qu'ils nous assourdissent!...

Ils ne songent pas que leur machine est un voisinage bientôt odieux à des oreilles délicates, à des yeux susceptibles, à
des esprits... humains et que le tintamarre afflige. La peinture
décorative s'impose à nos regards. Elle est toujours là, vaste,
à demeure. On ne l'élude pas comme un petit tableau discret.
Elle préside à nos journées; elle domine notre pensée. Impossible de s'en défaire! Le petit tableau, suspendu au mur par
un cordon de tirage, a ceci pour lui qu'on sent qu'on le mon-
terait facilement au grenier, qu'on le tournerait face au mur
ou qu'on le jetterait par la fenêtre sans peine. Je ne recommande pas ce vandalisme; mais il est bon qu'on se sache le
maître d'un objet qui peut devenir fastidieux. Le panneau
décoratif, lui, fait corps avec la muraille; s'il vous plaît de
vous en débarrasser, faudra-t-il détruire la muraille? De telles
extrémités sont inquiétantes.

Choisissez avec discernement vos amis. Ceux que vous ne
rencontrez pas souvent, désirez-les pourvus de sublime; et,
s'ils se trouvent être un peu toqués, tant mieux! Mais l'ami de
tous les jours, le compagnon de la vie quotidienne, exigez
qu'il soit doux, et vous charme avec peu de voix, et qu'il se

prête aux fantaisies de votre rêve, discrètement. N'espérez pas vivre quiètement avec un diable de héros qui assassine le tyran, sonne la charge ou s'empare d'une place forte toutes les cinq minutes.

Les gestes héroïques, les plus superbes, sont vite insupportables. Ils peuvent devenir ridicules. Est-ce que vous toléreriez d'avoir, dans votre cabinet de travail, le Maréchal Ney, de Rude? Vous l'auriez, au bout d'une semaine, détruit avec rage. Comment les derniers autocrates que conserve encore notre civilisation moderne n'ont-ils pas imaginé ce supplice pour les personnes qui ne pensent pas comme eux : les enfermer avec une Babylone de M. Rochegrosse, par exemple? Le prisonnier, après un petit nombre de jours, demanderait pardon très humblement, renoncerait à ses idées subversives, promettrait de ne pas recommencer et tiendrait parole, tant le terrifierait l'éventualité d'une telle compagnie!... Les autocrates d'aujourd'hui manquent d'imagination. Le Moyen-Age chrétien, lui, utilisa ce stratagème : il vous peignit et vous sculpta des jugements derniers, des paysages d'Enfer, des silhouettes de démons tout à fait propres à éveiller vos scrupules religieux.

. La peinture décorative de Puvis de Chavannes est un doux enchantement. Elle dispose l'âme à des méditations paisibles.

Dans un banquet qu'au mois de janvier 1895 les admirateurs du Maître lui offrirent, on lut ces lignes de M. Bonnat : « Je suis seul, je crois, à posséder, en dehors de l'État et des monuments publics, une œuvre de toi... (C'est *Doux pays*.) Une vaste mer émaillée, un ciel rouge de nuages dorés, un bois d'orangers, quelques fins et grêles tamaris. Au premier plan, des femmes indolentes et souriantes devisent entre elles. Deux enfants brunis par le soleil luttent sur le sable comme de futurs athlètes ; une blanche jeune fille, debout, contemple

PUVIS DE CHAVANNES. — LE TRAVAIL.

l'horizon ; au loin, une voile calme : c'est tout. Eh! bien, par
les jours de fatigue et de lassitude, il m'arrive souvent de m'ac-
couder en face de cette claire évocation du pays des doux rêves.
Peu à peu, à son contact, les sombres imaginations s'éva-
nouissent, le soleil renaît, l'âme s'épanouit et les souvenirs
légendaires des temps poétiques reviennent en foule à la
mémoire. O puissance de l'art! Et je vois Vénus elle-même,
frissonnante, sortant de l'onde, et j'entends le chant perfide
des sirènes, et, sous le ciel infini au bord de la mer bleue,
je vois ces adorateurs passionnés du beau, les créateurs
sublimes, tous ceux qui ont su faire vibrer ce qu'il y a de
divin en nous, passant en un tourbillon lumineux, comme des
dieux dans leur sérénité. Grâces te soient rendues, ami Chavannes. Continue longtemps à rasséréner nos âmes attristées,
à les transporter vers l'idéal radieux! »

Cette page n'est pas une merveille incomparable : mais
elle exprime assez bien l'heureux effet que peut avoir une
belle œuvre décorative. Nous demeurons avec cet art; il faut
que notre existence y gagne. S'il nous tourmente ou s'il exalte
en nous des passions qui nous chassent de chez nous, il ne
nous vaut rien. S'il nous anime à méditer avec courage, avec
justesse, à vivre d'une vie mentale plus noble et paisible, qu'il
soit loué! Nous lui demandons d'être bienveillant à notre rêve
et d'ajouter à notre existence sa poésie.

Puvis de Chavannes n'a guère décoré que des monuments
publics. Mais, là encore, il sied que la peinture décorative
suggère des idées d'ordre et de calme. Les foules n'ont pas
besoin d'être excitées par la vue du sang, des fureurs. Puvis
de Chavannes a peint la Paix, le Repos, le Travail, le Bois
sacré cher aux Arts et aux Muses, images de bonheur et de
tranquillité. Il est le maître admirable d'un âge d'or sans
lâcheté ni mollesse, où l'énergie est aisée, le labeur accepté

volontiers, le repos innocent, où les heures passent en cortège
bien ordonné, où la monotonie de la durée est délicieuse, —
d'un âge d'or que nul ne s'est vanté d'avoir connu dans le
temps et dans l'espace mais que créent en elles les âmes pures
et sereines, et dont voici le symbole parfait.

...*Inter artes et naturam!*... Oui, c'est bien la nature.
Au loin, voyez Rouen et les rives de la Seine, la cathédrale
avec ses deux tours et sa flèche. Au premier plan, dans la
prairie, une jeune fille qui peint, cet enfant chargé d'une guir-
lande de feuilles, cette femme qui tient son enfant dans ses
bras sont véridiques. Mais ils sont étranges; et, à l'horizon,
la ville est étrange.

Puvis de Chavannes a voulu peindre la nature, l'authentique nature; il ne s'est pas soucié de rompre avec la réalité
pour de vagues et vains mysticismes. Mais il savait qu'en dépit
de l'observation la plus scrupuleuse et la plus exacte des faits
les plus précis et les plus positifs, malgré les expériences les
mieux conduites et les plus concluantes, si bien qu'on croie
connaître la nature et qu'on la connaisse en effet, la nature
garde son étrangeté. Il a voulu la peindre telle qu'elle est avec
son étrangeté.

Dans une allée étroite, bordée de fleurs, passe une femme,
un lys entre les doigts. Ce n'est pas seulement le problème de
sa destinée qui inquiète en elle, mais le problème de sa réelle
existence, le fait qu'elle soit et qu'elle soit elle. Le mystère
n'est pas extérieur aux êtres et aux objets; il est dans les
objets et les êtres.

La nature ne nous étonne plus : nous la voyons depuis si
longtemps et de si lointains ancêtres nous en ont transmis la
vision familière!... Nous côtoyons les existences et nous frô-
lons les réalités sans presque plus songer à ce miracle qui est

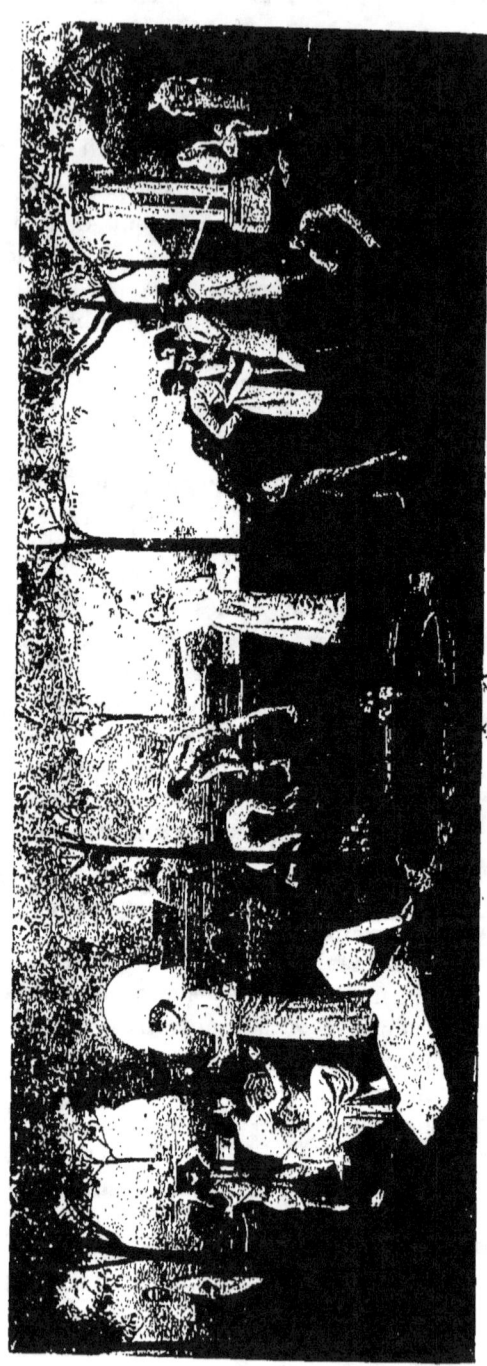

PUVIS DE CHAVANNES. — INTER ARTES ET NATURAM.

là. Mais il suffit que l'on déplace quelque chose à ce spectacle quotidien, qu'on en dérange un peu la perspective, qu'on en fasse bouger les lignes, qu'on en modifie la couleur : nous ne retrouvons plus nos sensations habituelles, nous sommes dépaysés ; et, comme aux premiers jours du monde, quand rien encore n'en avait altéré la pureté, dans toute sa jeunesse candide et son innocence originelle, se réveille d'un lourd et long sommeil notre âme ingénue ; nos yeux s'ouvrent tout grands, sur la nature mystérieuse, avec étonnement.

Nil mirari, — cette formule de ce qu'on nomme vulgairement philosophie est le contraire de la philosophie, laquelle, je le sais, n'a point résolu le problème, mais pose le problème et nous engage à nous émerveiller de tout. Ne rien affirmer, oui, mais tout admirer, c'est peut-être la formule qui devrait remplacer le commode et le bestial *Nil mirari*.

L'œuvre de Puvis de Chavannes est une invitation perpétuelle au judicieux étonnement. Et voilà, si je ne me trompe, la philosophie qui l'inspirait, philosophie profonde, propice aux justes rêveries et que son génie illustra divinement.

⁎
⁎ ⁎

Il a fait usage de l'allégorie ; il a peint d'emblématiques images du Repos, du Travail, de la Paix ; il a revêtu de symboles sa pensée. Ainsi procèdent les peintres depuis que la peinture existe.

On peut dire que l'allégorie est éminemment picturale et que toute peinture est, en quelque sorte, allégorique. Le peintre ne peut rendre son idée qu'au moyen des formes et des couleurs, au moyen d'images ; et ces images représentatives d'idées sont précisément ce qu'on nomme allégorie.

Mais il importe de distinguer entre telles et telles allégories ;

certaines sont excellentes, et d'autres ne sont guère suppor-
tables. L'art décoratif en a fait, — et de ces dernières, hélas !
— une consommation terrible et dont il faillit, plusieurs fois,
périr.

Il y a de très simples allégories. Elles représentent l'amour
sous les traits d'un petit garçon rose et blond, armé d'un arc
et porteur d'un carquois où les flèches abondent. On peut
même supprimer le petit garçon : le carquois, les flèches et
l'arc suffisent. Ces attributs, et les autres de même sorte,
n'ont pas d'inconvénients graves. Ils n'ont pas beaucoup
d'intérêt, voilà tout. Les peintres décorateurs se sont légué
ces motifs d'ornementation depuis une époque fort ancienne.
Ils les recopient. S'ils ont du zèle, ils s'efforcent d'ajouter
quelque chose à l'iconographie traditionnelle ; ils travaillent
pour imaginer une disposition nouvelle de l'arc, des flèches
et du carquois. C'est un exercice un peu niais, mais qui
ne demande pas de grandes facultés créatrices. Le public
sait que voilà l'emblème de l'amour ; il n'a point à se fatiguer
pour comprendre tout ce que le peintre a voulu dire.

Quelques-uns de ces ornements sont des symboles d'autrefois qui ont eu leur raison d'être, leur valeur significative.
Tels, les symboles chrétiens des Catacombes, l'Ichthus ou la
Colombe de la troisième hypostase. Tels, les symboles des
religions orientales... Et puis, peu à peu, tandis que se modi-
fiaient les circonstances, à mesure que diminuait la ferveur
première, le sens de ces symboles s'est perdu. Ils n'ont plus
rien du tout signifié. Ils sont devenus de simples motifs orne-
mentaux. Leur forme subsiste, immuable, et ne vaut plus que
par elle-même ; elle s'est insensiblement vidée de toute l'idéologie que des ancêtres immémoriaux y avaient cachée comme
un trésor fragile et précieux. Ces vestiges de croyances
abolies se retrouvent, plus ou moins dégradés et en compagnie

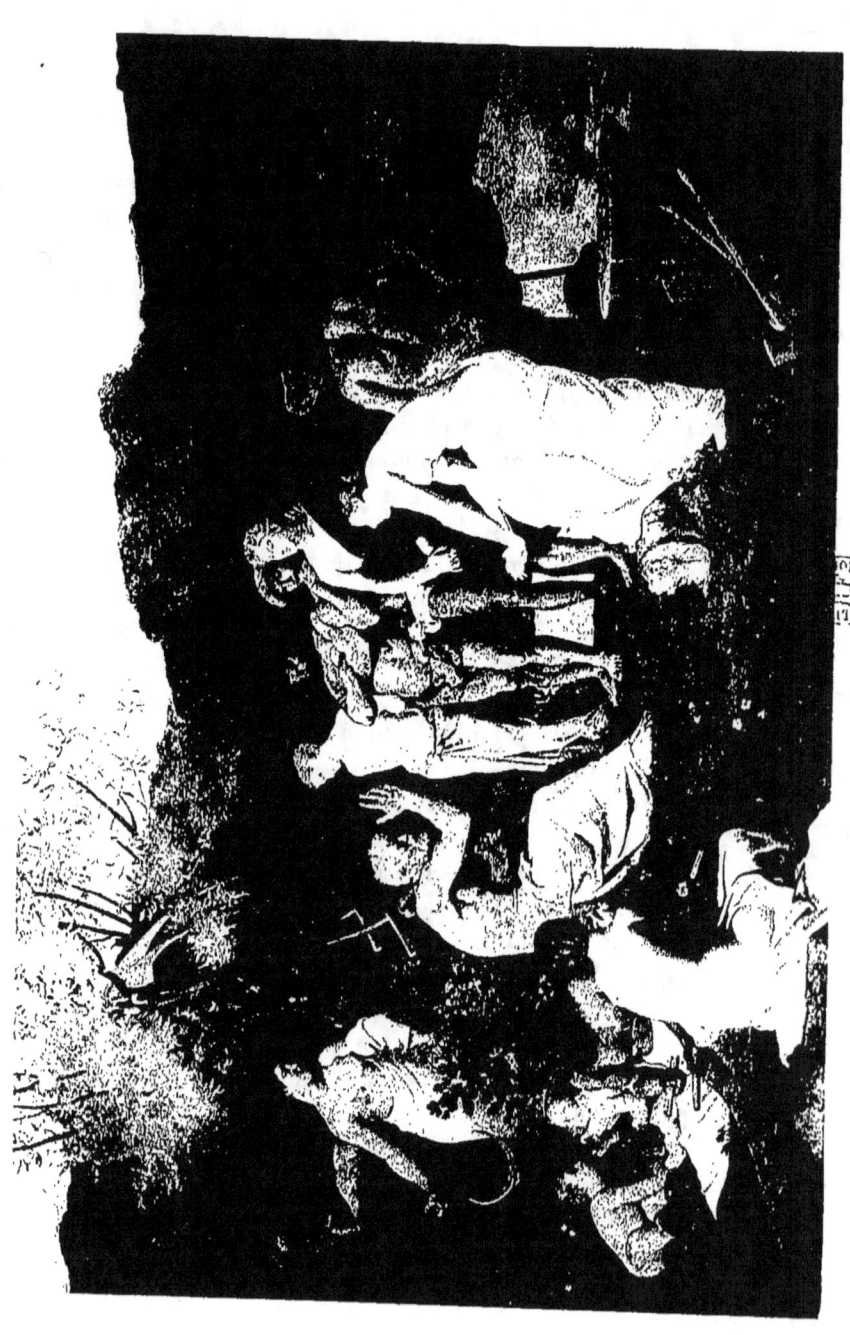

quelconque, dans l'ornementation d'âges ultérieurs ; les artisans qui tracent ces lignes méticuleuses ne savent pas qu'ils
touchent à des débris de dieux défunts.

Il y a des allégories très compliquées. C'est une dure besogne
que de les traduire en clair langage. Des dames dépourvues
de robes figurent des quantités de choses très arbitraires. Et il
faut examiner avec soin leur moindre geste pour comprendre
leur intention. Il est indispensable, si l'on veut déchiffrer ces
énigmes, d'avoir poussé très loin ses études, de connaître
l'histoire et la mythologie. Il est indispensable encore d'avoir
l'esprit ingénieux, pour suppléer à mille et mille sous-entendus qui sont de la plus haute importance. Et puis, quand on
s'est appliqué longtemps à deviner juste, si l'on devine, eh !
bien, je crois qu'on est, en général, déçu. Le sphinx n'avait
pas autre chose en tête ? c'est tout cela qu'il voulait dire ? cette
pauvre petite vérité ? le sphinx voulait me faire entendre que
la Justice est la fille de la Lumière, la sœur de la Vérité, la mère
de la Paix et la cousine germaine de la Charité ? Mais, que ne
le disait-il, tout simplement, de cette façon : « La Justice est
la fille, etc... » pourquoi s'est-il donné tant de peine à rendre
obscure cette idée qui est à la portée d'un chacun ? Pour me
taquiner ? Je le déteste !... J'aime mieux les rébus que ces
allégories picturales. Là, du moins, je sais que je m'occupe à
des niaiseries, je suis averti ; et peut-être gagnerai-je une
prime ?...

Ces allégories considérables où des peintres s'évertuent
à introduire des idées rudimentaires ne sont qu'un jeu
de casse-tête inacceptable. Et quelle peinture décorative cela
fait ! Je plains le pauvre homme qui passe ses journées en face
de ce problème ! Notez qu'un rébus, une fois déchiffré, n'a
plus d'intérêt. Il en est de même, à peu près, de l'allégorie :
elle vous taquine, le temps de la devinaille ; et puis, devinée,

elle n'est plus rien du tout. Je la compare au visage très fardé, très maquillé, des courtisanes peu sincères; elles aguichent, hélas! le pauvre monde : quelle luxueuse et intrigante beauté! débarbouillez-les, ce n'est plus qu'un médiocre visage, banal et tout à fait dépourvu d'intérêt... Une allégorie qu'on a déshabillée de son prestige fait pitié.

Puvis de Chavannes s'est gardé de ces allégories. Les siennes sont vraiment décoratives. Le Repos, c'est : des gens qui se reposent; le Travail : des gens qui travaillent... Il n'est pas nécessaire de se tourmenter l'esprit pour comprendre ces nobles images. Elles rendent directement leur idée ; elles ne sont ni abstraites ni emblématiques. Et, à vrai dire, ce n'est pas leur signification littérale qui importe; mais l'image vaut par elle-même, et par elle-même suggère le sentiment que l'idée appelait.

L'une de ses allégories est compliquée, celle qui décore le grand amphithéâtre de la Sorbonne. Quand l'esquisse en fut exposée, jadis, au Salon, le catalogue lui consacrait un long commentaire où chaque personnage trouvait son explication. Ce commentaire est inutile. Assurément, le simple spectateur, non averti, ne saura pas ces exactes choses. Qu'importe? Il reconnaîtra que voici un bois sacré où la science, les lettres et les arts demeurent; chaque groupe lui sera clair et aisément intelligible, et surtout il éprouvera le charme divin du lieu, le calme de ces belles disciplines et leur pureté.

J'ai plus haut comparé la peinture décorative à la littérature théâtrale. Le livre et le tableau de chevalet ont des libertés qu'il n'appartient pas au théâtre et aux arts décoratifs de s'arroger. Ceux-ci ont le devoir de plaire et de plaire vite et de n'exiger point du spectateur un opiniâtre effort. S'ils veulent signifier trop de choses et de trop difficiles choses, ils échoue-

ront. Qu'ils plaisent d'abord, amusent, émeuvent, charment;
voilà de beaux moyens d'agir, — et, pour peu que l'artiste
ait du génie, ce qu'il a mis dans son œuvre et ce que par ces
beaux moyens il suggère est digne et capable de susciter une
rêverie admirable.

*
* *

Du reste, la peinture décorative, en dépit des strictes
règles qui lui sont imposées et qui résultent des conditions
même du genre, est infiniment libre encore dans les limites
qu'un juste goût lui assigne. Elle doit se conformer au caractère du monument qu'elle ornera; eh! bien, que de monuments divers lui donneront l'occasion de se varier, de se
renouveler sans cesse !

Elle sera gaie, en nos demeures heureuses. Il faut que la vie
soit douce pour que nous l'aimions et vivions. Je hais le
peintre impertinent qui me voudrait dégoûter de vivre; je lui
demande, à ce peintre, de m'entourer des arguments persua-
sifs qui m'engageront à savourer, minute après minute, les
journées.

« Laissons, dit Villon, le moustier où il est. » Et puisque le
moustier nous doit convaincre des médiocrités de l'ici-bas
comme des joies ultérieures, que l'on y peigne les tristesses
de ce monde et les félicités de l'au-delà. Mais laissons le
moustier où il est. Et, si l'on veut, que l'on barbouille d'exploits sanguinaires les murailles de nos casernes : cela suscitera peut-être des militaires. Mais laissons la caserne où elle
est. Et, pour la destinée quotidienne, soyons environnés du
concluant plaisir de vivre.

La peinture décorative doit orner notre existence et ne la
point bouleverser, nous enchanter avec ses couleurs et ne

point nous alarmer. Elle doit principalement veiller à ne pas
être vite fastidieuse, car elle habite avec nous.

*
* *

Les Japonais et les Chinois ont recours à de bons stratagèmes. Ils ont une manière à eux de traiter la perspective : ils
la faussent, résolument. Les lignes qui devraient descendre, ils
les élèvent, de propos délibéré ; au lieu de fuir, elles s'approchent. Les lointains viennent au premier plan ; il n'y a plus
d'autre plan que le premier. C'est fini de ces horizons vapo-
reux où la pensée est tentée de partir et de vagabonder et de
se perdre en des mélancolies : où irais-tu, si loin ? profite de
l'heure que voici. Sage conseil et qui épargne aux âmes chimériques le retour après la désillusion !... Et, vois, la nature est
ici tout entière !... Ils savent, ces Chinois prudents et ces Japonais circonspects, que la « troisième dimension » est la pire
ennemie de notre repos : c'est elle qui nous entraîne à des
voyages spirituels ou réels qui sont notre folie décevante... La
nature est ici tout entière, grande et chatoyante et gaie draperie
tendue devant nous pour l'amusement de nos yeux, voile de
Maïa, de Maïa qui ne trompe que qui veut abuser d'elle !... Si
tu es sage, tu connaîtras que tout n'est qu'apparence ; mais, si
tu es sage, tu connaîtras que suffit l'apparence et que c'est la
même chose — oui, la même chose ! — d'enivrer ses yeux
d'un prestige ou d'une réalité.

CONCLUSION

Je n'entends pas donner à ce livre de bien vastes conclusions. Aussi bien ai-je tâché qu'il ne parût ni ne fût très dogmatique. Ce que je souhaitais, c'était d'offrir à mon lecteur des motifs justes et appropriés de se plaire à beaucoup d'œuvres différentes. Autant qu'il me fut possible de le faire, j'ai réservé mon goût personnel et mes prédilections, qui n'ont d'intérêt que pour moi, — et encore !... Plus on aime de choses et plus on devient accessible aux formes diverses que prend la beauté, plus on augmente sa joie ; et, ce livre, je désirais qu'il pût être une source de joie.

Les artistes créateurs limitent leurs admirations avec un soin jaloux. Ils les limitent quelquefois à eux-mêmes ; — et j'accorde qu'on en sourit volontiers. Mais, plutôt que de les railler, je les féliciterais de ce qu'a d'un peu exclusif leur goût. Il faut avant tout qu'ils soient eux-mêmes strictement ; et seraient-ils eux-mêmes, s'ils se prêtaient à autrui ? Qu'ils se cantonnent dans le culte de leur rêve, c'est bien ; pourvu que leur rêve soit digne d'un culte si absolu.

Mais le dilettante[1], lui, n'a pas ces précautions à prendre, ces économies à faire. Il lui est loisible de se dépenser en prodigue : et plus il se dépense, du reste, plus il s'enrichit : car, s'il ne marque pas de traits plus forts sa personnalité, du moins

---

1. Pourquoi réserver aux seuls musiciens ce mot ?...

il la multiplie. Un dilettante avisé ne s'arrête pas à blâmer
les défauts de ce qui ne lui agrée point ; ou, s'il le fait, c'est
afin d'aimer mieux et plus consciemment ce qui lui agrée. Il
n'écarte pas tout de suite une œuvre, avant d'avoir vérifié
qu'elle ne saurait, d'aucune façon, lui être de nul plaisir; il
réserve toutes les possibilités avantageuses.

Je conviais mon lecteur à ce dilettantisme.

Est-ce à dire qu'on doive s'abstenir de la critique et, pêle-
mêle, adopter ceci ou cela? Que non, sous peine d'être dupe !
Et l'amitié suppose un choix. Alors, comment choisir ?

Terrible entreprise : se procurer un critérium !

Se fier à son instinct n'est pas sûr ; et vous risquez de
négliger ce qui peut-être vous enchanterait bientôt. Un critérium, s'il en faut un, je ne sais trop lequel offrir. Il en existe
plusieurs ; il en existe assez pour qu'ils se détruisent les uns
les autres : — on demande un criterium des criteria !...

Je ne possède pas cet article. Au fait, qui sait s'il n'est pas
préférable de laisser à ce choix son caractère aventureux?
Qu'un chacun se trompe lui-même, et maintes fois ; mais qu'il
change d'erreur, de temps en temps. A condition qu'il n'y ait
pas de snobisme dans son aventure, il sera sauvé. Seul le snob
est maudit ; ce niais s'est privé de l'unique plaisir d'aimer :
être sincère, voire dupe.

*
* *

Je n'offre pas un critérium de la beauté picturale. Cependant au cours de ce petit essai, mon lecteur a pu remarquer
sans doute que je déplaçais ce que l'on nomme « les bonnes
époques » de l'art et que je sacrifiais volontiers les âges appelés « classiques » aux âges précédents.

Oui, gloire et honneur aux primitifs !

Mais hâtons-nous de préciser le sens de ce mot : il est dangereux.

Il y a quelques années, on fut botticelliesque. C'était la mode. Les jeunes femmes, soucieuses de montrer que l'art avait en elles de ferventes zélatrices, maigrirent, s'habillèrent de robes étroites, disposèrent en bandeaux leurs cheveux et eurent l'air fort ineffable. D'ailleurs, elles embrouillaient dans un culte analogue Fra Giovanni da Fiesole, Henrik Ibsen, Wagner et les poètes symbolistes de chez nous.

Quand on parlait des primitifs, on se pâmait. Un mot revint, dans les causeries, à chaque instant : exquis. On fut exquis. Le modèle : une petite vierge pâle et menue, qui tient, entre ses doigts trop longs, en guise de bouquet, une fleur unique, fine, chétive, à la tige haute et grêle.

Et, si vous eussiez dit à l'une de ces jeunes femmes que, les primitifs, ce n'est pas cela du tout, — ah ! la voici qui s'effare et fond en larmes !... Il faut être indulgent aux ferveurs des jeunes femmes. Elles font de leur mieux ; elles sont, en quelque sorte, sincères. Néanmoins, au risque de les affliger, constatons que, les primitifs, ce n'est pas du tout cela !...

De très bons esprits et capables d'analyser les motifs de leur goût préfèrent, aujourd'hui, à la sculpture grecque du temps de Périclès l'époque antérieure, l'art éginétique ; au treizième siècle français le douzième ; au seizième siècle italien le quattrocento. Bref leur admiration recule au delà des âges classiques.

Qu'est-ce à dire ? Il était admis, jusqu'à ces dernières années, que les artistes du temps de Périclès avaient porté à la perfection la statuaire qui, au sixième siècle et au commencement du cinquième, préludait à peine ; il était admis que les imagiers de Philippe-Auguste et de Saint Louis avaient amélioré la « barbarie » antérieure ; il était admis que Léon X présidait aux plus magnifiques splendeurs de la Renaissance italienne.

Qu'est-ce donc que ce goût singulier de l'archaïsme? Une affectation? le désir d'étonner? une toquade? ou bien — restons polis — un raffinement pervers de blasés?... On assure que des musiciens très subtils se plaisent quelquefois à de fausses notes, comme des estomacs de gourmets à de farouches piments. N'y aurait-il pas une pareille dépravation dans notre amitié pour les primitifs?

Non! Mais on l'a bien insinué.

Voici.

Quand on étudie l'histoire de l'art, on est frappé d'une chose : la brièveté des « âges d'or », la fragilité des belles formules esthétiques. Rien de plus momentané.

Les belles formules esthétiques!... Plutôt, il faudrait dire qu'une belle idée est perdue lorsqu'elle devient une formule. Et que c'est vite fait! Merveilleuse et tragique, l'histoire de l'art se compose de ces événements alternatifs : la lente germination des idées et leur rapide corruption. Une idée, un sentiment, une croyance, un émoi... cela couve longtemps et apparaît soudain, complet, superbe, absolu. Ah! la divine merveille! Intacte, accomplie, la voilà.

Cela ne se conserve point. La belle idée se galvaude. Une autre, bientôt, la remplacera, après que celle qui était divine se sera lamentablement ressassée, au point d'être absurde désormais et imbécile sans conteste.

L'art ne vaut que spontané. Les stratagèmes auxquels l'artiste a recours ne valent que s'il semble les avoir inventés pour la seule expression de cette idée qui le hantait et qu'il a voulu réaliser. Il n'y a de beauté qu'ingénue; j'entends : exempte de rouerie.

Tolstoï, un jour, m'a dit :

— Je compte trois règles de l'art : primo, la sincérité ; secundo, la sincérité ; tertio, la sincérité !...

Une œuvre est *sincère* si elle est tout entière expressive ; si, dans la structure générale et dans le détail, on n'y trouve nuls signes insignifiants. Elle est parfaite — en son genre et quelle qu'en soit la donnée — si elle ne pèche ni par insuffisance ni par excès.

Alors, qu'est-ce que l'art, une fois que les stratagèmes sont des procédés ; une fois qu'il existe des canons de la beauté, des poncifs ; une fois que l'artiste n'a plus qu'à suivre la méthode éprouvée, pour produire l'effet requis ?

Eh ! bien, les âges appelés « classiques » sont justement ceux où l'art s'est insensiblement perverti.

Au sujet de Pietro Vannucci, le Pérugin, Vasari écrivait : « Pietro n'était pas un homme religieux ; il ne voulut jamais croire à l'immortalité de l'âme. » Quand il fut à l'article de la mort, on voulut qu'il se confessât ; il n'y consentit point, disant : « Je veux voir ce qu'il advient d'une âme qui ne s'est pas confessée ! »

Ce libre-penseur de Pérugin passa toute sa vie à composer des tableaux religieux ; il les multiplia, car les commandes affluaient. Sa virtuosité charmante lui valut beaucoup d'argent, dont il avait le souci.

La petite phrase de Vasari s'applique à tous les artistes d'alors et d'ensuite, peintres religieux que nulle piété n'animait. La sincérité leur manqua. Ils se rattrapèrent sur l'habileté. Certes, ils furent habiles, et en pure perte. Ils peignirent n'importe quoi ; ils ne peignirent rien du tout, — avec une emphase inutile. Ces rhéteurs ont gâté la juste notion de l'art.

Ils oublièrent que la peinture, ainsi que tout art, est un moyen d'expression. Quand ils n'exprimèrent plus rien du tout, ils abusèrent et mésusèrent de ce moyen d'expression.

Les primitifs, eux, ne sont pas toujours maîtres de leur métier. Les plus anciens sont maladroits. Il y a bien de la gaucherie dans cette madone de Cimabue qui est au Louvre. Encore le zèle qu'apporta le vieux peintre à savoir rendre la majesté de la vierge mère est-il plus émouvant que l'adresse banale des Carrache et des Guido Reni!

Cimabue s'efforce, difficilement. Et, bientôt après lui, toutes les ressources de l'art pictural sont acquises. Les peintres du quattrocento n'ont plus rien à apprendre ; ils possèdent leur métier de telle sorte que les protégés de Léon X n'auront guère l'occasion d'innover. Seulement, à la différence de ces protégés de Léon X, ils ne sont pas frivoles et ils n'usent de leur habileté qu'avec discernement, pour rendre leur idée, — leur idée seule mais tout entière.

Le seizième siècle italien, qui est le triomphe d'un art corrompu, brilla d'un tel éclat prodigieux qu'il s'imposa généralement. Son influence s'étendit partout; elle agit encore. Ce fut un grand malheur, et dont le dommage se fait sentir jusqu'à présent.

*
* *

Lorsque Madox Brown, Rossetti, Burne Jones — les « préraphaélistes » anglais — décidèrent de rompre avec ces traditions fâcheuses, ils demandèrent le secret d'une meilleure esthétique aux peintres du quattrocento. Ils allèrent aux primitifs comme ils seraient retournés à la nature. Ils auraient mieux fait de retourner à la nature directement; mais le prestige italien les tenait : les primitifs leur enseignèrent un art excellent, une saine doctrine, une franche méthode.

Le héros antique avait besoin, pour recouvrer sa force vite épuisée, de toucher la terre fréquemment. De même, il faut que l'art se retrempe sans cesse dans la nature, source vive de la sincérité. A mesure qu'il s'en éloigne, il se perd.

L'histoire de l'art offre le spectacle attristant de périodes longues où la nature — j'entends : la vérité — fut oubliée complètement. Les peintres imitent leurs prédécesseurs; ils s'entêtent peu à peu d'une vision des choses qui bientôt n'a plus rien de véridique ni de sincère. Ils peignent : et ils ne font que peindre la médiocre image d'une idée abolie.

Cela dure jusqu'à ce que survienne un bon artiste désinvolte et hardi. Celui-là, le rabâchage des autres le dégoûte. Il dédaigne les poncifs; il écarte les procédés en cours; il se lave les yeux de la traditionnelle image. Il est ingénu, fier et ne sait compter que sur soi. Il s'apprête résolument à ne peindre que sa pensée, — bonne ou mauvaise, et bonne puisqu'elle est sienne. Au service de cette pensée, il met toute sa science et toute sa ferveur.

Eh! bien, il étonne. D'abord, on ne le comprend pas. On l'accuse de bizarrerie. On lui en veut de ne ressembler pas à tous les autres. On le rend responsable de la fatigue et de l'ennui qu'on éprouve à reviser pour lui les modes anciens du jugement. Plus il peint vrai, plus il déconcerte, tant le public s'est habitué aux vieux poncifs qu'on lui présentait. Il faut du temps pour que le public reconnaisse que, la vérité, la voilà. Et, quelquefois, il est trop tard quand le public s'en aperçoit... Je ne dis pas seulement que l'artiste est mort et qu'il n'aura pas profité des faveurs de la trop lente gloire; mais encore, au moment où le public comprend et admire, les imitateurs sont en train de faire un poncif avec cette vérité!

Quelle que soit la destinée de cet homme, il a bien mérité de l'art, puisqu'il l'a revivifié.

Il est un « primitif », au sens large du mot.

L'intervention fréquente des « primitifs » est indispensable dans l'évolution de l'art. Sans eux, l'art périrait, de consomption ou de bêtise. Ils sont l'inépuisable réserve de vérité, de spontanéité, de vie jaillissante, à laquelle recourt l'art, aisément malade et moribond.

J'ai parlé des primitifs grecs, médiévaux et renaissants... Mais il y a des primitifs à toute époque : au dix-neuvième siècle, les paysagistes de Barbizon, qui ont retrouvé la campagne ; les impressionnistes, qui ont retrouvé la lumière ; les pointillistes même, qui ont retrouvé l'atmosphère, — furent des primitifs, à leur façon. Et certes, on peut aimer plus ou moins tels d'entre eux, mais le principe et l'utilité de leur innovation n'est pas contestable.

Et il y a des primitifs perpétuels dans tous les arts, en littérature, en poésie, au théâtre, comme en peinture. Ils créent les arts et ensuite empêchent les arts de mourir. Ils sont les créateurs incessants de l'art, comme les théologiens disent que Dieu, pour assurer la durée du Cosmos, le crée à chaque instant.

Voilà leur rôle magnifique.

*
* *

Il est vrai que souvent leur juvénile ardeur les emporte au delà des justes limites. Ils ne s'abstiennent pas toujours du paradoxe, et leur entrain de révolutionnaires prend quelquefois l'air d'un défi. Les conservateurs académiques sont là pour réprimer ces dangereux excès : ils réagissent de leur mieux.

Eh ! oui, voilà l'utilité que l'on peut, après tout, reconnaître aux conservateurs académiques. Ils sont la discipline et la tradition.

La tradition, je ne dis pas qu'elle soit détestable. Il faut s'entendre sur le sens qu'on attribue à ce mot. La tradition locale, de la province ou du pays ; eh ! bien, oui, je l'accorde, l'art ne se déracine point aisément : mais, si je demande à l'artiste d'être spontané, son œuvre, par cela même, n'aura-t-elle pas ce caractère local ? L'héritage spirituel des aïeux est partie intégrante de l'âme nouvelle et spontanée.

La fraîcheur et la nouveauté sont les plus belles qualités d'une œuvre d'art. Un poème où je reconnais des bouts de vers, des rythmes, des rimes habituels, ne m'émeut pas. Je devine que le poète me chante la chanson d'autrui. Et, s'ils sont plusieurs à chanter la même chanson, je la veux entendre de qui la chante le mieux. Qui est celui-là ? Celui probablement qui l'a trouvée, un jour que son émoi suscitait en lui le désir d'une chanson pareille à son âme de ce jour-là.

Comment nous débarrasser des imitateurs ? Impossible. Ils pullulent. Ils ont cette manie de ne se contenter pas d'ouïr : il faut qu'ils chantent, qu'ils rechantent à leur tour cette chanson qui leur plut. Ils sont dépourvus de cette salutaire honte qui fait que l'on rougit de n'être point soi, de doubler tel ou tel.

Négligeons-les, voilà tout.

Et ainsi, l'histoire de l'art se désencombre ; elle n'est plus composée que de quelques artistes admirables et délicieux.

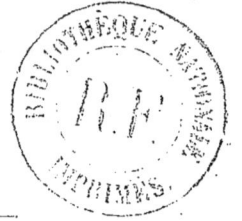

TABLE DES CHAPITRES

———

———

TABLE DES ILLUSTRATIONS

MACON, PROTAT FRÈRES, IMPRIMEURS

MACON, PROTAT FRÈRES, IMPRIMEURS

MACON, PROTAT FRÈRES, IMPRIMEURS

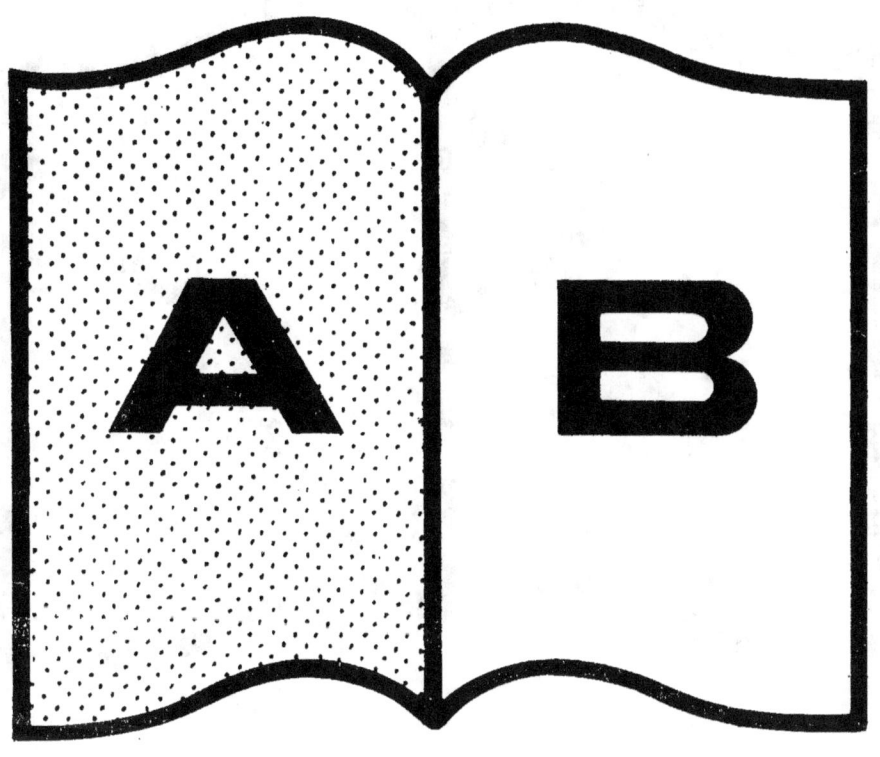

Contraste insuffisant

NF Z 43-120-14

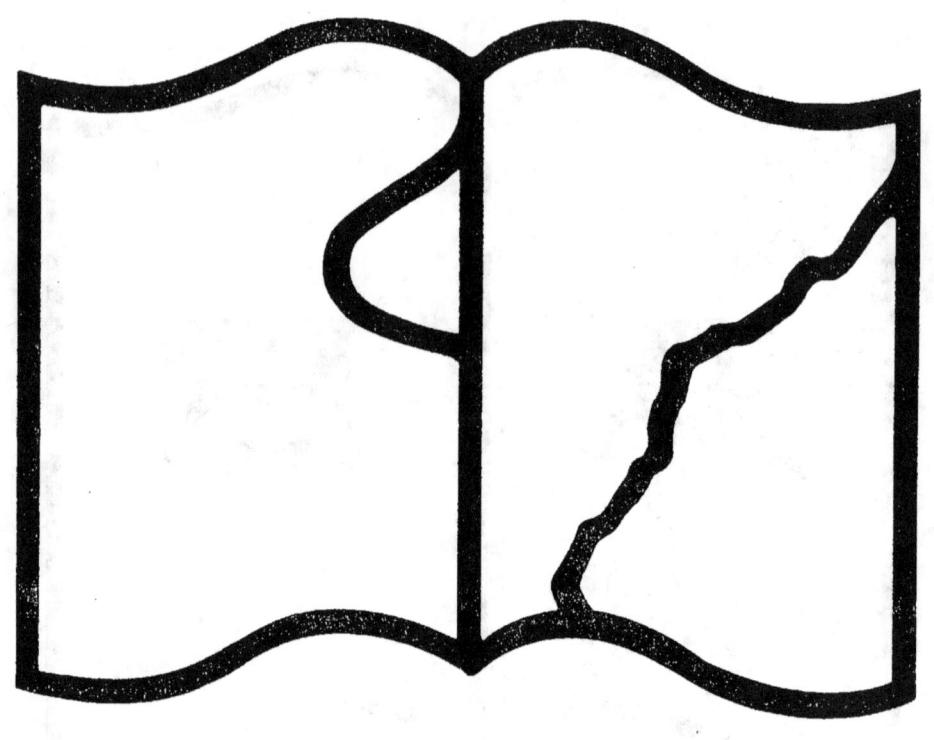

Texte détérioré — reliure défectueuse

NF Z 43-120-11